# 雪男は向こうからやって来た

角幡唯介

集英社文庫

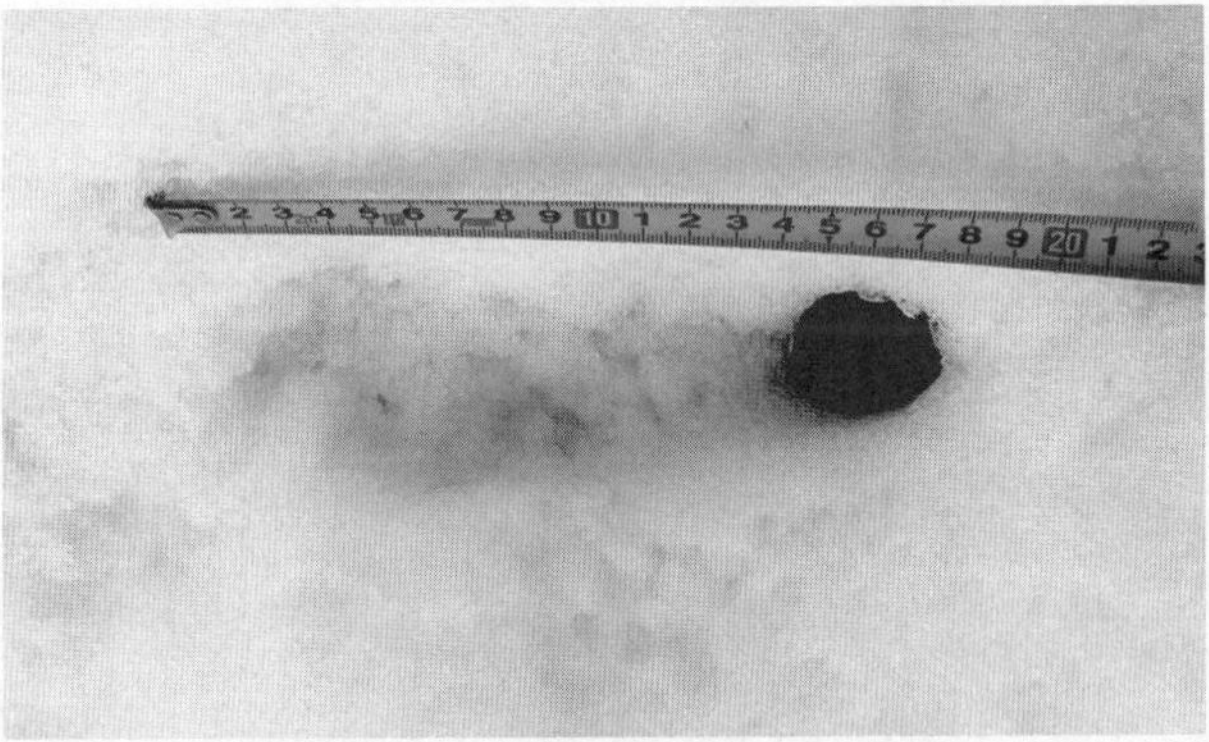


●2008年9月21日、イエティ・プロジェクト・ジャパンの折笠貴カメラマンは、タレジャ谷のベースキャンプから稜線キャンプへ向かう途中、サルか類人猿のものに似た妙な足跡を発見し、撮影した。長さ約18センチ。かかとの部分は雪がとけ、岩が露出し黒くなっている。左足の足跡のように見えるが右足だという。ヒマラヤに類人猿の棲息は確認されておらず、また現場の標高は4500メートル前後と、ラングール猿の棲息域からも大きく外れている。この写真はAFP通信が世界中に配信し、日本でも一時、雪男の足跡として話題になった。（イエティ・プロジェクト・ジャパン）

# ダウラギリ山系とその周辺

# グルジャヒマール南東稜
# コーナボン谷源流部

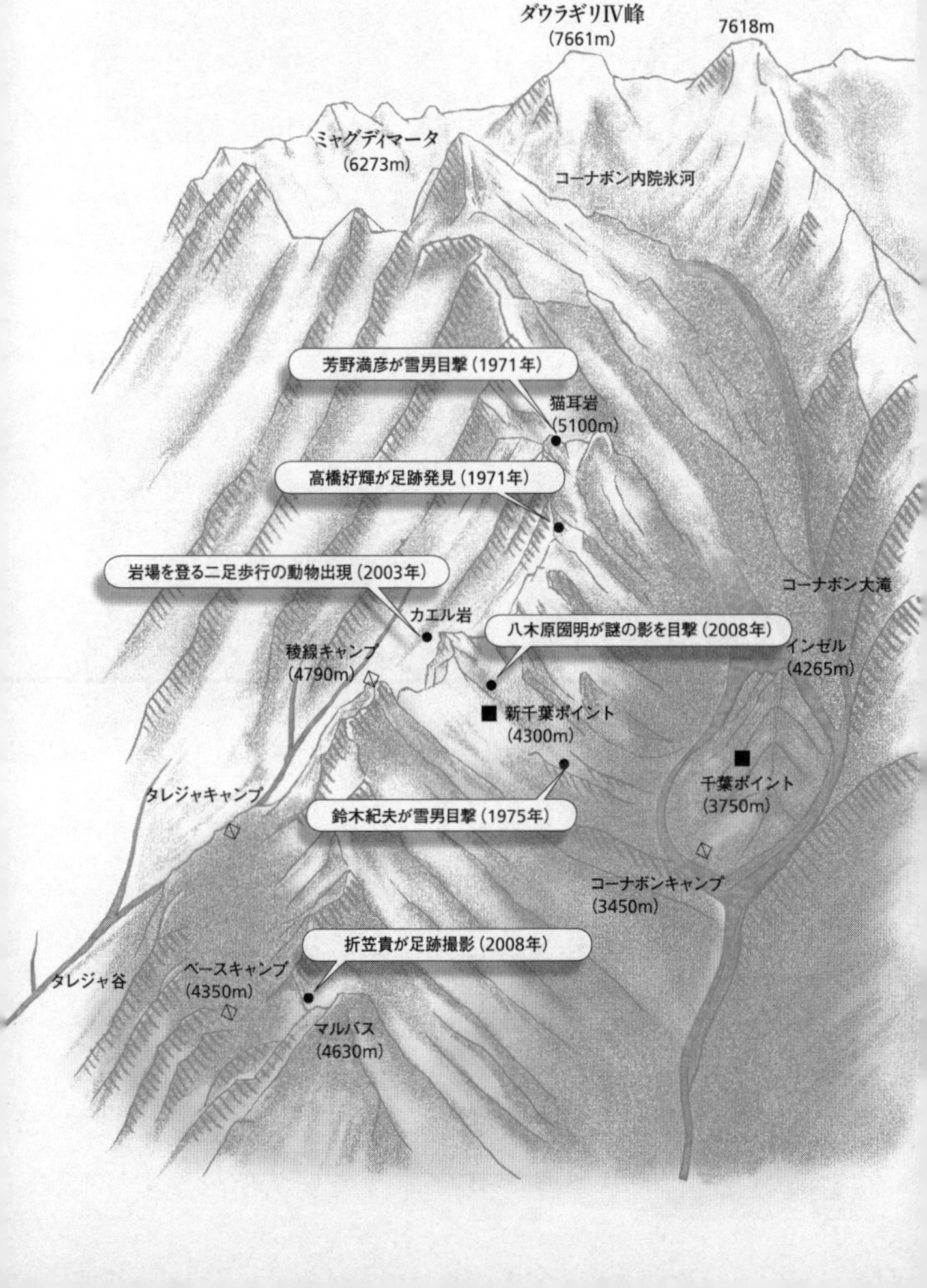
ダウラギリⅣ峰
(7661m)
7618m
ミャグディマータ
(6273m)
コーナボン内院氷河
芳野満彦が雪男目撃（1971年）
猫耳岩
(5100m)
高橋好輝が足跡発見（1971年）
岩場を登る二足歩行の動物出現（2003年）
コーナボン大滝
カエル岩
八木原圀明が謎の影を目撃（2008年）
稜線キャンプ
(4790m)
インゼル
(4265m)
新千葉ポイント
(4300m)
千葉ポイント
(3750m)
タレジャキャンプ
鈴木紀夫が雪男目撃（1975年）
コーナボンキャンプ
(3450m)
折笠貴が足跡撮影（2008年）
ベースキャンプ
(4350m)
タレジャ谷
マルバス
(4630m)

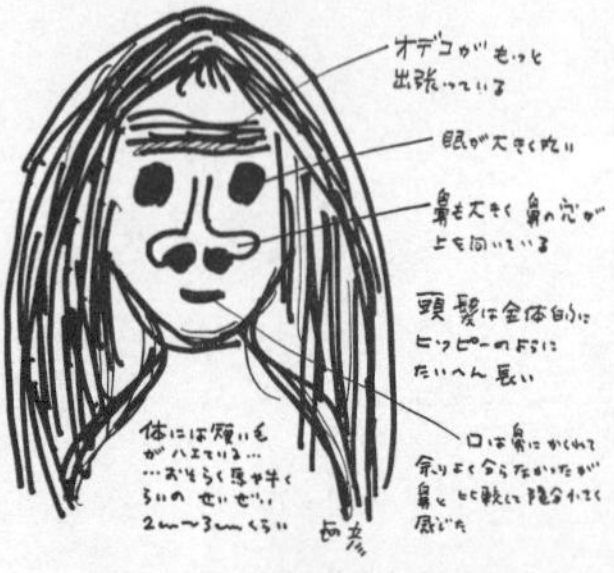


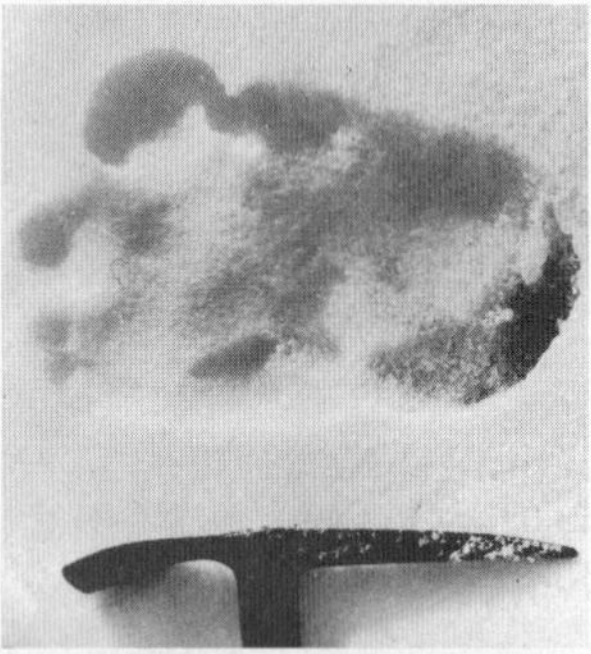

上段右●英国の山岳探検家エリック・シプトンが1951年11月8日午後4時、チベットのメンルン氷河で撮影した有名な雪男の足跡。長さ約30センチ、幅約13センチ。この足跡をきっかけに多くの探検隊がヒマラヤに入り、巨大な二足歩行動物という雪男のイメージができあがっていった。（Royal Geographical Society／アフロ）

下段●ネパールのパンボチェ寺院、クムジュン寺院には雪男の頭皮とされるミイラが保管されてきた。パンボチェ寺院の頭皮はインドの登山隊が1953年に、クムジュン寺院の頭皮は英国のデイリーメールの探検隊が1954年に発見した。右の写真は2003年12月にクムジュン寺院で撮影されたもの。以前は拝観料を払えば自由に触れることができたが（左の写真）、現在はケースの中に厳重に保管されている。パンボチェ寺院の頭皮は何者かに盗まれ、見つかっていない。（AP／アフロ）

右ページ上段左●登山家の芳野満彦は１９７１年5月7日、グルジャヒマール南東稜の標高５１００メートルの猫耳岩で雪男らしき生き物と遭遇した。その生き物はコーナボン谷側の斜面を登って来て、芳野の15メートル先で立ち止まり、じっと見つめてきたという。このスケッチは芳野が帰国後、雑誌「現代の探検」に寄稿したもの。

左●ソ連の学術探検隊がパミールの氷河で目撃した雪男のスケッチ。１９５８年発行の「雑誌ソビエト同盟」に掲載された。コーナボン谷で雪男を目撃した冒険家の鈴木紀夫は、自分が見た雪男はこのスケッチにそっくりだったと遺稿に書き残している。

上●鈴木紀夫の遺体が発見された現場。写真中の男は遺体を発見したボガラの村人サマラル・プン。鈴木は１９８６年11月13日に家族宛てに手紙を書いた後、行方を絶った。サマラルは翌年夏、雪崩の跡から遺体を発見し、日本の捜索隊を現場に案内した。（２００８年11月3日著者撮影）

下●グルジャヒマール南東稜のコーナボン谷側の斜面。周辺では芳野満彦の目撃以来、雪男らしき生き物の報告が頻発してきた。鈴木紀夫は中央やや左の屈曲した小さな谷を約６００メートルにわたり雪崩に流された。（著者撮影）

右●1975年7月29日、鈴木紀夫はコーナボン谷の3750メートル地点でキャンプ中、グルジャヒマール南東稜の斜面に5頭の雪男が歩いているのを目撃した。緑の中に写る細かな白い点がその雪男だという。一番上の写真では右端に固まっていた白い点が、徐々に左のほうに移動している。雪男の存在を確信した鈴木はその後5回もコーナボン谷に向かい、最後は雪崩に埋まって死んだ。（鈴木京子さん提供）

下●稜線キャンプから見たグルジャヒマール南東稜の全景。奥に見える右側のピークがミャグディマータ（6273メートル）。向かって右側がコーナボン谷、左側がタレジャ谷。（2008年9月23日著者撮影）

左ページ上段上●タレジャ谷のベースキャンプ。捜索の終盤は連日の

雪となった。奥に見えるのがミャグディマータ。そこから右にグルジャヒマール南東稜が延びる。（２００８年10月10日著者撮影）

上段下●カトマンズのホテルの屋上で地元メディアの取材を受ける高橋好輝隊長（中）と八木原圀明副隊長。折笠貴が撮影した足跡の写真をＡＦＰ通信が報道した翌日、新聞やテレビの取材が相次いだ。（２００８年10月21日著者撮影）

下●イエティ・プロジェクト・ジャパンの捜索隊は２００３年９月27日、グルジャヒマール南東稜のカエル岩付近を人間に似た二足歩行動物が歩いているのをベースキャンプから遠望した。写真は翌28日、動物が歩いていた現場付近で見つかった足跡。（イエティ・プロジェクト・ジャパン提供）

上●猫耳岩に向かって登る村上和也隊員。奥の岩峰が、芳野満彦が1971年5月7日に雪男を目撃した猫耳岩。（2008年10月7日著者撮影）

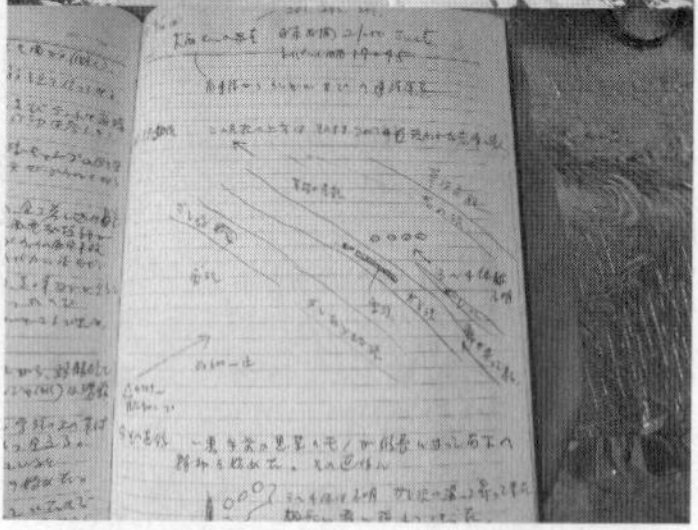

下●2008年9月14日、八木原圀明はコーナボン谷側斜面で縦長の動く影を目撃した。その後すぐに谷底から霧が上昇してきたため、撮影には失敗した。写真は八木原がその時の状況をメモしたノート。

上●2008年9月25日、薬草採りのためにコーナボンキャンプを訪れたムリの村人。ムリで取材した時、村人たちは雪男の存在について否定的な態度をとった。（著者撮影）

下●稜線キャンプ（4790メートル）で監視活動を続ける村上和也隊員。背後に見えるのはダウラギリⅠ峰（8167メートル）。（2008年9月4日著者撮影）

上●著者が２００８年11月に行った単独捜索のキャンプ地。監視場所は鈴木紀夫が使っていた３７５０メートルの千葉ポイント。フィールドスコープを取り付けたデジタルムービーカメラを用意し、グルジャヒマール南東稜の斜面を18日間眺めつづけた。（２００８年11月４日著者撮影）

下●鈴木紀夫が雪崩に遭った４３００メートルの新千葉ポイントに立ち、上部を眺める。１９７６年１月17日、鈴木は第２次捜索の時に雪崩に遭い、命からがら逃げのびた。その後の捜索で彼は雪崩を恐れ雪の新千葉ポイントには近づかなかったが、それから10年がたった１９８６年冬、なぜか再び雪の新千葉ポイントに登り、最後に雪崩に襲われた。（２００８年11月７日著者撮影）

# 雪男は向こうからやって来た

# プロローグ

肌を焼く強烈な日差しから逃れるため、わたしはネズミのようにもぞもぞとブルーシートの屋根がつくる日陰に潜り込んだ。双眼鏡をのぞき込み、目の前に広がる雪の山々に目を凝らしたが、それらしきものは何も見えない。グルジャヒマール南東稜の広大な斜面には雪が厚く張りつき、陶磁器の名品みたいな滑らかな光沢を放っていた。振り向くとダウラギリヒマールの山々へと続く岩壁が、黒い地肌を放埒《ほうらつ》に太陽のもとにさらしている。

冬のヒマラヤを支配するのは完全な静寂である。セラック（氷塊）が崩壊する時の脅迫めいた不気味な轟音《ごうおん》が時折、乾いた空気を打ち破る。だがそれ以外は重苦しいほどの静けさが、周囲数十平方キロメートルにわたって、あらゆるものの動きを止めていた。ゴチック建築の大聖堂の中にひとり閉じ込められたような窮屈な重みに、そこでは耐えねばならなかった。

時間すら流れていることを否定したくなるような完璧な静寂。ここには他に誰もいない。

空は青く乾ききっており、雲どころか一粒の水滴すら空気中には存在しないかのように思われた。刺激のない時間の流れと単調に彩られた空間が、宇宙とダイレクトにつながっているかのような錯覚をわたしに与えた。精神が浮遊し、意識が肉体から乖離《かいり》してしまいそうな危うさをわたしは常に感じていたのだ。完璧な静寂と巨大な自然の造形物の中に長い間ひとりでいたら、誰だって頭がおかしくなりそうな思いをするに違いない。

目の前の三脚には、最大二〇〇〇ミリの望遠機能を持った家庭用ムービーカメラを据えつけていた。万が一雪男が現れたら、この光学撮影機器を作動させ、その姿を一六ギガバイトのスマートメディアの中に取りこむつもりである。そしてぬかりなく帰国した暁には、その映像を白日のもとにさらしてやろうという魂胆だ。言ってみればわたしが冬のヒマラヤの山中で、ひとりつまらぬキャンプ生活を続けているのも、それが目的だった。おかしな動きはないか、昨日までなかった黒い影がないか、わたしは連日、グルジャヒマール南東稜の白い斜面を双眼鏡で眺めていた。

ひとりで雪男の捜索を始めてから一週間が過ぎた頃だった。朝起きて食事の仕度をしている時、わたしは白い巨大なキャンバスに一条の黒い線が引かれているのを発見した。それは明らかに何かの動物の足跡だった。

足跡は雪崩《なだれ》で埋まった雪渓のすぐ近くから始まり、標高差が一〇〇〇メートル以上あるグルジャヒマール南東稜の斜面を、上から下まで見事に貫通していた。群れではない。一頭である。放浪癖があるのか、その一頭の足跡は標高四五〇〇メートル以上の高みにまで続き、尾根の向こうに消えていた。あるいは尾根の向こうからやって来たのかもしれない。キャンプ地からでは詳細は判別不能であるが、二足歩行動物のものであるのは間違いなさそうに見えた。

期待に胸が膨らんだ。ついに雪男の足跡を見つけたのか？

どうやらその可能性は高そうだった。エサのない冬のヒマラヤの山中を、しかも単独で長距離歩行移動する大型哺乳動物など、その時のわたしは雪男以外に思い浮かべることができなかった。足跡が続いているのは、雪崩の危険性は言うに及ばず、十分に研いだアイスバイルとアイゼンを装着したクライマーでも尻込みしそうな、雪と氷の険しい斜面だった。しかしそんな危険な斜面も雪男なら意に介さないに違いない。

朝食のラーメンをゆで、急いで腹に詰め込むと、わたしはピッケルを片手にキャンプ地を飛び出した。じれったい思いをしながら、雪渓の脇の堆石帯を登り足跡のある斜面に向かった。谷底は雪崩の爪跡を示す巨大な雪の塊で埋め尽くされていた。

太陽がヒマラヤの山々を焼きつける。一歩進むごとに、目指す足跡が近づいてきた。見れば見るほどきれいな二足歩行の足跡だった。自然と気持ちが高ぶり、胃の消化液が過剰に分泌して腹のあたりをきつく締めつけた。期待と緊張感で歩く速度が次第に速まった。

雪男の存在に触れることは、ある意味では恐ろしいことだった。もし本当に雪男の痕跡を目の前にしたら、わたしはどのような反応を示すのだろう。雪男の存在を本気で信じ込んでしまったら、自分の今後の人生にはいかなる展開が待ち受けているのか。生きる間に許された貴重な時間や限られた労力、思考の多くを雪男の実在の証明に投入してしまった人間をわたしは何人か知っていた。その中には命を失った男すらいた。そうした雪男の魔力に、はたして自分は抗することができるのだろうか。あるいは自分もそういう羽目に陥るのではないか。

それにしても、あれは本当に雪男の足跡なのだろうか。

わたしは論理的なものの考え方をする質の人間なので、たとえこの目で何かを見たとしても雪男のような非論理的な存在を容易に受け入れることはないだろう。だが、雪男には見た者を捉えて離さない魔力があるらしく、わたしのそのようなつまらぬ良識など吹き飛ばしてしまうかもしれない。足跡を見ることによって、自分の人生が予想外の方向に向かうことは十分考えられた。例えば、アルバイトで細々と資金を貯め込み、毎年双眼鏡を片手にひとりでヒマラヤの山中にこもるというような人生。世間から浴びる、ともすれば嘲笑的な視線。もしくは滑稽な人間という不本意な烙印《らくいん》。自分はそういう人生を望んでいるのだろうか。たぶん望んではいないだろう。しかしそうなる可能性もないとはいえない。それが雪男というものなのだ。

足跡を期待する反面、わたしはそれを確認することに変なためらいも感じていた。二律背反的な奇妙な感覚……。

雪男の足跡を見てしまうのが、わたしは怖かった。

雪男は向こうからやって来た　目次

# 登場人物一覧（年齢は捜索当時）

## 《二〇〇八年の雪男捜索隊参加者》

高橋好輝　イエティ・プロジェクト・ジャパンの雪男捜索隊隊長。六五歳。一九九四年より捜索を開始し、隊を率いるのは今回で三回目。

八木原圀明　副隊長。六一歳。二〇〇三年に引き続き参加。群馬県山岳連盟を率いた登山家。八〇〇〇メートル峰三座登頂。

村上和也　五三歳。三回連続で高橋率いる雪男捜索に参加。八〇〇〇メートル峰三座登頂。

大西保　ヒマラヤ来訪五〇回以上を誇る大阪のベテラン登山家。六六歳。直前に参加が決定した隊の最年長。

堤信夫　ロープレスキューのプロ。山岳ガイド。五七歳。今回初めて雪男捜索に参加。

折笠貴　カメラマン。四五歳。二〇〇三年に続いての参加。

《二〇〇三年の雪男捜索隊参加者》

古山伸子　二〇〇三年の捜索に参加し、雪男らしき動物を遠望。今回は国内の事務作業などで隊に協力した。

近藤幸夫　朝日新聞スポーツ部記者。二〇〇三年捜索に同行取材。

《雪男らしき動物を目撃した人物》

芳野満彦　日本人で最初にヨーロッパアルプス三大北壁のひとつ、マッターホルン北壁を登った登山家。一九七一年にダウラギリⅣ峰で雪男らしき動物を目撃した。

田部井淳子　登山家。エベレストの女性初登頂者。シシャパンマで雪男らしき影を遠望する。

小西浩文　登山家。ヒマラヤの八〇〇〇メートル峰六座を無酸素登頂。ヒマラヤの寺に滞在中、雪男らしき動物と遭遇する。

鈴木紀夫　ルバング島で残留日本兵小野田寛郎を「発見」した冒険家。一九七五年に雪男らしき動物を目撃する。その後五度も捜索を続け、最後は雪崩に埋まり死亡した。

尾崎啓一　鈴木の前年に、同じコーナボン谷で雪男らしき動物を目撃する。

《その他の関係者》

今井通子　登山家。一九七五年、コーナボン谷で雪男のものらしき足跡を目撃する。女性初のヨーロッパアルプス三大北壁登頂者。

山田昇　登山家。八〇〇〇メートル峰九座一二回登頂。マッキンリーで遭難。鈴木の遺体を捜索した。

斎藤安平　登山家。アンナプルナI峰で遭難。鈴木の遺体を捜索した。

小松幸三　登山家。コーナボン内院氷河で謎の足跡を撮影。山田とともにマッキンリーで遭難した。

藤木高嶺　元朝日新聞カメラマン。芳野の雪男目撃談を取材した。

国重光熙　鈴木紀夫の友人。ヨットで世界一周をした冒険家。

鈴木京子　鈴木紀夫の妻。

《ネパール人関係者》

ハクパ　シェルパ。捜索隊のサーダー（シェルパ頭）。二〇〇三年の捜索で雪男らしき動物を遠望した。

ペンバ　捜索隊のコック。二〇〇三年の捜索で雪男らしき動物を遠望した。

カルマ　鈴木のガイド。鈴木とともに雪男らしき動物を目撃した。

サマラル　ボガラの村人。鈴木の遺体を発見した。コーナボン谷で雪男らしき動物を目撃したと証言。

キルティ　ボガラの村人。鈴木の友人。

# 第一章　捜索への招待

## 二〇〇八年三月一七日　日本

雪男の捜索隊に誘われたのは、二〇〇八年三月一七日のことだった。当時、わたしは朝日新聞社の記者として、埼玉県熊谷市にある地方支局で働いていた。新聞記者の仕事に大きな不満があるわけではなかったが、その時はすでに会社を辞めてフリーのライターとして生きていくことを決めていた。

わたしは早稲田大学に在学中、探検部というクラブに所属していた。探検部とは世界中のいわゆる秘境と呼ばれる地域に向かい、そこに残された「未知」を解き明かすことを目的としたクラブである。探検部員にとっての未知とは地理的な未知をはじめとして、学術的な未知、政治的な未知など、あらゆる分野にまたがっており、何が未知なのかについての最終的な定義は活動を行う個々の部員にまかされていた。身も蓋もない言い方をすれば、何でもありのクラブというわけだ。部員たちは普段、国内の山や川などで肉体の強化や技術の獲得に励む一方、夏や春の長期休暇ともなれば、中国のタクラマカン沙漠から新宿の代々木公園にいたる世界中に散らばるありとあらゆる深奥部に向かい、未知の解明に挑むのである。ご多分にもれず、わたしも当時は学業などそっちのけで探検部の活動にいそしみ、そのうち探検家になるなどという、ピーターパンシンドロームが懸念されるような将来像をぬけぬけと公言していた。

わたしが学生時代から目指していたのがチベット奥地の探検だった。チベットには一八世紀から「ヒマラヤの謎の川」として知られたヤル・ツアンポーという大河がある。この川は中国とインドの国境近くで大きく屈曲し、大峡谷地帯を形成しながらヒマラヤの山中に姿を消している。この峡谷の最奥には、幻の大滝やらチベット伝説の聖地やらの言い伝えが残っており、一〇〇年以上の昔から探検家たちはその謎を解くために命をかけてきた。ヒマラヤの探検史をひも解けば必ず出てくる、いわば正統的な秘境である。このヴィクトリア朝以来伝わる由緒正しき地理的秘境は、次のミレニアムが目前となった二〇世紀末になっても未だ核心部が空白のまま残されており、学生時代のわたしはその蜘蛛《くも》の巣がかかったような古めかしい課題を解決することに人生の意義を見出していた。大学四年の夏休みに探検部の仲間を何人か誘って偵察のために現地を訪れ、大学卒業後の二〇〇二年の冬に再び単独で現地に向かい、残された空白部を探検した。そして帰国後に新聞記者となった。

新聞記者になってからは富山と熊谷にある地方支局で五年間、まずまず立派に記者職をつとめあげたと自分では思っている。富山では黒部川のダム問題について地方の出版社から本を一冊出すこともできたし、熊谷に移ってからはヘドロまみれの東京湾や荒川河口部で潜水取材を敢行したり、都市の地下下水道をほとんど興味本位でうろついてルポを書いてみたりと、探検部的な取材も行った。それでもいくつかの理由があって会社を辞めることにした。

その最大の理由は、学生時代から取り組んできたチベットのツアンポー峡谷探検に、納得のいくかたちでケリをつけようと思ったことだった。探検や冒険は肉体を駆使した自己表現だ。ツアンポー峡谷の探検で言えば、わたしは新聞記者になる前の単独探検である程度の成果を残していたが、まだ自分の目標を完全には達成していなかった。キャンバスに絵を描き始めたが、中途半端の状態のまま他の仕事に忙殺されていたようなものだった。新聞記者の仕事を続け、ある程度余裕が出てくると、未完成だった絵のことがどうにも気になりだし、仕事が手につかなくなってしまったのだ。ツアンポー峡谷をもう一度探検する、というのは、わたしの中で消去のできない強迫観念になっていた。

それに加えて記者を続けるうちに自分らしい文章表現を模索してみたいという気持ちも強くなっていった。何百万部という部数を誇る新聞は媒体としては魅力的だが、行数が限られているため、記者の感性を押し出すような文書は抑制される傾向にある。それに何より、会社に所属していたら、危険なことをしようとすると、まず間違いなく上司からストップがかかる（といってもわたしの出す企画はだいたい社会性がなかったので、危険うんぬんの前にボツになるのは当たり前だった）。ツアンポー峡谷のような過酷な環境で命の見通しが立たないような状況に身を置くことを再び渇望するようになった自分と、文章で自己表現したくなった自分。その整合性をとるために、わたしはいつしか冒険ルポルタージュを書くことを生業にできないかと本気で考えるようになっていた。

雪男の捜索隊へ誘われたのは、ちょうど退職の旨を上司に報告し、正式に決まった直後のことだった。春の日差しが暖かな日だったことを覚えている。その日、わたしは退職のあいさつまわりの一環として、取材先のひとつであった埼玉県北部のとある小さな警察署を訪れた。署長はいつものようにぎっとりとした整髪料で丁寧に頭を七三分けに整えていて、赤らんだ顔に人懐っこい笑みを浮かべながら、わたしを署長室に招き入れてくれた。会社を辞めることにしましたと話すと、署長は驚きのあまり目を点にし、よく考えたほうがいいと言った。ツアンポー峡谷のことは話すと長くなりそうなので、探検をしてそれを文章にしたいのだとだけ退職の理由を説明した。

「物書きになるなら想像力が試されるね」

署長がそう言った時だった。スーツのポケットの中で携帯電話がバイブレーションし始めた。画面を見ると会社のスポーツ部に所属する近藤幸夫《こんどうゆきお》記者だった。

学生時代、信州大学で山岳部にいたこともある近藤は、朝日新聞社の中でも登山と、あとなぜか格闘技の記事を書いている専門記者である。わたしも探検部にいた頃から登山には積極的な方で、記者になって富山支局にいた頃、戦国時代の武将佐々成政《さっさなりまさ》の故事にあやかって真冬の黒部峡谷を横断するという、社会性を完全に無視した個人的な趣味に基づく企画を会社に出したことがあった。その時、わたしの上司から計画の安全性について訊《き》かれたのが山岳記者だった近藤だった。彼は冬の黒部は安全ではないという四則演算の答えなみに明らかな事実を指摘し、その結果わたしの企画は事前に決まっていたかのようにボツとなった。そのせいもあったのか、彼はそれ以来わたしのことを何かと気にかけてくれるようになった。

警察署を出て車に戻り、着信履歴から電話をかけ直すと、近藤の野太い声がすぐに出た。

「結局、会社を辞めるという気持ちは変わらないのか」と近藤は言った。

「ええ、そうですね」

「会社を辞めて何をするんだ」

「とりあえず、またチベットにでも行こうかなと思っていますが……」

「そうか」と近藤は言った。「まあ、それはいいけど、お前イエティを探しに行ってくれないか」

「はい？」

突然の提案であった。てっきり退職を慰留する電話かと思っていたのに全然違った。イエティ、すなわちヒマラヤの雪男の捜索隊に加われというのである。近藤はしゃべり出すと止まらないタイプの人間である。彼はいつものように電話の穴からつばが飛んできそうな勢いで、その計画についてマシンガンのようにしゃべり出した。話によると、何年も前からヒマラヤで雪男を探しているという元登山家の高橋好輝《たかはしよしてる》率いるイエティ・プロジェクト・ジャパンがその年、三回目の捜索隊を組織するのだという。山岳記者である近藤は、高橋が二〇〇三年に行った前回の捜索隊に取材記者として同行したことがあり、わたしもその話は聞いたことがあった。

近藤からの誘いを受けて、わたしは正直、困惑していた。なにせ自分が会社を辞めて最初にやろうと決めていたのはツアンポー峡谷の探検であり、学生時代に決めた人生最大の目標をいよいよ決行することが、その時のわたしの人生のほとんどすべてであったのだ。それに比べて雪男など、申し訳ないが、これまで生きてきて気になったことなど一度もなかった。

それまでわたしは雪男のようないわゆる未確認生物に対して、興味を持ったことはまったくなかった。探検部の仲間には未確認生物を探すのが好きな連中も多かったが、わたし自身はどちらかというと、そういう怪しげな企画とは距離を置いていた。探検のネタを見つけるとか言って、UFOや未確認生物のことを取り上げたオカルト雑誌を好んで読んでいる部員もいたが、ちょっとどうかしているんじゃないかと思っていた。未確認生物を探しに行くという部員がいたら、やめたほうがいいと忠告していたはずだ。もう二一世紀にもなるのに、いくら探検部員と言えども夢を追いすぎである。どうせ見つからないものを探すくらいなら登山や川下りといったフィールド技術を高め、地理的空白部を目指す本格的探検に備え準備を怠るべきではない、というのが当時の自分のスタンスであり、わたしが大学生の頃に憧れていたのは、あくまで人跡未踏の地を目指す、一九世紀の英国人がやっていたような古典的な地理的探検の世界だった。

しかし近藤はわたしのそんな当惑に、まるで気がついていないようだった。

「前回の捜索隊はおれも参加できたけど、今回は会社としてもそんな余裕はないから。お前が行って何か起きたら教えてよ」

朝日新聞社は高橋が前回率いた二〇〇三年の雪男捜索隊を後援しており、近藤は今回も会社から後援を取りつけるつもりだと言った。困ったことに前回の捜索隊に同行した結果、彼自身もヒマラヤに雪男がいることを信じるようになってしまったらしい。名前が「ゆきお」というのも、わたしには単なる偶然とは思えなかった。

「イエティの映像がもし撮れたら」と、近藤はやや語気を強めた。「お前が朝日にスクープを送ってくれ」

早い話、近藤はわたしに「二〇〇八年雪男捜索隊朝日新聞特別通信員」としての役割を期待しているわけだ。彼にはこれまでずいぶんと世話になっていたし、いろいろと迷惑をかけたこともあったので、その誘いを無下に断ることはできなかった。

「いつから行くんですか」とわたしはたずねた。

「八月に行って、一〇月に帰ってくるんじゃないかな。前回もそうだった」

日程を聞いて気持ちは少々ぐらついた。わたしが計画していたツアンポー峡谷の探検は、天気が良くなる一一月から一二月にかけて行うつもりだったので、一〇月に帰国できるのならば間に合うかもしれない。日程の問題が片づくのなら、積極的に断る理由は見つからなかった。未確認生物探しは体験したことのない世界だし、考えてみると、どんな人たちが取り組んでいるのか興味はあった。雪男を見たという登山家の話を集めてルポルタージュを書くのも悪い考えではない。そして何より、どうせ冬まで他にやることなどなさそうだった。

「わかりました。参加します」

「よし。じゃあ今度、高橋さんに会わせてあげるから。高橋さんの話を聞くと、いるかもしれないって思うようになるよ」

「はあ……。そうですか」

電話を切り、雪男のイメージを頭に浮かべた。その時わたしが抱いていた雪男のイメージは、筋肉の鎧《よろい》と白い毛で覆われ、秋田のなまはげみたいに恐ろしげな表情をした巨大な二足歩行動物といったものだった。おそらくわたしの頭にうえつけられたこのイメージは、小学校低学年の頃、母親が毎月取ってくれていた少年少女向け学習雑誌の記事の影響によるものだと思われる。わたしの記憶によると、それは英国のネッシーなど世界の未確認生物を紹介するような類の記事で、その中でヒマラヤの雪男は奇怪な化け物として描かれ、暗い雪の山中を彷徨《ほうこう》する恐ろしくも悲しげな想像図がページの脇に挿入されていた。

その子供向け雑誌には時折、そういった子供の冒険心をくすぐる記事が掲載されることがあり、史上最強の動物は何かという記事も記憶に強く残っている。恐竜やサーベルタイガーなど、地球上に現れた大型動物を一堂に集め、勝ち抜き戦で優勝を争うという実に珍妙な記事であった。決勝戦はトラが宙高く飛び跳ね、ティラノサウルスの脳天に一撃を決めて優勝をさらってしまい、ティラノサウルス派だったわたしとしては、その予想外の結末に、トラはないだろ……とがっかりしたことを覚えている。小さな頃の記憶というものは大人になってからも潜在意識下に残っているらしく、わたしは三〇歳を過ぎてもトラとティラノサウルスが戦えばトラが勝つだろうし、ヒマラヤの雪男は白い毛に覆われた巨大な化け物だと思い込んでいた。

雪男捜索隊の高橋隊長と初めて会ったのは、それから二週間ほど経った四月一日のことだった。雪男探しに誘ってくれた朝日新聞の近藤記者が、わたしの面接を行うという名目で、捜索隊の関係者を集めて飲み会を開いてくれたのだ。

池袋駅東口の雑居ビルに入った居酒屋で近藤とビールを飲んでいると、間もなく高橋がやって来た。かなり頑固な人だと聞いていたので、気難しくて取っつきにくい山男を想像していたが、現れたのはジーンズにジャケット姿のニコニコ笑う親しみやすそうなおじさんだった。仕事は主に家具を作る建具職人だという。ビールのジョッキを次々と空《あ》け、煙を途切らせることなくタバコを吸っていた。典型的なチェーンスモーカーで、昔の登山家がみんなそうだったように、体に悪いことが大好きであるようだった。他にも前回の雪男捜索隊に参加した隊員が二人現れ、全部で五人がそろった。話題の中心はもちろん雪男。なぜ自分が雪男を探すのか、高橋は訥々《とつとつ》と話し始めた。

彼は若い頃、ヒマラヤで活躍した優秀な登山家だった。雪男関係での初体験は一九七一年、標高七六六一メートルのダウラギリⅣ峰の登山中、雪の上に続く怪しげな足跡を見つけた時だったという。それ以来、三度遠征したヒマラヤ登山では、その都度、雪男の存在をにおわせる痕跡に出くわした。そんな経験が重なって次第に雪男がいることを確信するようになり、九四年と二〇〇三年に本格的な捜索を実施したらしい。

「おれはもうこの年だ。いいかげん決着をつけたい。もう足跡はいい。何度も見た。今回は絶対に写真におさめる」

六五歳の高橋は何度ものどの奥からしぼり出すようにそうつぶやいた。登山家や冒険家には業のようなものに取りつかれ、死ぬまでそれを続けるタイプが多いが、高橋もまた業に取りつかれた人間のひとりのようだった。ただし、生と死のぎりぎりの状況に生きがいを見つける通常タイプの業ではなく、雪男発見に執念を燃やすという変則バージョンである。

高橋や近藤は二〇〇三年の前回捜索の時に起きた出来事を若干興奮気味に話していた。その遠征では三三日間におよぶ捜索の撤収間際に、はるか遠くの岩場を登る謎の二足歩行動物の姿を、シェルパと隊員のひとりがベースキャンプで目撃したというのだ。こうした話にはつきものだが、この時もまた現場周辺はすぐ濃い霧に覆われてしまい、撮影の機会を逸してしまった。だが翌日、高橋らが動物の現れた岩場に行ってみると、雪の上には二足歩行の動物らしき足跡が点々と続いていたという。にわかには信じがたい話だが、そんな事件が起きたせいで高橋以外の隊員も雪男の存在を強く意識するようになったらしい。

「彼らは人間がいることに気づいているし、人間に見つからないように行動している」と高橋は言った。「最後にたまたま姿を見つけることができたけど、それまでにも我々に気づかれないように何度も近くに現れていたはずだ」

酔いで顔が赤くなるにつれて、高橋の舌は滑らかになっていった。話を聞いているうちに、わたしは巨大な白い毛に覆われた化け物という雪男に対するイメージが、どうやら間違っていたらしいことを知った。高橋らが探す雪男は身長が一五〇センチほどしかなく、これまでわたしが考えていた雪男と比べるとずいぶんと小さな動物なのだという。

「生物学的な系統ではオランウータンに近い高等生物ではないか」

そう高橋は自説を披露した。捜索地域であるダウラギリ山系の麓の村人は雪男のことをバンマンチェと呼ぶという。ネパール語で森の人という意味で、オランウータンというインドネシア語と同じ意味である。近藤もそれを裏付ける話として、愛知県犬山市にある日本モンキーセンターを取材した時のエピソードを披露した。

「地元の人間の話だと、雪男は腕を交互に肩のほうに回すしぐさをするらしい。それをモンキーセンターの研究者に話したら、『近藤さん、それは偶然とは思えない。オランウータンも同じことをやりますよ』って言うんだ」

近藤はそう話すと両腕をぐるぐると交互に反対側の肩のほうに回し、そのしぐさを真似してみせた。腹がでっぷりと突きだし、顔の彫りが深い近藤がそのしぐさをすると、なるほど雪男とはこういうものかと思わせる妙な説得力があった。

その後も話題は尽きなかったが、この時の会合で最も驚かされたのは、ヒマラヤに通う登山家の間では、わたしたちが考える以上に雪男の目撃談があるという話だった。

「一番、間近で見たのは芳野満彦《よしのみつひこ》だ」

高橋がそう言ったので、わたしは思わず訊き返した。

「芳野満彦って、あの芳野満彦ですか」

「そう、あの芳野満彦」

芳野といえば困難な岩場として知られるヨーロッパアルプス三大北壁のひとつマッターホルン北壁を、一九六五年に日本人として初めて登った有名なクライマーである。若い時に足の甲の半分を凍傷で失いながら登山を続けた気迫の男である。伝説の登山家と言っていい。

「芳野さんは一九七一年のダウラギリⅣ峰の登山中に、至近距離から毛むくじゃらの雪男を見た。おれもこの遠征には参加していたけど、芳野さんは相当ビビっていたね」

情報というものは属人的な性格を有する。誰が情報源かで信用度は大きく変わる。分かりやすくいうと嘘《うそ》つきから聞いた話は新聞には書けないということだ。わたしはその時、芳野という人物に対して清廉潔白で純情一途な登山家だというイメージを抱いていたので、あの伝説のクライマーが雪男を見たのなら、その話もあながち否定できないかもしれないと思った。

「芳野さんってまだ生きているんですか」とわたしはたずねた。会ってみたいなと思った。

「生きているよ。でも最近、体をこわしたって聞いたな。ちゃんと話せないかもしれない」

高橋や近藤の口からは、他にも雪男を見たという登山家や冒険家の名前が次々にあがった。女性として世界で初めてエベレストに登頂した田部井淳子《たべいじゅんこ》、ヒマラヤの八〇〇〇メートル峰六座に無酸素登頂を果たした小西浩文《こにしひろふみ》も雪男を見たという。いずれも日本の登山界では知らぬ者のいない著名な登山家である。現金なもので有名人の名前が出てくるたびに、自分の中における雪男の存在可能性がにわかに高まっていくのをわたしは感じた。

「鈴木さんも見ている」と高橋がぼそっと言った。

「誰ですか、鈴木さんって……」

「鈴木紀夫《すずきのりお》」

「え、鈴木紀夫も雪男を見ているんですか」

「五頭も見ている」

そういえば鈴木紀夫も雪男を探していたんだ……。高橋の話でそのことを思い出した。鈴木紀夫とは三四年も前（一九七四年）に、フィリピンのルバング島山中で残留日本兵小野田寛郎《おのだひろお》を発見し、冒険家鈴木青年として一躍有名になった人物である。わたしは鈴木の著書『大放浪』を読んだことがあったし、彼が雪男を探している最中に死んだことも知っていた。高橋によると、鈴木が雪男捜索のフィールドにしていたのは高橋たちと同じダウラギリⅣ峰のコーナボン谷だったという。そのことを知り、自分はあの鈴木と同じ場所で雪男を探すことになるのか、と少し複雑な気持ちになった。それはわたしがこの時、鈴木に対してどちらかといえばマイナスのイメージを抱いていたからだった。

午後七時に始まった飲み会は四時間以上も続いた。わたしは正式に隊員として認められ、高橋から「イエティ捜索隊２００８」と印字された企画書を手渡された。近藤が帰りのタクシーの中で話しかけてきた。

「どうだ。高橋さんの話を聞くと、いるかもしれないって思うだろ」

そうですね……と答えはしたが、初対面の高橋から話を聞いただけで、すぐに雪男などという怪しいことこの上ない生き物の存在を信じ込めるほど、科学的思考に慣らされたわたしの固定観念はヤワではなかった。ただ、考えていたほど荒唐無稽な存在ではないのかもしれないとは思った。近藤はすっかり酔っ払ってしまったらしく、タクシーの中でも腕をぐるぐると回しながら雪男がオランウータンに近い動物であるという自説をまくし立てていた。

それにしても雪男そのものの目撃者がいるという話にはひきつけられた。雪男など時折足跡が見つかる程度のファンタジーにすぎないと思っていたからだ。しかもそれは、どこまで信用していいのか分からないような未確認生物マニアの話ではなく、雪男などにわき目も振らないストイックそうな登山家たちが見たというのだからいっそう興味をそそられた。わたし自身登山が趣味なので、山岳雑誌や登山関連の書籍には比較的多く目を通しているつもりだったが、著名な登山家である小西や田部井が雪男を目撃したという話など聞いたことがなかった。わたしは彼らに直接会って話を聞いてみることにした。

最初に会ったのは小西浩文だった。一五歳の時に高校の山岳部で本格的な登山を始めた小西は、一九八二年にチベットのシシャパンマに登ったのを皮切りに、ブロードピーク、ガッシャーブルムI峰、同II峰、チョーオユー、ダウラギリI峰と、これまで六座の八〇〇〇メートル峰をいずれも無酸素で登頂してきた。ヒマラヤの高所登山においては日本人の中でも屈指の実績を誇っている。わたしは前年の暮れに近藤の紹介で小西と会ったことがあり、その時に名刺を交換していたので、雪男のことについて話を聞きたいと申し込むと、彼は快く取材を引き受けてくれた。

小西によると、彼が雪男と遭遇したのは二〇〇二年一〇月、エベレストの麓、ネパール・クンブ地方の山奥に建つチャロックゴンパという寺に滞在していた時だったという。妻を病気で亡くし、四九日の法要を終えた後、小西は妻を亡くした苦しみから逃れるためヒマラヤへと向かった。知り合いのシェルパ（もともとはクンブ谷に移住してきたチベット系民族の名称。現在ではヒマラヤ登山をガイドする職能の呼称にもなっている）

を伴いアイランドピーク（六一八九メートル）に登頂。カトマンズに戻った後、クンブ地方では修行の場として有名なチャロックゴンパに向かい、行を営むことにしたという。エベレストからほど近いナムチェバザールの村からターモという村に向かい、そこから街道を外れて山道を二、三時間登るとチャロックゴンパに到着した。寺は標高約四〇〇〇メートルの山の中腹に建っており、周りには幹の太い針葉樹林の森が広がっていた。寺には六〇歳ほどの尼僧と七代目にあたる一七歳のシェルパ族のラマ僧（チベット仏僧）、それに黒っぽい毛なみの獰猛《どうもう》な番犬が一匹暮らしていた。小西はその寺の脇の草むらにテントを張り、行とトレーニングに明け暮れたという。午前中は寺の裏手にある山を標高五〇〇〇メートル近くまで走って登り、午後は岩の上や寺の本堂で座禅を繰り返した。滝に打たれる荒行も行った。

雪男の話は到着したその日から寺のラマ僧から聞かされていた。初日に夕食を食べている時、同行したシェルパが、この寺には時々雪男が姿を現すという話をそのラマ僧から聞いたというのである。小西自身も滞在中のある日、雪が二〇センチから三〇センチほど降った時に、雪が降ると雪男が現れるとラマ僧がつぶやくのを聞いたことがあった。雪男は夏の間は寺よりも高い高山を棲息《せいそく》域にしているが、雪が降ると標高の低い地域に下りてくるというのだ。また、寺の周りの岩場には広さ二畳程度の洞穴状の修行場が三カ所あったが、不思議なことに三カ所とも入口がしっかりとした木の格子で塞がれており、鍵をあけないと開かない地下牢《ちかろう》のような構造になっていた。小西がなぜそのような作りになっているのかとたずねると、ラマ僧は、瞑想《めいそう》中に雪男に襲われるのを防ぐためだと答えたという。

「またバカなこと言っているよと思いました。これまでひとりでヒマラヤの山中に泊まる時、シェルパから何度もイエティが出ますよと警告を受けていました。あ、そう、会ったらナマステと言っとくよ、なんて冗談を返していたくらいで、まったく信じていませんでしたが……」

最初の異変が起きたのは、寺で修行を始めてから四、五日経った頃のことだった。寺の中で夕食をとった後、小西はテントにヘッドランプを取りに行くため外に出た。すると、ヒュイッ！　という奇妙で甲高い鳴き声が右手の山のほうから響いてきた。空気を切り裂くような不気味な鳴き声だった。思わず背筋が寒くなったという。鳴き声のしたほうをヘッドランプで照らすと、再びヒュイッという鳴き声が周りの空気を震わせた。

「とにかく聞いたことのない鳴き声だった。恐竜の時代に首が長くて嘴《くちばし》の突き出した翼竜っていたじゃないですか。おれの中では、ああいう動物の鳴き声のようなイメージです。こんな声を出す動物がいるのかと思いました」

鳴き声を聞き、寺の中からラマ僧とシェルパが飛び出してきた。

「イエティだ！」とラマ僧が叫んだ。

「鳥じゃないのか」と小西が訊くと、「夜に鳥は鳴きません！」とラマ僧は言った。「ヘッドランプを消してください。イエティが来てしまいます！」

尼僧が本堂でドンドンと太鼓を激しくたたき始めた。すると鳴き声はやんだという。

小西が雪男を目撃したのは、それから四、五日後のことだった。その日は朝から寺の周りの気配が妙に静かだったという。小西が連れて来たシェルパはターモの村に下りていたため、その日、寺には彼とラマ僧と尼僧の三人しかいなかった。午後七時頃、夕食を食べ終え、テントの中で寝袋にくるまって本を読んでいると、突然、犬が大声で吠え始めた。最初はシカかヤクでも入って来たのかと思ったが、一時間経っても犬が鳴き止む気配はない。それどころか犬は首輪で繋がれていたはずなのに、暴れるうちに外れてしまったのか、いつのまにかあたりを走り回り始めた。小西は午後一〇時前に寝袋の中に入ったが、犬がうるさすぎて、とても眠れる状態ではなかった。ついに犬の鳴き声は絶叫のようになり、小西もおかしいと思い、寝袋から起き上がった。その瞬間だった。

バシッ、バシッと、何者かがテントの上をたたいた音がしたのだ。雪男にまちがいない！　と思った小西は、テントの中からラマ僧の名前を大声で叫んだ。しばらくすると騒ぎを聞きつけたラマ僧が小西のテントにやって来た。

「何かがテントの上をたたいたぞ！」と小西が言った。

「鳥じゃないのか？」

「鳥なわけがないだろ！　こんな夜中に鳥が飛んできて、テントにぶつかるわけがない。とにかく寺の中で寝かせてくれ」

二人はテントから寝袋とマットを寺の二階に運び、同じ部屋で寝ることにした。だが寝る前に小便がしたくなったので、小西はやむなくもう一度外に出ることにしたという。

霧であたりはうっすらとかすみ、月明かりを遮っていた。寺の建物の前は石畳の庭になっており、その端まで行って小西は立ち小便をした。おかしなことに、さっきまで大声で吠えまくっていた犬が、なぜか小西の股の間に入って来て、体をなすりつけてじゃれついてきた。そして小便を済ませて、ズボンをあげた時、左側で妙な気配がするのに気がついた。

横から何者かが、ぬうっと無言で現れたのだ。

その何者かは小西の横の太い針葉樹の陰から、様子をうかがうような姿勢で上体を傾けていた。距離にしてわずかに約一メートル。足にまとわりついていた番犬はその瞬間に逃げ出し、小西も驚きのあまり思わず寺のほうに後ずさった。後ずさるとその生き物は木の陰になり、姿は見えなくなった。

エイヤー！　エイシャー！

恐怖心を打ち消そうと怒号を発すると、その声に勇気づけられたのか、逃げ出したはずの番犬が再び姿を現し、生き物が現れたと思われる方角に向かって森の中の小道を走っていった。結局、生き物はその後は姿を見せなかった。小西は寺の中に戻り二階に上がった。同じ部屋で寝ていたラマ僧は一言も口をきかず、何やらお経のような言葉をぶつぶつと唱えていたという。

　それが小西の目撃談だった。話の中でわたしが気になったのは、彼が見たというその雪男らしき動物の肉体的特徴であった。

「ガスっていたから見えたのは輪郭だけ」と小西は言った。「真っ黒にしか見えなかった。たぶん見ていたのは三秒くらいだったと思います」

　表情などは言うに及ばず、顔つきや毛の色、手や足の様子といった特徴すら確認できなかったという。分かったのは肩幅が人間より広かったということくらいだった。輪郭は人間みたいに頭部が肩から突き出したような形をしておらず、ゴリラのようになだらかな三角形の山を描いていたという。

「身長はどれくらいありましたか」とわたしは訊いた。

「おれと同じくらいだったから、一七〇センチから一七五センチくらいだと思います。肩幅は一メートルくらいありました」

「二本足だったんですか」

「それも分かりません」と小西は言った。「見た瞬間、目が点になって後ずさったので、下の様子まで見る余裕なんてありませんでしたから」

話を聞きながら、わたしは率直に言って落胆していた。身長と色しか分からないのなら、小西が見たのが雪男だと言える根拠は何もない、そう思ったのだ。一メートルの至近距離から目撃したというので、彼に会う前は、全身が褐色の短い毛で覆われていたとか、二本足で歩き太い腕を凶暴に振り回したとか、牙をむき出しにして涎《よだれ》を垂らしていたとか、そういうリアルな雪男の描写を聞けるものだと期待していたが、そこまで詳しくは分からなかったようだ。

「クマとか他の動物の可能性はないんですか」とわたしは訊いた。

「クマということはないです」

同じことをこれまで何度も訊かれてきたのであろう。彼は自分が見たものがクマであることを強く否定した。

「あれはクマの輪郭ではなかったし、それに人間でもない。考えてもみてください。人間だとしたら、なぜチベットの番犬が逃げたのか。チベットの犬は非常に勇猛で、ヤクだろうがクマだろうが人間だろうが一〇〇人束になって襲っても逃げませんよ。それにあの犬はおれにも心を許していなかった。その超勇猛な番犬がビビっておれの股の下に逃げ込んで、そして脱兎《だっと》のごとく逃げ出した」

犬の反応という予想もしていなかった材料を持ち出されたので、わたしは思わず小西の話にうなずいた。

「その雪男は小西さんを襲おうとしたんですか」

「あいつはおれを襲おうと思えば襲えたし、襲われたらかなわなかったでしょう。それなのにゆっくり近づいてきた。おれはカンもいいし目も鼻もいい。夜目もきく。それなのにおれの気がつかないうちに近づいてきた。これはただ事ではない。たぶん好奇心で近づいてきたんだと思う。敵意のようなものは感じませんでしたね」

それまで彼は雪男の存在などまったく信じていなかったという。長いヒマラヤにおける経験の中で彼は、パンボチェという村に住むシェルパから雪男にヤクの干し肉を持っていかれたという話を耳にしたり、ロールワリン地方に住む別のシェルパからは、父親がニワトリを持っていこうとする雪男を背中から殴りつけて追っ払ったとかいう話を聞いたりしてきたが、そんなバカな伝説……といつも一笑に付してきた。

「それなのに現実に見てしまった……」

わたしなりに解釈すると、小西の目撃談は、その場の状況がいかにも雪男が現れたような雰囲気に包まれたということに尽きるような気がした。おびえるラマ僧、濃い霧、吠える犬……、舞台装置は整い、その場の空間と小西の心理が異常な状態に陥り、視界のきかない暗闇に何者かが現れた。ヒマラヤ地方に幾重にも積み重なり文化の深層にまでしみ込んだイエティ伝説、その発露であるシェルパとの何気ない会話、それら潜在意識下に蓄積された様々な情報が現場の雰囲気とない交ぜになって彼の状況判断に微妙な影響を及ぼした。そういう話のように思えた。

しかしその感想を小西に伝えると、彼はハイハイと笑い、そういう反応もごもっともですという表情を浮かべながら、「見間違いということはないですね」と言った。「至近距離から見ましたから。輪郭からしてクマということはないし、一七〇センチくらいあったからクマだと立ち上がらなければならないでしょう。クマの臭いもしなかったし。それにあの聞いたことない甲高い鳴き声。それに犬の反応は数時間にわたり完全に狂ったようだった。おれはねえ、ゴリラそのものか、ゴリラに相当近い生き物だと思っているんです。ゴリラは非常に温厚な性格で、自分に敵意がないことを示すために顔を近づけてくるというし、メスのゴリラは臭いがしないそうですから」

「今でも自分が見たのは雪男だと思いますか」とわたしはたずねた。

「見たことがない人は必ずそういう質問をするんですよ」と小西は言った。「前提が違うんです。いるもいないも、実際に見たんですから。普通の人は、当たり前ですけど、そんなものはいないと思っているわけです。しかし、おれやチャロックゴンパのラマ僧とか尼僧は感覚が違う。いるというのが前提だから」

雪男を目撃した翌年と翌々年の二回、小西はチャロックゴンパを訪れたが、ラマ僧から雪男が現れなくなったという話を聞いたという。

「イエティは移動する性質を持っているのか、あるいは死んだのかもしれませんね」

女性として初めてエベレストに登頂したことで有名な田部井淳子も、雪男を目撃したと話す登山家のひとりだという。そのことを池袋の飲み会で教えてくれたのも朝日新聞の近藤だった。近藤はしかし、「田部井さん、話すかな……」ともつぶやいた。たしかに雑誌の取材に応じ、インターネットの記事でも目撃談を公開している小西と違い、田部井が雪男を目撃したという話は登山関係者の間でもそれほど知られていなかった。はたして田部井は話してくれるだろうか。田部井は著名人なので、取材を受けたり講演したりする機会も多いはずである。雪男目撃談を面白おかしく取り上げられることで、自分の評判に傷がつくことを警戒しているのではないか。田部井さん、雪男見たなんて言っちゃってるけど大丈夫かしら。そんなふうに噂されることを恐れているのではないか。親しい人にだけ、実はね、と切り出す類のオフレコ話なのではあるまいか。わたしはそんな心配をしていた。

田部井が雪男を目撃した時の登山には読売新聞の北村節子《きたむらせつこ》記者が同行していた。北村はその時、雪男の足跡の写真を撮影し、「週刊読売」に記事を書いていた。しかしその記事を見ても、田部井が雪男を目撃したことは触れられていなかった。足跡までなら大丈夫だが姿を見たことまで田部井は話したがっていない。記事を見てわたしは余計にそういった思い込みを強くした。

だが、そんな心配はまったくの杞憂《きゆう》だった。田部井は雪男を見た時の様子を、まるで近所でぼやでも見た時のように気軽に話してくれたのである。田部井の事務所は市ケ谷駅から歩いて一〇分ほどのマンションの一室にあった。事務所の居間で雪男捜索隊に参加することになった経緯やそれまでに集めた雪男に関する情報を話すと、田部井は好奇心を抑えきれない子供のように眼鏡の奥の小さな瞳を輝かせながら、ふむふむとうなずいた。

田部井が雪男を遠望したのは一九八〇年秋、チベット西部にそびえる八〇一二メートルの高峰シシャパンマ登山に向けた偵察行の時だった。当時のシシャパンマは六四年に中国隊が初登頂したものの、外国隊に許可が下りたことはほとんどない神秘の山だったという。田部井ら女子登攀《とうはん》クラブは日本隊として初めてシシャパンマの登山許可を得たが、登頂ルートがよく分からないため、翌年の本隊の前に偵察隊を出すことにしたのである。

偵察隊の田部井、北村ら四人は人民解放軍の幌付きトラックで、チベットのラサから荒れた道路を西に向かった。九月下旬から一〇月上旬にかけて、初登頂した中国隊と同じ標高五一〇〇メートルの平原に活動の拠点となるベースキャンプを設営した。他の二人は高山病のため休養していたので、ベースキャンプに到着した時は田部井と北村の二人だけだった。二人はベースキャンプの次のキャンプ地であるキャンプ1を五五〇〇メートル付近に設営、エボガンジェロ氷河脇のモレーン（堆石帯）を登り、五八〇〇メートル付近にキャンプ2を設けた。

田部井に取材した時、わたしはこの時の登山報告書を持参していた。その報告書と北村の書いた「週刊読売」の記事を総合すると、この偵察行で田部井はまずひとりで六一〇〇メートル付近まで登り、頂上へのルートを確認した後、五八〇〇メートルのキャンプ2に下っている。そしてキャンプ2からベースキャンプに下る途中で、長さ三〇センチから四〇センチ、幅約二〇センチの大きな足跡を見つけたという。わたしが聞きたかったのは、すでに記事になっている足跡の話ではなく雪男の姿の目撃談だった。彼女がこの行程のどこで雪男を目撃したのかは不明であるが、とりあえずすでに公開されている足跡の話から切り出し、本丸である雪男目撃談を引き出そうというのが事前の取材戦略であった。

「六一〇〇メートルまで登ったそうですね」とわたしは切り出した。

「登ったんです。キャンプ2から氷河を渡りきってだんだん急な斜面になる。あー、急になってきたなあと思って見上げた時でしたから、なんだって思ったのは」

「見たのはキャンプ2より上ですか」

「うん」

田部井の話はおかしいとわたしは思った。北村の記事によると、二人が足跡を見たのは五八〇〇メートルのキャンプ2より下のはずである。やはり古い話なので記憶が曖昧になっているのだろうか。わたしは足跡を見た場所について、もう一度確認した。

「記事には、キャンプ2から下りる途中って書いてあるんですが……」

田部井は一瞬、ポカンとした表情を浮かべてから言った。

「……というのは足跡」

「えっ。ということは……」とわたしは言った。「六一〇〇メートルで見たのが雪男ってことですか」

「うん」

田部井は目をクリクリさせて無邪気にうなずいた。わたしの心配をよそに、田部井はむしろ聞いて欲しくて仕方がないとでもいった様子で、雪男の姿を遠望した時の様子を嬉々《きき》として語り出したのである。

田部井が北村とともに、登頂ルートを偵察するためキャンプ2を出発したのは、一九八〇年一〇月七日である。北村は疲れがたまっていたので途中で待機することになり、田部井はそこからひとりで登りだした。氷河を渡ると雪と氷の広大な斜面にたどりつき、その斜面を一時間ほど登るとクレバスが出てきた。上部の様子を確認しようと田部井は斜面を見上げた。すると標高差にして二〇〇メートルから三〇〇メートル上のあたりに岩のようなものが見えたという。彼女はその岩を何気なく眺めていた。するとその岩が突然動きだした。

「ん、ん、何？」

その岩らしき黒い影の形状は縦に細長く、すばしっこい動きで左から右に雪面を横切った。

「えー！」

田部井は高度の影響で幻覚が見えたのかと思い、ゴーグルを外して目をこすり、再びゴーグルをかけて同じところを眺めた。するとその岩状の影は、今度は右から左に戻ってきた。田部井はその時の様子をやや興奮気味に話した。

「岩じゃない、やっぱり動いたって思って、何かいたら怖いから、それであたふた帰ってきたんです」

なぜ！　とわたしは思った。「観察を続けなかったんですか」

「そんな場合じゃなかった。怖くて……」

六八歳になる田部井は感情表現がストレートで、感嘆符や疑問符が連続する女子高生みたいなしゃべり方をした。なんと可愛らしいしゃべり方をするおばさんだろうかと思いながら、わたしはその疑わしき動く影について質問を続けた。

「一匹というか、一個ですか、動いたのは」。雪男の助数詞をなんと言えばいいのかわたしには分からなかった。

「一個でしたね」と田部井は言った。「何か大きなかたまりがツツツっという感じで。わたし、ほんと、ツツツって感じって思ったんですよ。うおーって感じで見たから。かなり速かったですね」

顔と目玉を左から右に動かしながら何度も「ツツツ」と言う田部井の話を聞いていると、小走りに高速移動する雪男の姿を想像せずにはいられなかった。

「で、なにー、何か動いたって。それで怖くなったの。だから、もう見ているっていうより大急ぎで戻ってきたの」

彼女が「ツツツ」と動く影を見たのは午後一時頃、時間にして三分間ほどだったという。急いで下山して北村が待っている場所に戻ると、田部井は自分が見た信じがたいものについて興奮気味に語った。

「せっちゃん、出た」

「何が？」

「雪男……」

北村は田部井の話を最初は信じなかった。

「そんなのあり得ないよ」と北村は言った。「そんなところに動くものなんていないよ。高山病だよ、田部井さん」

田部井に取材してからしばらく後、わたしは北村に会い、この時の田部井の様子について話を聞いた。帝国ホテルのロビーに現れた北村は、若い頃はさぞかし美人であったろうと思わせる知的な風貌の女性だった。すでに読売新聞社は退職し、名刺には別の肩書が書かれていた。

「あの時、田部井さんに高山病じゃないかって言ったのは事実」と北村は言った。「でも、テントに戻っても彼女に高山病の症状は見られないし、動いた、動いたって興奮気味に話していた。だからわたしも少し怖くなってきて、何だろうね、怖いね、もし襲ってきたら逃げられないね、なんていう話を二人でしていました」

最初は田部井の話をあまり信じなかった北村も、その興奮ぶりから、本当に何かを見たのかもしれないと思うようになった。そして翌日、今度は大きな足跡が見つかったものだから二人は大騒ぎになった。

一〇月八日昼頃、二人はキャンプ2を出発して下山を開始した。北村が書いた「週刊読売」の記事によると、キャンプ地周辺では前日の午前中まで雪が降っていた。息を切らしながら氷河のモレーンを一時間ばかり下ったところで、先行していた田部井が大きな足跡を見つけて立ち止まった。右手にはエボガンジェロ氷河が横たわり、左手には小高い丘が盛り上がっていた。足跡は氷河のほうからやって来て、二人の目の前を横断し丘の上に消えていたという。

「足跡に指は見えたんですか」とわたしは田部井に訊いた。

「うん、五本。めり込んでいましたね。それは覚えている」

「土踏まずはどうでした」

「それほどはっきりしていなかった。でも、指がしっかりと残っているのは記憶にあるんです。こんな感じで……」

田部井はわたしのノートに足跡の形を描いてみせた。ひょうたんみたいに曲がった足型をまず描き、その先端に丸っこい指を五つ並べた。

「例えばクマの足跡ってことはないですか」とわたしは訊いた。「後足が前足と重なり、そのせいで楕円形に見えるというような……」

「それはない。一個って感じでしたよ。指がぐっとめり込んでいるので、うう一って思った」

「見た時はどう思ったんですか」

「やっぱりいたって思った」

「雪男がいたと思ったんですか」

「雪男というか、類人……」

そこで田部井は言葉をつまらせた。自分の見たものを類人猿と呼んでいいのか、類人動物と呼んでいいのか判断がつきかねるようだった。ヒトに近い生き物だとは感じたようだが、それを雪男と呼ぶことにはためらいがあるみたいだった。

足跡を見つけると北村も「何かがいる」と思ったらしく、二人で「写真、写真」と大騒ぎとなった。彼女たちは田部井が見た「類人」が戻ってくると怖いので、大急ぎで足跡の写真を撮ったという。

下山して他の隊員と会った時も、田部井は自分が見た雪男について話したという。しかし、足跡を撮影したと言っても関心を示してもらえず、「動いたんだよ」と主張しても「錯覚、錯覚。高山病じゃないの」と、初めに北村が示した時と同じような言葉が返ってきた。帰国してからも登山隊の他のメンバーからは雪男について興味をもってもらえず、田部井は氷河や登頂ルートの状況についてばかり質問された。この時の偵察隊は雪男探検隊ではなくシシャパンマの登頂ルートの確認が目的だったので、その反応は当たり前ではあったものの、ただ田部井自身はすごく興奮していたという。

「わたしはすごいびっくりでした」と彼女は言った。「やっぱりいるっていうのがあって、ものすごいもの見たぞっていう気持ちがあった。これは絶対言わなきゃと思って写真も撮ったのに、あんまり反応がない」

「著書か何かでその話は書かなかったんですか」

「書いてないけど、講演で話はしたことがある。実はわたし、八〇年に見たんですよって」

「キワモノ扱いでしょ」

「そうですよね。高山病じゃなかったの、で片づけられちゃう。あんまり信じてもらえないですよね。でも見たのは見たし、足跡はあったし、わたしはいるっていうふうに思っています」

田部井に取材する前、わたしは彼女が雪男の話をした時に必ず返ってくる嘲笑的な反応を恐れ、あまりこの話をしたがらないのではないかと心配していた。彼女は世界で初めてエベレストに登った女性である。「田部井淳子＝登山家、ヒマラヤ、エベレスト」というイメージが確固たる等式として社会的に成立している。だから話を聞いた側が田部井の目撃談を高山病のせいだと決めつけたくなる気持ちは分からないではない。雪男のことを話題にした時、わたしも相手からバカにしたような態度をとられ、複雑な気持ちにさせられたことが何度もあった。なかなかまともに聞いてもらえないこの類の話を、田部井は誰にでも話しているわけではなかった。

一度だけどこかの雑誌がこの話で取材に来たことがあったというが、その時、彼女は「あー、関心がある人がいるんだなあ」と驚いたという。田部井がわたしにこの話をしてくれたのは、わたしが雪男の話を目的に会いに行ったからに違いない。わたしは彼女にとって、自分の雪男目撃談に関心を持ってくれる数少ない人間のひとりだったのだろう。

# 第二章　シプトンの足跡

東京都千代田区に編集部がある山岳雑誌「岳人」の編集者服部文祥《はっとりぶんしょう》は、雪男と聞くと真っ先に白い強大な化け物を頭に思い浮かべる人間のひとりのようである。会社を辞めてからしばらく経ったある日のこと、わたしは旧知の編集者である彼に、何かものを書く仕事がもらえないか、「岳人」の編集部を訪れた。わたしが約束の時間に現れたのを確認すると、服部はにやにや笑いながら近づいてきた。

「ヒバゴン探しに行くんだって?」

ヒバゴンとは日本の中国地方に棲息すると、その昔話題になった幻の類人動物の一種である。想定棲息地域が異なるだけで、ヒマラヤの雪男とヒバゴンとの間には、言ってみればヒマラヤンブラックベアと日本のツキノワグマ程度の差しかない。その意味では彼の言うこともあながち間違ってはいなかったが、しかし内心やや反発を感じたわたしは、一応自分が探すのがヒバゴンであることを否定した。

「違います。イエティです」

「ああ、そう」と彼は関心がなさそうに言った。「編集長に会う？」

服部はわたしを編集長に紹介してくれた。

「編集長、こちら角幡君。ヒバゴン探しに行くらしいです」

イエティをヒバゴンに執拗《しつよう》に言い換えようとする彼が、雪男を探すという行為に対し、やや冷笑的な視線を向けているらしいことはひしひしと伝わってきた。しかし困ったことに、わたしもつい最近まではたぶんそちら側の人間であった。もし雪男を探しに行くという友人が現れたら、わたしも、やあ、ヒバゴン探しに行くんだって、とにやにやしていた可能性はかなり高い。

「で、ヒバゴンはいると思う？」と服部は言った。

うーんとか、そうですねえとか、あながちいないとも言い切れませんねえとか、わたしは曖昧な答えを返すことしかできなかった。

この質問は誰に会ってもされた。会社を退職してからこれからの予定を訊かれるたび、雪男を探しに行くと答えることに、わたしはどうしても抵抗を感じていた。だが嘘をつくわけにもいかないので、やむなく雪男を探すことになったとぼそぼそ答えるのだが、必ずその理由として捜索隊は朝日新聞社が後援しており、さらに知り合いの記者から頼まれて参加することになったことまで付け加え、それが自発的行為でないことを言外ににおわせるのだった。新聞社の社会的信用度を利用して、自分の行動があやしげでないことを示そうとしていたのである。未確認生物を探すことに対する周囲の冷ややかな視線と、それに伴う抵抗感を、わたしはなかなか払拭することができなかった。

　小西浩文や田部井淳子のように特別な体験でもしない限り、普通の人間は雪男など存在しないと思っている。だから、いないはずのものを探すというわたしに対し、彼らはいるのかいないのかと、好奇心と冷やかしが半分ずつ混じったような顔でその見解を問いただす。「雪男をいると思っている側」に属しているのか、「いないと思っている側」に属しているのか、わたしがどちらの立場にたっているのか踏み絵を迫るわけだ。

「いると思っている側」に身を置くことは、常識から外れた風変わりな人間だと評価される危険性が高く、強い信念のようなものが必要だ。一方、「いないと思っている側」に身を置くことは、いわば世間の常識に適った体制側に身を預けることなので特に自分の意見も必要とされず安全である。そこから「いるわけがない」と根拠もなく結論づけることは楽なのだ。少なくともわたしもそれまでは特に理由もなく「いない」と思いこんできたが、しかし雪男捜索隊に参加することが決まった以上、そのような無責任な態度をとることは許されない。ただ返答次第では、自分自身が冷笑の対象になりかねないので、答えにはやや慎重さが求められた。どっちつかずのわたしにとっては、「いてもおかしくない」と小鳥のさえずりのようにささやくことが、とりあえずは一番無難な回答の仕方であった。

雪男の正体については池袋で飲み会が開かれた時に、今回の捜索隊長である高橋好輝から話のさわりだけは聞いてはいたが、それでもわたしの雪男に対する知識は幼い頃に少年少女向けの学習雑誌を読んだ時と比べてさほどの進展はなかった。わたしを雪男捜索隊に引きずり込んだ朝日新聞の近藤幸夫記者は、雪男について書かれた必須の古典を何冊か紹介してくれた。一九五四年に英国のタブロイド紙デイリーメールが主催した雪男探検隊について書かれたレーフ・イザード『雪男探険記』、六〇年に東京大学教授を隊長とする雪男学術探検隊に参加した元多摩動物公園園長の林寿郎《はやしじゅろう》が書いた『雪男―ヒマラヤ動物記』、雪男捜索のために会社を辞めた元日本テレビ局員谷口正彦《たにぐちまさひこ》の『雪男をさがす』などである。わたしはインターネットの古本サイトでそれらの書物を購入し、雪男について書かれた雑誌や新聞の記事を集め出した。

デイリーメール隊に参加した同紙記者イザードの『雪男探険記』などによると、雪男の足跡だと紹介された最も古い記録は一八八七年にまでさかのぼるという。ヒマラヤ研究家として有名な英国のローレンス・A・ワッデルが著書『Among the Himalayas』の中で、インド北東部とチベットとの国境にあたるシッキムの標高約五二〇〇メートルの雪上で大きな足跡が見つかったことを報告しているのだ。

> 雪の上に大きな足跡があり、それはわたしたちの踏み跡を横切って高い山のほうに続いていた。足跡は毛深い野人のもので、神話における白ライオンと同様、万年雪の中に住んでいると信じられている。そのうなり声は嵐の中でも聞こえるとの評判である。（筆者訳『Among the Himalayas』）

ワッデルはこの後、《この毛深い野人と呼ばれるものは、明らかに巨大な黄色の雪熊で、肉食性が強く、よくヤクを殺す》と、雪男の正体がクマだとの見解を書いている。
その後、このヒマラヤの謎の動物に雪男という名称をつけたのは、インドのダージリンに住むヘンリイ・ニューマンという人物だった。ニューマンは英国のエベレスト登山隊に参加したシェルパから、この動物がチベット語で「メティ・カンミ」（metch kang-mi）と呼ばれているのを聞き、それを「忌まわしき雪男」（Abominable Snowman）と英語に翻訳した。「カン」というのは山や雪、「ミ」は人間の意味なので雪男である。「メティ」とは汚らしいとか、嫌悪を催させるという意味だというが、そのようなチベット語は存在しないという話もあり、妖怪とか幽霊とかを意味する「メトー」（metoh）の誤りではないかとその後、論争になったという。

それから次第に雪男の目撃談が報告されるようになったが、その中でもシベリアの収容所を脱出し、インドまで徒歩で大陸を縦断したポーランド陸軍将校スラヴォミール・ラウイッツの話は比較的有名だ。一九四一年四月に六人の仲間とともに収容所を脱出したラウイッツは、厳寒のシベリアを越え、ゴビ沙漠を縦断し、ヒマラヤを徒歩で越えるという途方もない冒険旅行を貫徹した。その旅の最終章ともいえるヒマラヤ越えで山を下っている最中、彼らは三〇メートル先に二頭の巨大な雪男がいるのを見たという。《どちらもばかでかい上に、後ろ脚二本で、立って歩いていた》とラウイッツは書いている。《二つの黒い姿を見たとたん、私はギクリとした》(『脱出記―シベリアからインドまで歩いた男たち』)

ラウイッツによると、その生き物は頭が角張っていて、耳はぺたりと頭に張り付くような感じで、また両肩はなで肩で力強い胸郭と一体化していた。腕は長く手首が膝に届いており、横から見ると後頭部が頭の天辺からまっすぐ切れ落ちて肩に繋がっているように見えたという。全身に赤みの強い毛が密生し、ところどころで長い直毛が垂れ下がり、光の当たり方によっては灰色っぽくも見えた。彼らはじっくり二時間以上もその生き物の観察を続けた。雪男は何をするわけでもなくその場をうろうろし、時折ラウイッツらのほうに視線を向けたが、まるで関心がなさそうだった。《全体の形から見れば、熊に似たところもあれば、類人猿に似たところもあるのだが、どちらでもないことは明らかだった》という。

ラウイッツの目撃談には悲劇が続く。生き物がその場から動かないので彼らは迂回《うかい》ルートをとることにしたのだが、そのせいで仲間のひとりが険しい岩場から滑落して死亡してしまったというのである。雪男が原因で発生したこの事故は、ラウイッツらの目撃談が作り話ではない有力な状況証拠のように思える。そしてこの報告に真実味を帯びさせている、もうひとつの重要なポイントは、ラウイッツらがこの時、雪男の存在を知らなかったということだ。

あれは、なんだったのだ？　その後長年のあいだ、私にとってはミステリーだった。しかし、最近、忌わしい雪男を探しに学術調査隊がヒマラヤへ派遣されるとの報道記事を読み、ヒマラヤに住む人が描写する雪男を勉強して、いまでは私は信じている――私たち五人が見た生き物は、その中の二頭だったのだ。（『脱出記』）

雪男の目撃報告が文明世界に頻繁に報告されるようになったのは、一九五〇年代に入りヒマラヤ登山が本格化してからのことである。それまで人間が入りこまなかったヒマラヤの山中に次々と遠征隊が訪れ、高山に時折足跡を刻みつけるおかしな動物についての報告が寄せられるようになったのだ。とりわけエベレストでは、英国が最初に遠征隊を出した一九二一年から雪男についての報告がもたらされていた。その中でも雪男の存在を世界中に知らしめたのが、英国の有名な山岳探検家エリック・シプトンが撮影した巨大な足跡の写真だった。

ヒマラヤ山脈は北側がチベット、南側がネパールやインド、パキスタンといった国や地域に囲まれており、世界最高峰のエベレストは中国チベット自治区とネパールとの国境に位置する。シプトンは一九三三年から三八年にかけて四度、チベットからエベレスト北面を目指す遠征隊に参加した。英国のエベレスト登山の礎を築いたシプトンは五一年、今度は禁断の国ネパールに入国し、当時ほとんど知られていなかったエベレスト南面を偵察することになった。この時の遠征で彼は雪男の巨大な足跡の写真を撮り、世界的な雪男ブームを巻き起こすのである。

この時のシプトンの偵察隊は、登山史の面から見ても後の時代に大きな影響を及ぼす重要なものだった。一九二一年から始まった英国のエベレスト遠征隊は、それまでチベット側の北面からアタックが試みられてきた。二四年に行方を絶った「そこに山があるからだ」という言葉で有名なジョージ・マロリーの遠征隊も、チベット側のノースコルから頂上を狙ったものである。二〇世紀前半のネパール政府は鎖国政策をとり外国に門戸を閉ざしていたため、エベレストにはチベット側から接近するしか方法がなかったからだ。しかしそのチベット側からのアプローチも、一九五〇年に中国共産党がチベットに侵攻してから閉ざされてしまった。そのため英国はネパール政府に対し登山を許可するよう働きかけ、その結果実現したのが、シプトンが雪男の足跡を見つけた五一年のエベレスト南面偵察隊だった。

エベレスト南面のクンブ氷河には恐ろしげなアイスフォールが立ちはだかり、氷河上部のウエスタンクウムから先は、当時まったく未知の空白部だった。地形から考える限り南面からの登頂は困難で、「ルートを発見できる可能性は四〇分の一程度」と皮肉る登山家もいた。しかし、シプトンの偵察隊はそのアイスフォールが登攀可能であることを発見し、ウエスタンクウムから標高八〇〇〇メートルのサウスコルにルートを見出した。エベレストの初登頂は二年後、この時シプトンの隊が発見した南東稜ルートから成功する。英国が初めて挑戦してから三二年が経った一九五三年五月二九日、ニュージーランド人エドマンド・ヒラリーとシェルパのテンジン・ノルゲイが世界最高峰の頂にピッケルを突きさした。シプトン本人は結局、人事のごたごたで遠征隊長の役を下ろされ、初登頂の栄誉に浴することはなかったが、それでも彼が現在につながるエベレスト登山の基礎を作ったことに間違いはない。ネパール側のこの南東稜は、今では最も一般的なルートとして毎年何百人という登山者をエベレストに迎えている。

シプトンが雪男のものらしき足跡を見つけたのは、そのネパール側のエベレスト偵察が終わり、その後に探検した西側のガウリサンカール山塊においてであった。シプトンの自叙伝『未踏の山河』によると、足跡が見つかったのは一九五一年一一月八日夕方のことだった。シプトンらは五八八〇メートルの峠メンルンラを越えて、ネパールからチベット側のメンルン氷河を下る途中だった。《ちょうど四時だった》と彼は書いている。

われわれが進む方向に点々と踏み跡が続き、明らかに氷河源頭のコルから来たかコルまで行ったかしているのをみてびっくりした。（中略）土地の人間が上がってきた可能性はまず考えられなかった。何故なら、チベット人もシェルパ族も、ナンパ・ラのようによく整備された路以外をたどって自分で氷河の上部にやってくることはなかったからだ。

セン・テンジンだけは、この不思議な足跡の由来についていささかの疑いももっていなかった。確信をもって彼はこれらの足跡がイエティ（いまわしい雪男）のものだと断定した。

（『未踏の山河―シプトン自叙伝』）

セン・テンジンはガイドとして同行していたシェルパである。シプトンが見つけた時、足跡は新しく、《せいぜい数時間ぐらいしかたっていなかった》という。天気が良かったにもかかわらず、足を踏み込んだ時に崩れた雪がとけずに残っていたからだ。そしてセン・テンジンはシプトンに、二年前にわずか二〇メートルの至近距離から雪男を見た時のことを話した。その動物は背の高さは人間とさほど変わらず、頭が尖っており、赤茶色の毛で全身が覆われていたのだ、と。しかし、だからといってシプトンは目の前にある足跡が雪男のものだとは考えなかった。《私はセン・テンジンの人となりをよく知っていたから、けっして彼の話をまゆつばとは思わなかったが、かといって、この足跡が彼の説明どおりイエティのものだとはとても信用しきれなかった》。というのも、氷河上部はまだ雪が多く、足跡はどれも崩れ、形がはっきりと分からなかったからだ。だが、下るにつれ積雪は徐々に少なくなり、足跡は次第に鮮明になっていった。そしてシプトンはついに、雪男が現実に存在することを示唆する強力な証拠を突きつけられた。《かりにロウで固めてつくってもこんなにはっきりできないだろうと思われるぐらい、きわめて鮮明な数多くの足跡をみることができた》というのだ。

ヒマラヤでもカラコルムでも、これまで何回か私は雪の中で不可解な踏み跡に出会ったことがある。しかし、これほど新しく、形のはっきりしたものを見たのははじめてだった。そのときまで私はイエティの問題については偏見をもっていなかったつもりだが、どちらかというとやや懐疑的だった。しかし、いまや私はこの間違いようのない指の証拠がある以上、この大きな、類人猿に似た動物が現実に存在することを信じないわけにはいかなかった。

（『未踏の山河』）

こうして世界で最も有名な雪男の足跡が撮影された。今ではグーグルの検索ボックスに「シプトン　イエティ」とでも打ち込めば、誰でも簡単にこの歴史的スクープ写真を見ることができる。シプトンによると足跡の長さは約三〇センチ、幅は約一三センチ。横幅が広いのが特徴で、五本の指の中でも親指だけが突出して巨大である。指の付け根の位置も人間の足跡と比べると不自然に見える。また第二指は外側に折れ曲がり、第三指、第四指、第五指となるに従い、指は極端に小さくなる。シプトンは足跡の横にピッケルや靴を並べて撮影したため、その大きさが手にとるようにわかる。

世界最高峰の初登頂へ道を切り拓いたこの偵察隊が、ヒマラヤの謎である雪男の最もショッキングな足跡を見つけたことは、ある意味、象徴的な出来事であった。雪男の伝説とイメージは、エベレストに代表されるヒマラヤ登山が隆盛するに従い、世界中に広まっていったからだ。各国の登山隊は競うようにしてヒマラヤ山脈へ向かい、続けざまに不思議な足跡の写真や雪男の目撃報告を持ち帰った。

一九七〇年、英国の登山家ドン・ウィランスは、ヒマラヤの八〇九一メートル峰アンナプルナ南壁を目指す途中、奇怪に動く大型動物を目撃した。世界的登山家でアドベンチャージャーナリストでもあるクリス・ボニントン率いるこのアンナプルナ南壁隊は、ヒマラヤの八〇〇〇メートル峰に「壁の時代」の幕開けを告げたという意味で歴史的な遠征隊だった。すでにヒマラヤでも主立ったピークの初登頂レースは終わりを告げ、先鋭的な登山家は一般ルートではなく岩壁や氷壁、急峻な尾根など、より困難なルートに目を向けるようになっていた。そうした中、八〇〇〇メートル峰の巨大な未登の岩壁を初めて登ったのがボニントンの隊だった。

ボニントンの『アンナプルナ南壁』によると、ウィランスはこの時、ベースキャンプの場所を偵察するためボニントンの本隊よりも先行していたという。彼が最初に雪男らしき動物を見たのは三月下旬午後五時頃、キャンプ地に到着し荷物を下ろした時だった。背後で何か物音がし、シェルパがそっと「イエティ、カミング」と言った。後ろを振り向くと、なにやら黒い影が尾根の向こうに姿を消すのが見えたという。翌日、ウィランスはルート偵察の途中で正体不明の足跡を雪面に発見した。さらにその晩、テントから外の様子をうかがっていると、再び素早く動く黒い影を目撃した。慌てて単眼鏡をのぞくと、奇妙な動物が食べ物をあさり、四つ足で飛び跳ねているのが見えたという。月光に照らされるうち、徐々にその姿が見えるようになってきたが、最後は崖に向かって雪の上をものすごい速さで横切り、岩陰に消え去った。

ウィランスは後から合流したボニントンに「それは類人猿か、類人猿に近い動物である」と話し、正体不明の動物と遭遇したことにひどく衝撃を受けていたという。《ドン・ウィーランスは》とボニントンは書いている。《転石の下の洞穴の外にすわってい て、情け深い小人のように見えた。いやな予感がし、そして興奮していたにもかかわら

ず、容易に口を開かなかった》

シプトンが撮影した足跡の写真は、雪男ブームとでも呼ぶべき不思議な現象を巻き起こした。足跡の持ち主の正体を探るため、多くの探検隊がヒマラヤの山中を目指した。中でも大規模だったのが、一九五四年に捜索を行った英国のデイリーメール隊で、隊員は生物学や人類学の専門家などから構成され、五カ月間にわたりエベレストの麓クンブ地方などで捜索を続けた。この遠征隊は、雪男の姿こそ目撃できなかったものの、雪男のものといえそうな多くの足跡を発見し、ネパールのパンボチェ寺院、クムジュン寺院に古くから伝わる雪男の頭皮を世の中に紹介した。また、日本からも東京大学医学部教授小川鼎三《おがわていぞう》を隊長とする雪男学術探検隊が五九年から六〇年にかけて捜索を行ったし、ドン・ウィランスの目撃談に触発された元日本テレビ局員谷口正彦も七一年と七四年の二度にわたり、ヒマラヤの山中を分け入っている。

一方でシプトンの足跡は、また別の大きな影響も後世に残すことになった。

すでに述べたが、高橋好輝の捜索隊に誘われた時、わたしの雪男に対するイメージは白い毛が生えた巨大な二足歩行動物という、現実にはあり得ないものだった。だが見方を変えれば、その雪男像は間違っていなかったと言えなくもない。というのも多くの人は雪男と聞くと、わたしと同様のイメージを頭に思い浮かべるらしいからである。後日談になるが、雪男捜索を終えてネパールの首都カトマンズに戻った後、わたしたちの隊が撮影した雪の上の足跡の写真がメディアで雪男のものとして大きく報道された。その足跡は長さ一八センチと、シプトンのものと比べるとやや迫力不足で、加えて形状は細長く、一般的に考えられる雪男像とはかけ離れたものだった。わたしにとって興味深かったのは、足跡を紹介したニュースやワイドショーのほとんどのアナウンサーやコメンテーターが、雪男のものとしてはやや小さいのではないかと疑問を投げかけたことだった。捜索隊のブログにも同様のコメントが数多く寄せられた。白い毛が生え、前かがみの太った類人動物の想像図を挿入するテレビ番組もあったが、この想像図はわたしにとってはある意味でエキサイティングなものだった。自分が小さい頃に抱いていた雪男像と、それはぴったり重なったからだ。要するに雪男と聞けば誰もがそういう動物を思い浮かべるということを、図らずもこの番組はわたしに示してくれた。

この番組の雪男像だけでなく、町中のふとした場面で見かける様々な雪男のキャラクターもまた、日本人、もしかしたら世界中の人間が、雪男と聞くと白くて巨大な二足歩行動物を思い浮かべるらしい可能性を示している。米国フロリダにあるウォルト・ディズニー・ワールド・リゾートのエクスペディション・エベレストというアトラクションには、広い肩に長い腕がぶら下がった巨大な雪男が登場する。それは強力な腕力でコースターのレールを引きちぎり、飛び跳ねて乗客を威嚇する凶暴な生き物で、公式サイトによると、乗客は《神秘的なイエティとの衝撃的な遭遇などといった背筋も凍る恐怖体験を経験できる》。ディズニーに登場するこの凶暴きわまりないエベレストの主には、雪男の典型的なイメージがふんだんに盛り込まれている。こうしたイメージが形成された根本原因を、シプトンの足跡に求めることは、それほど的外れなことではないだろう。シプトンの足跡は巨大で鮮明だったため、このような化け物的なイメージを生み出す土壌があったのだ。

シプトンの足跡をきっかけに派遣されたデイリーメールの探検隊は、当然のことだが、この足跡が生み出した雪男のイメージに強くひきずられた。イザードの『雪男探険記』にはウラジミール・ツェレンスキーという人物がシプトンの足跡をもとに雪男の正体を推測した巻末付録がついている。その中でツェレンスキーは《ヒマラヤ山中に棲《す》むこのえたいの知れぬ類人猿は、これまで知られている類人猿の最大のものよりも大きくて、重量も多いらしい》と書いている。

この動物は異常なほど部厚い、ガッシリした脚、現存の、あるいはすでに絶滅したいかなる猿よりも、また現代の、あるいはすでに化石となったいかなる人類よりもはるかに逞《たくま》しい脚をもっている。（『雪男探険記』）

彼は雪男の大きさを《どうみても七フィートはあるだろう》と推測した。七フィートというと二一三センチにも達する。雪男について長年研究してきたというルポライターの根深誠《ねぶかまこと》が雑誌「山と溪谷」（二〇〇四年二月号）に書いた記事によると、デイリーメール隊はエベレストの麓のクンブ地方に、ハガキ大の用紙に印刷した雪男の想像図を大量にばらまいたという。その姿は、根深が《この想像図が後世の人々の記憶にイエティの姿形を定着させたといえる》と推測するように、腕が長く、ゴリラのように筋骨が発達し、不気味な含み笑いを浮かべながら雪の上を二足歩行で歩くという、まさに雪男らしい雪男で、そこにはすでに現在のディズニーに見られるような巨大で凶暴な雪男のイメージが露骨に現れていた。

シプトンが撮影した雪男の足跡が本物かどうか、怪しむ意見は当時から多かったようだ。レーフ・イザードの本には、大英博物館がシプトンの足跡の正体を低地のジャングルに棲むラングール猿だと決めつけたことや、ロンドン動物園からクマの足跡だと断言された話が紹介されている。デイリーメールは探検隊を派遣する前、シプトン本人にもインタビューを行っており、その時彼は《あの私の写真は、なかなか良くできている》と語ったという。

その訳は、イエティの足跡が、堅く凍結した氷の上にさらに降り積った雪が結晶して、薄い層になった上に残っていたからです。そのため、動物が前進するさい足を動かしたために生じたゆがみがほんのわずかしか現われていない。(中略)この足跡を見て、私は非常に驚いたと同時に、果してこれが何の足跡であるか迷ってしまった。しかし、私といっしょだったシェルパは一目でそれが何の獣であるか言ってのけた。(中略)〝これはイェティです〟というのだった。(中略)私は包みかくさずに言うが、これまでイェティについてこれといったはっきりした意見をもっていなかった。だが、シェルパたちが熊や猿の足跡を見分けることにかけて驚くべき目を持っていることだけはまちがいない。私のシェルパが、これはイェティです、といったとき、そこには何のちゅうちょもなかった。

(『雪男探険記』)

足跡を発見した時、シプトンにはシェルパのセン・テンジンと二六歳だったマイケル・ウォードの二人が同行していた。足跡が見つかってから二九年後にあたる一九八〇年八月二日付の「スポーツニッポン」に、そのウォードへの興味深いインタビューが掲載されている。取材にあたったのがよほど雪男に関心のある記者だったのだろうか、その記者はたまたま来日中だった、英国王立外科大学教授という肩書のウォードに接触し、二四時間しかないという滞在時間中にあわただしいインタビューを行っている。新聞には「雪男追跡29年」「絶対本物だ」との見出しが躍り、白髪で黒い眉が特徴的なウォードの顔写真が大きく掲載されていた。

あの場所は全く地図にないところで、人間の住む村まで歩いても三日間かかる。予定していた帰りのコースから、少しはずれて迷い込んだことも幸いしたのだが、科学的にものごとを判断し、保守的な考え方の私でさえ、今でも本物の雪男だと信じている。（中略）

あの場面はいまでも鮮明に記憶に残っている。残念なのは、あの時、もう五時間あったら、さらに事実がわかっただろう。

インタビューの中でウォードはそう話し、今後、雪男の捜索に全力を傾ける意思を表明していた。しかし記事を読んだ時、ウォードのこの話には記者に対する多少のリップサービスが含まれているようにわたしは感じた。インタビューの中で《日本で雪男の評判がこんなに高いとは思わなかった》と率直に驚いていたことも理由のひとつではあるが、それよりシプトンの生涯を扱ったピーター・スティールの『エリック・シプトン――山岳探検家・波瀾の生涯』という伝記の中に、次のような逸話が紹介されていたことがその大きな理由だった。

ウォードは今でも、足跡はシプトンの描写のとおりであると言っているが、シェルパ族の異形の足裏（後にエド・ヒラリーが撮った一例あり）には共通して突き出た大きな親指があることから考えると、それは人間の足跡だろうと考えている。ヒマラヤの高地住民（それにある種の修行僧も）はヤクを放牧したり野性の羊を狩猟するときに雪の上を何日も裸足で、凍傷にもならず歩くことができる。別の推定として、ウォードは、人が一列に並んで歩くときになるように、何人かの足跡が重なって出来たものかも知れない、とも考えている。

（『エリック・シプトン―山岳探検家・波瀾の生涯』）

これを読むとウォードが、スポーツニッポンの取材で答えた時とは異なり、足跡の正体は現地の村人の可能性が高いと話していたことが分かる。わずかな時間のすき間に外国で行われた取材と、シプトンと家族ぐるみのつきあいがありエベレストの国際隊にも参加したことがあるという作家による取材とでは、おのずと答える内容にも差が出てくるのであろう。この二つの記事を比較してみた時、わたしにはスティールの伝記のほうにウォードの本音が表れているような気がしてならなかった。

スティールの本には興味深い話がもうひとつ紹介されている。それはシプトン本人に対する一種の評価である。シプトンが足跡を発見したエベレスト南面の偵察隊に参加し、その二年後にエベレスト初登頂を果たした登山家エドマンド・ヒラリーの話である。

私はエリックが好きだし、彼が名うての皮肉屋であるのを知っているが、彼が笑いの種でもまいてやろうとして、足跡に少々手を加えたりしてそれらしくこしらえた可能性も強い、と思った。そのことを何度も尋ねてみたが、彼はいつもそれを否定した。

探検部に所属していたわたしにとって、世界中の未知の山岳や険谷に分け入ったシプトンは学生時代から憧れの英雄のひとりだった。大学を二年ばかり留年して卒業したわたしは、大学五年生の時に出版されたこのスティールによる伝記も発刊直後に購入したが、当時は未確認生物について関心が低かったためか、あるいはただ単に記憶力が弱いためか、雪男についてのこのエピソードは頭に残っていなかった。正直に告白すると、シプトンが撮影した足跡のことも雪男捜索隊に参加することになってから初めて知った。捜索に加わることが決まり、雪男について調べ始めてから約二週間が経った二〇〇八年四月、わたしは銀座の喫茶室ルノアールで雪男に造詣の深い動物学者の今泉忠明《いまいずみただあき》と会い、シプトンの足跡について率直な意見を訊いてみた。雨降る銀座の街並みに時折目を向けながら、今泉は「これが本当かどうかは別にして」と前置きをしてから、ゆっくりとした口調で話を始めた。

「この足跡ならヒトでしょうね。親指が大きいのは二足歩行に適している。ものをつかむためではなく歩くため。類人猿の足は枝につかまるため人間の手みたいだから。類人猿とヒトは全然違う。ヒトの指は縦に平行して生えている。この足跡だと歩くのに適している」

今泉が言うヒトとはわれわれホモ・サピエンスのことだけではなく、七〇〇万年ほど前にアフリカで誕生し、現在は絶滅した猿人や原人なども含めた人類全体のことを指している。

「他の動物の前足と後足が重なってしまっている可能性はどうでしょうか」とわたしは訊いた。四足動物の足跡の中には、前足と後足の足跡が重なって楕円形となり、人間みたいに二本足で歩いたように見えるものもある。それがダブルプリントと呼ばれる現象だということを、わたしは雪男とかかわるようになってから知った。

「人間だと肩幅の分だけ足を開いて歩く。これだとそろいすぎている。こういう直線はユキヒョウとかだろうなあという気がする」

そう言って、今泉はシプトンの写真を指さした。

これまで触れてこなかったが、実はシプトンが撮影した足跡の写真には二種類ある。ピッケルが並んだ、親指が巨大で横幅の広い足跡が有名な写真である。今までわたしがシプトンの足跡といってきたのはこの写真のことだが、シプトンが撮影した写真の中にはそれとは違う、氷河の雪面上に足跡が点々と続く別の写真もあるのだ。もちろん前者の写真と同じ時、同じ場所で撮影されたものと思われるが、後者の写真の足跡のひとつひとつを見てみると、有名な足跡とは違ってハート型になっており、二つの足跡が左右に重なったように見えるのである。今泉が「ユキヒョウのようだ」と指摘したのは、この後者の写真のことだった。わたしがシプトンの足跡に強い疑問を持ったのも、この二種類の写真では足跡の形が全然違って見えることに大きな理由があった。

「なんでこっちの写真の足跡はハート型になっているんですかね」とわたしはたずねた。

「後足がぴったり重ならないで隣にくっついているように見えるね」

「じゃあ前後の足跡が重なっている可能性があるんですか」

「あるねえ」

今泉はうまそうに紫煙をくゆらせた。

「たぶん、いろんな種類の動物の足跡があるのに、ヒマラヤで見つかったら全部まとめて雪男のものだとされているような気がするんですが……」とわたしは言った。

「そうだと思う」と今泉は言った。「クマだって立ち上がるから、それも可能性に入れたほうがいい。クマは五本の爪の跡が残るから分かると思うけど」

ただねえ……と言うと、今泉は今度は有名なほうの足跡の写真を指さした。指摘されたところをよく見てみると、足跡の両端の真ん中あたりに細かな溝が縦に刻まれていた。

「これがちょっとくさい。ここに後足が乗ることが多い。後足がきて溝ができているのかなとも思う。それでヒト的に長くなっている」

つまり今泉は、点々と足跡が続くもうひとつの写真だけでなく、有名な足跡のほうも四足動物の前後の足が重なった可能性があると指摘しているわけだ。

「さっき言ったように、雪男のものと言われる足跡はいろんな動物のものが混ざっている。その中にこれはいったい何だろうというのもある。一番間違いやすいのはユキヒョウかな。ネコ科は爪を隠して歩く。足跡は丸いんですけど、前足と後足が重なると楕円形になるから」


捜索に出発するまでの間、わたしは捜索隊を率いる高橋好輝にも何度か会って雪男の話を聞いたが、彼もまたシプトンの足跡についてはどこか信用しきれないものを感じているようだった。

「偽物ではないだろうが……」と高橋は慎重な物言いで言った。「同じ形のものが五個、一〇個とあれば納得できるけど、一・六キロも足跡をつけて行って、これひとつしか見つからないんじゃあ、たまたまああいう形になったと言われてもしょうがない」

「あの形の足跡はひとつしかないんですか」

「そうです。他の足跡はちょっと斜めになっている。それは林寿郎さんもおかしいと言っている」

林寿郎というのは一九六〇年、東大医学部の小川鼎三教授の捜索隊に参加した多摩動物公園の元園長である。林が捜索に参加したのは、シプトンの足跡を見て雪男が実在する可能性が高いと考えたからだった。だが帰国後、氷河の上に足跡が連なるもうひとつの写真を見て、彼はシプトンの足跡に強い疑問を持った。林は著書の中で、それを知った時の衝撃を書いている。

> これを見ると、いままで知っているシプトンの雪男の足跡が、左右に二つずつ、くっついて並んでいるように見える。これをどう解釈していいか、いまの所、皆目見当がつかない。もし、これを四足獣の足跡と考え、一ヵ所の足跡が、前後足のダブルプリントとしたら、この獣は、前肢も人間の後足に似た手をもっていることになり、こんな化物みたいな動物は考えつかない。（中略）またこれの進行方向を逆だと考えると、偶蹄類《ぐうているい》の足跡に似ているが、たいへん大きいから、ゾウ位ある牛かカモシカということになる。いったいシプトンがピッケルと並べてとった足跡は、たった、ひとつだけしかなかったのか、それとも同じ型のものが一直線に雪上に並んでいたのかどうかぜひ知りたい。
>
> （『雪男―ヒマラヤ動物記』）

林はこの文章の後に、《雪男のなぞをとくいちばん大切な調査は、ヒマラヤに登って、雪男を追いかけることではなく、まず、シプトンにこのことを確かめることだと信じている》と皮肉たっぷりに書いている。高橋はその林の著書を諳《そら》んじられるほど読み込んでいた。

「しかし、四足動物にしては足跡が大きくないですか」とわたしは言った。

「いや、けっこう大きくなるよ。ヤクだとでかくなるし」

「ヤクはいるんですか。あんな高所に」

シプトンが撮影したのは標高五八八〇メートルの峠メンルンラを下りた氷河の上だった。

「あの当時はまだ野生がいたかも分からないね。今は野生のヤクはいないけど。ただ五〇〇〇メートルは楽に上がる。ヤクの棲息地は三五〇〇メートル以上か。むしろあんまり低いところには下りられない」

高橋によると、そもそも雪男の正体はシプトンの足跡から想像されるようなSF的な巨大動物ではなく、もっと現実的な大きさの動物である可能性が高いという。この考えは別に彼独自のものではなく、五〇年以上も前のデイリーメール隊の本にも、実は同じようなことが書かれている。

イザードの『雪男探険記』によると、ヒマラヤの民シェルパがイエティと呼ぶ動物には二種類いて、大きいほうがズーティ、小さいほうがミィティと呼ばれている。隊員が目撃者に話を聞いたところ、ズーティは《大きな獣で、四つんばいで歩きまわり、赤みがかった長いモジャモジャの毛をはやしている》らしく、隊はその正体を「ヒマラヤ産赤熊」だと結論づけた。ヒマラヤ周辺には毛の色が茶色っぽいブラウンベア、すなわちヒグマと、黒色のツキノワグマが棲んでいるが、デイリーメール隊が捜索したネパール側は基本的にツキノワグマの棲息域であり、ヒグマは北側のチベットにしか棲んでいない。ズーティが《シェルパの国にはきわめてまれにしかいないが、チベットに行くとかなりたくさんいるそうだ》と書かれていることから考えても、その正体である「ヒマラヤ産赤熊」なる動物がヒグマであることは間違いない。大きなほうのイエティであるズーティとはヒグマのことと考えてよさそうだ。

一方、ミィティとはシェルパが住むネパールのクンブ地方特有の生き物で、背丈は一四歳の少年くらいだが、骨格は大人と同じ、全身赤みがかった毛で覆われており、頭髪と腰の毛が長いといった特徴があるという。つまりいわゆる雪男と呼ばれる未知の動物が本当にヒマラヤにいるのなら、その正体はこの小さいミィティのほうである可能性が高そうなのだ。

高橋が探しているのも、正体がチベットヒグマだと考えられている大きなズーティではなく、身長がせいぜい一五〇センチ程度しかない小さいミィティのほうだという。いわゆる雪男と呼ばれる生き物がミィティという、一般的に考えられているより小型の類人動物であるのなら、シプトンの足跡は雪男のものとしては大きすぎる、ということになる。高橋はこれまで何度か雪男らしき動物の足跡を見かけたというが、いずれも長さが二〇センチほどしかなかったという。シプトンの足跡はそれよりも一〇センチ以上大きく、横幅も広い。ヒマラヤの雪男は、どうやら人間の子供程度の身長しかないらしいのである。

シプトンの足跡が世の中に広く受け入れられたのは、輪郭が極めて鮮明で、かつ人々の想像力をかき立てるのに絶妙な形状をしていたからだろう。真偽を別とすれば、シプトンの足跡はこれまで見つかったあらゆる雪男の足跡の中で最も美しい。ヒマラヤ奥地の氷河の上に、ひょっとしたら偶然出来上がったひとつの足跡状の模様が、肩幅のいかつい恰幅のいい巨人という幻想的な雪男像を作りあげた。このインパクトのある雪男像は、デイリーメール隊がばらまいたビラ、わたしが小さな頃に読んだ少年少女向け学習雑誌、ネパールの航空会社のポスター、カトマンズの土産屋におかれたぬいぐるみ、ウォルト・ディズニー・ワールド・リゾートのアトラクションといった、さまざまなメディアや商品に登場し、世の中にあふれ、人々に受け入れられるようになった。ブラウン管の中から街の片隅にいたるちょっとしたシーンに登場することで、いつの間にかわたしたちの頭の中には歪んだ雪男像が刷り込まれ、雪男は社会全体が共有する、白い毛が生えた非現実的な物語の主人公としての地位を確立していった。

シプトンが息を引き取ったのは一九七七年三月二八日午後七時半だった。遺体は火葬に付され、遺灰は彼が愛したフォントヒル湖にまかれた。多摩動物公園園長だった林寿郎が言うようにシプトンに話が聞けない以上、彼が撮影した足跡の真偽を確かめることはもはやできない。シプトンの足跡は誰かが手を加えたとまでは言わないが、自然が生み出した偶然の産物である可能性は高いように思う。高橋が言うように、その正体はヤクなど偶蹄類の足跡だったのかもしれないし、マイケル・ウォードが指摘した現地人の足跡だったのかもしれない。あるいは何かの足跡が重なり、強い日差しで輪郭が微妙にとけ、絶妙な形になった可能性もあるだろう。

ただ、シプトンの足跡の正体が幻想だったとしても、それが世界中に広がったのはまぎれもない事実である。雪男の側からみると、シプトンの足跡には功罪相半ばする側面がある。世界中に雪男の存在を知らしめたのが大きな功績であり、怪物的なイメージをうえつけたのが負の側面である。高橋らのように真剣に雪男を捜索し、その正体を突き止めたいと思っている者にとって、世間に誤解を与えるイメージを作り出したシプトンの足跡は、雪男という存在を非現実的なものに押し上げ、問題を複雑にしてしまった元凶だとさえ言える。

しかし、逆にこういうことも言えるのではないだろうか。シプトンの足跡の正体こそが雪男であり、シプトンの足跡によって喚起されるイメージこそが雪男なのだと。

雪男の捜索隊に参加することが決まってから、わたしはしばしば、雪男の正体とは実は考えられているよりも小さな動物に過ぎないらしいことを人に話した。すると、相手は大体、幾分つまらなそうな顔をし、中には雪男なんているのかとさっきまで詰め寄ってきたくせに、それならいるかもしれないと意見を撤回するケースもあった。そのようなやりとりを通じ、すでに人々の頭の中には雪男のイメージが動かしがたく定着しており、半ば事実として確立していることをわたしは知った。

捜索に出発する前、わたしは時々、仮に自分たちの捜索隊が雪男の撮影に成功したら……と考えたものだ。もしその雪男が、時々二本足で歩く身長一五〇センチ程度の類人猿に過ぎなかったとしたら、その発見はどのように扱われるのだろう。雪男が一般的に考えられているような大げさな動物ではなかったとしたら、その動物は世の中からどのような評価を受けるのだろうか。単なる新種の類人猿やサルだと評価され、もしかすると雪男だとは認められないかもしれない。それが雪男の正体だったとわたしたちがいくら頑《かたく》なに主張しても、世間からは、お前たちは雪男を発見したわけではないと判断され、雪男はいなかったと結論づけられるのかもしれない。

# 第三章　キャラバン

## 二〇〇八年八月一七日　カトマンズ

タイ航空三一九便がバンコクの国際空港を飛び立ったのは、二〇〇八年八月一七日の昼頃のことだった。ヒマラヤはまだモンスーンの真っ最中、機内窓から雪の峰々が見られるのを楽しみにしていたが、窓の外は真綿のような雲がどこまでも続くだけで、山などどこにも見えなかった。機体が徐々に高度を落とすと、茶色く濁った大きな川が広々と蛇行しているのが雲の切れ間から見えた。そのうち大地が開け、緑色の地面に墓石のような建物がぽつぽつと現れ出した。それがあっという間に広がった時、機体はネパールの首都カトマンズに降り立った。

トリブヴァン国際空港に到着し、飛行機のタラップを下りると、以前、半年間過ごしたニューギニアの町と同じ匂いを嗅いだような気がした。人の汗と香辛料と熱気を一緒くたにして乾かしたようなアジア特有の匂い。この匂いを嗅いだのは久しぶりだった。外国に来たことを匂いで初めて実感した。サラリーマン生活を五年続けたわたしにとって、本格的な海外旅行は久しぶりのことだった。

出発直前までわたしたちの雪男捜索隊の人数は六人だった。隊長の高橋好輝、副隊長の八木原圀明《やぎはらくにあき》、三回目の捜索となる村上和也《むらかみかずなり》、山岳ガイドの堤信夫《つつみのぶお》。それに加え、前回の二〇〇三年に引き続き参加するカメラマンの折笠貴《おりかさたかし》、そしてわたしである。折笠は報道系の制作会社を退職して自分で会社を立ち上げたフリーのカメラマンである。山男ばかりがそろった今回の捜索隊の中ではやや毛色の異なる存在だ。隊員はこの六人の予定だったが、出発まであと二週間あまりとなった七月三〇日、突然、隊員がひとり増えることになった。大阪のベテラン登山家大西保《おおにしたもつ》が参加することになったのだ。大西はヒマラヤ来訪五〇回を超えるという登山家で、人跡稀な西ネパールへの遠征経験がとりわけ豊富である。明治時代にチベットへ潜入した河口慧海《かわぐちえかい》の足跡調査は登山やヒマラヤにかかわる人たちの間ではよく知られていた。

大西が参加することになったのは、彼が前回の捜索隊員である古山伸子《こやまのぶこ》の自宅を訪れたことがきっかけだった。ヒマラヤ登山から帰国後、山梨県の古山宅に立ち寄った大西は、彼女から捜索隊の事務あれこれについて相談を受けているうち、「ほんならおれが行こうか」とその場で参加を決めてしまったのだ。翌日、新宿で開かれた隊のミーティングに山梨から急きょ参加。大阪に戻ってすぐに飛行機のチケットを手配し、ビザを取り、食料を調達し、八月一一日には先発隊員としてあっという間にネパールに飛んで行った。六六歳と隊の最年長にもかかわらず髪を茶色く染め、柄もののド派手なタイツをはき、人気女性アーティストBoAのライブDVDを持ち込むという非常に若々しい人物である。

そんな嵐のような人が先発隊員としてネパールに飛び立ったその日、わたしは坐骨神経痛を発症して部屋で苦しんでいた。持病の腰痛がひどくなったので近所の鍼灸院《しんきゆういん》で鍼《はり》を打ってもらったところ、どうやらその鍼師は安い診察料に見合った腕前しか持ちあわせていなかったらしく、逆に症状が悪化し、右足がしびれて歩けなくなったのだ。足を切り落としてしまいたいと思うほどの極限的な鈍痛に襲われ、雪男の捜索を目前に控えながら、わたしは布団の上でひとり悶絶し、捜索隊への参加をほぼ断念しかけていた。

二日後になんとか立てるようになり、這《は》うようにして病院に行くと、白髪頭の医者が「背骨の間隔が狭くなっているところがあり、椎間板がはみ出して神経を圧迫しています」と、ネットの記事で読んだのと同じ解説をしてくれ、わたしの希望通り鎮痛消炎剤を大量に処方してくれた。それを浴びるように飲むことで、わたしはなんとか出発当日、足を引きずりながら成田空港にたどり着いた。

隊の装備重量は二〇〇キロを超え、預けた荷物だけでもプラスチック箱など一五個、重さは一八二キロにも及んだ。大相撲の雅山《みやびやま》ひとり分にほぼ等しい重さである。新聞の話題は北京五輪一色で、前日は柔道男子の最重量級選手が金メダルをとり、その日は女子レスリングが有力種目だと報じていた。しかし成田空港でわたしたちの話題をさらったのは、オリンピックよりもむしろ米国でビッグフットの死体が見つかったというニュースだった。

ビッグフットとは米国に棲むといわれる大型類人動物で、雪男やヒバゴンの近種のようなものである。副隊長の八木原がインターネットに出回ったその死体の写真をA４判の紙にカラー印刷してきており、わたしたちはこの写真が本物かどうか意見を交わした。グローバルな観点からみると、もしこの死体が本物であれば、わたしたちは類人動物の発見で先を越されたことになり、これから始める捜索活動の意味は半分以上なくなってしまう。写真の画像は粗かったものの、目をカッと見開いた顔の表情や毛の質感には妙にリアルなところがあったし、それにもし偽物ならそんなすぐばれるような嘘をつくバカはいないだろうと思ったので、個人的にはひょっとしたらと思わないこともなかったが、数日後にはただのゴム人形と判明した。

カトマンズの空港に到着後、バスで埃っぽい道をしばらく走りタメル地区に向かった。わたしはネパールに来たことがなく、今回が初めてだった。タメル地区があるのはカトマンズのほぼ中心で、路地のように狭い道の両側に五、六階建ての建物がすき間なく並び、外国人旅行者をターゲットにした安宿や食堂、登山用品店などが軒を連ねていた。道には常時、乗用車、バイク、自転車、人間、犬などがひしめきあい、夕方のラッシュ時間ともなると、わずかなすき間にバイクも自転車も人間も突っ込むため、通りが目づまりをおこして誰も動けなくなるという興味深い現象を連日目にした。

カトマンズに到着したその日、日本大使館の関係者や在住日本人、一緒に捜索活動に向かうシェルパなどのネパール人スタッフを招待し、わたしたちは市内のやや大きめの中華料理屋でちょっとしたパーティーを開いた。パーティーの冒頭のあいさつで、高橋はこれまでの雪男捜索の経緯について説明した。

「一九七一年のダウラギリ登山で妙な足跡を見まして、その時の隊長の芳野さんが身長一五〇センチ、二本足で歩く動物を目撃しました。そのあとしばらくは山登りを続けましたが、イエティを探すほうが面白くなり……」

暗い店内では大勢の招待客が丸テーブルを囲んで座っていた。その中にワシのような鼻をした彫りの深い顔立ちのネパール人男性がいた。あいさつが終わった高橋と何やら熱心に話しこんでいる。「おい角幡」と高橋はわたしを呼んだ。「クマール・バスネットさんだ。イエティの話を聞いたほうがいいんじゃないか」

バスネットさんは非常に有名な民謡歌手で、通訳をしてくれた日本人女性によると「ネパールの北島三郎のような存在」だという。その一方で著名な雪男研究者としての一面もあるらしく、わたしが隣でメモを取り出すと、彼はやおらこれまで自分が集めた雪男情報について語り出した。

「ヒマラヤには三種類の雪男がいる」とバスネットさんは言った。「一番大きいのがミティという種類だ。身長は一二フィートから一六フィートもある」

ええっ！　バスネットさんの話を聞いてわたしは思わず声を上げた。一六フィートというと約五メートル、これまで地球上に現れた最大の陸生哺乳類インドリコテリウムの肩高に匹敵する高さである。彼が話す雪男はわたしがこれまでに集めた情報の中でも抜群に大きいうえ、その存在は謎のベールに包まれており、バスネットさんしか正確なことは分からないという、なんだか都合のいい話であった。彼は自信満々に話を続けた。

二番目に大きいのが「イエティ」と呼ばれる種類で身長約二・五メートル。それでも十分な大きさである。一番小さいのが「チュティ」という種類で約八〇センチしかない。

バスネットさんは紙の上にボールペンで簡単なネパール地図を描き、ヒマラヤ東部のあたりをペンで囲んだ。

「ミティはこのエリアにいる」と彼は言った。「今のところ二グループの存在が分かっており、一方は三頭の集団だ。おそらく家族だと思う。しかし、もう一方の集団には一頭しかいない。以前はこっちの集団にも三頭いたが、その中のカップルだった二頭が中国人に殺されてしまった。イエティのほうも同じエリアに住んでいて、二頭と一頭と一頭の三つの集団の存在が分かっている。チュティはネパール全土で少なくとも二〇頭以上はいるだろう。カトマンズの近くにもいるよ」

　雪男の詳細な生態だけにとどまらず、一集団あたりの頭数や、雪男を殺した人物の国籍に至るまで、バスネットさんは雪男について実に細かな情報を把握していた。ものすごい情報収集能力であるが、いったいどうやって手に入れたのだろう。通訳をしてくれた女性がそのカラクリを説明してくれた。彼女によると、バスネットさんは猟師としても有名で、そのためネパール全土の山村には彼の手下がいる。その手下たちが猟の最中に雪男を目撃すると、バスネットさんに報告するというのだ。つまりヒマラヤの山中にきめ細かなスパイ網を構築し、終始雪男の動向を把握する男、それがクマール・バスネットという人物だった。彼は一九八〇年代から雪男の情報を収集しており、今では彼らの日常的な通り道まで知っている。

　しかし、それではなぜ？　と誰もが思うだろう。写真を撮影して、世界をアッと驚かせないのはどうしてなのか。

「わたしはハンターだから写真に興味はない」

　そういってバスネットさんはニヤッと笑った。通訳の女性が皮肉まじりにつぶやいた。

「わたし、この人のことは非常に大好きで信頼しているんですけど、イエティの話だけはどうも……。彼がどうしてイエティを発見しないのかは永遠の謎ですね」

　まったくの同感だった。

八月二〇日の早朝、タメル地区の安宿にチャーターバスがやって来た。カトマンズを出発する日である。わたしたちは取材に訪れたNHKの記者に見送られ、眠い目をこすりながらバスに乗り込んだ。ヒマラヤの山なみが一望できる風光明媚な観光地ポカラまでは、カトマンズからちょうど二〇〇キロ、ネパールでは珍しく舗装された幹線道路をバスは西へと向かった。深い緑の山を渓谷が刻み、川は増水し茶色く濁っていた。ヒマラヤはまだモンスーン、つまり雨季だった。

ポカラでは国際山岳博物館を訪れた。博物館が建設された時、日本からも日本山岳協会など六団体が募金をつのって約二五〇〇万円を寄付し、それが四億円の総工費の一部にあてられた。今回の副隊長の八木原はその時、「募金実行委員長」として活躍したという。

博物館の一角には小さな「イエティコーナー」があり、その端っこにモップの毛で編んだような、少々できの悪い雪男の人形が展示されていた。

「今回イエティを見つけたら、もっとこのコーナーも充実させられるな」。人形を見ながら八木原が言った。「世界中から見学者が来るし、入場料も上げられる」

展示物の中にはさまざまな雪男の足跡の写真も飾られており、そのうちのひとつを指さし、「これはクマの足跡だな」と高橋が言った。

「どうして分かるんですか」と訊くと、高橋は足跡の真ん中の部分を指さした。

「ここで足跡が切れちゃってる。おれたちが見つけたのは、もっと長い足跡だ。チベット側ではイエティとヒグマが混同されている。イエティは森に棲む生き物、バンマンチェと考えたほうがいいんだ」

イエティコーナーを見学した後、わたしたちは再びバスに乗り込み、キャラバンの出発地であるベニの町へと向かった。カリガンダキ川が世界有数の深い峡谷を刻み、その中の道をバスは走った。いつの間にか雨が降りはじめ、途中で山腹から崩れた土砂が道をふさいで通行止めになっていた。バスを下りて三〇分ほど歩き、土砂崩れの向こうで待機していた別のバスに乗り換え、間もなくするとベニに着いた。

隊長の高橋は宿に到着後、即座に女将にビールを注文した。高橋は中毒と言ってもいいほどビール好きで、待ちきれなかったらしい。

「今日は特別な日だ」と高橋は言った。「だからこのビール代は隊から支出する」

「明日はキャラバンの初日で特別な日。明後日はダルバン到着で特別な日。毎日特別だ」と八木原がおちょくった。

ベニはネパールの中央部、ダウラギリ地方の標高約八〇〇メートルに位置する、この地方では比較的大きな町である。シェルパによると人口は五〇〇〇人ほどだという。ダウラギリ山系を一周するトレッカーにとっては拠点となる町で、春や秋の乾季ともなると多くの外国人が訪れる。だがモンスーンのまっただ中であるこの季節に、こんな田舎町を訪れる外国人など、わたしたちを除いて他にはいなかった。

翌朝、外が騒々しくなり目が覚めた。窓から外をのぞくと、裏庭には大量の食料や装備が並んでおり、キャラバンを仕切るシェルパたちが大勢のポーターに荷物を振り分けていた。荷物は麻袋に仕分けられ、総重量は二二〇〇キロ、大相撲の雅山一二人分にも及んだ。それをベースキャンプに運ぶため、カトマンズ、ポカラ、ネパール中央部のランタン谷から計七七人ものポーターがやって来ていた。

捜索活動の拠点となるタレジャ谷のベースキャンプまでは、九日間のキャラバンの予定である。ベニから四日後に到着するムリという村までは、ダウラギリ山系を一周する比較的、道のしっかりしたトレッキングルートをたどるが、その先は道から外れジャングルの中の不明瞭な踏み跡を進まなければならない。

いよいよキャラバンが始まった。雨季ではあるが午前中の日差しは強く、歩いていると額から汗が噴きこぼれた。菩提樹《ぼだいじゅ》の日陰に平石を組んだ休憩所がところどころにあり、そこで休みながら、わたしたちはゆっくりと小さな村々を越えた。一日目の宿泊地であるバビヤチョル村に到着したのは午後三時半頃だった。村のキャンプ場のような広場にテントを張り、その後、毎日のようにお世話になるロキシーというネパールの地酒を初めて飲んだ。

ロキシーはコメやトウモロコシでどぶろくを作り、それを蒸留させたもので、飲み心地はサラッとしており焼酎に近く、各家庭で違った味を楽しめる。初めてロキシーを飲んだ翌日は必ず腹をこわすと八木原から聞いていたが、その通りわたしは次の日の早朝、腹の調子が悪くなり、たまらず草むらの中に駆け込んだ。その翌日になると腹は正常に回復し、その後はいくらロキシーを飲んでも平気になった。

無類の酒好きである八木原は、ベースキャンプで隊員が飲むために、アルコール度数が四〇度もある強めのロキシーをカトマンズから六〇リットルも用意していた。六〇リットルともなるとベースキャンプまで運ぶのに余計に二人のポーターが必要となる。奥地の村でロキシーを買い付けたほうがいいような気がするが、八木原によると山奥のロキシーはアルコール度数が低く、すぐに飲み干してしまうので、カトマンズから運んだほうがポーター代を考えても安上がりなのだという。

「群馬のクリス・ボニントン」こと八木原圀明は酒が好きなだけの男ではない。現在は丸々と太ってしまってはいるものの、かつては群馬の山男どもを率いて冬季アンナプルナ南壁、冬季エベレスト南西壁という世界的な登山を成功させた名隊長だった。いずれも八〇〇〇メートル峰の巨大な岩壁で、冬季登攀に成功したのは世界初の快挙だった。エベレスト、カンチェンジュンガ、チョーオユーという三つの八〇〇〇メートル峰に登頂している。冗談好きで人情味があるため人望もあつく、地元の前橋市長選挙に立候補した経歴まである。選挙は全国の登山関係者から多くのカンパを集め、かつての参議院選挙の全国区のような選挙活動を展開したらしいが、肝心の前橋市内の有権者の票固めに失敗し、あえなく落選した。

ババヤチョルでロキシーを飲んだ翌日はダルバンという村に泊まった。ダルバンはダウラギリ山系の麓にある、この地域では中心的な村で、モンスーンが明けて乾季になればここまでバスが通るようになる。村には警察署、ダニのはびこる安宿、雑貨屋などが並んでいた。どこで観たらいいのか分からないアクション映画のポスターが民家の壁に貼ってあり、黒皮のベストを着たアクションスターが二の腕に力こぶを作っていた。わたしたちは学校のグラウンドにテントを張る予定だったが、生徒たちのサッカーの試合があるとかでダニだらけの安宿に押し込められてしまい、翌朝、全員体中をぼこぼこに腫らしながらダルバンの村を出発した。

道はミャグディ川という大きな川の右岸に続いていた。キャラバンを開始してからしばらくは判で押したように同じ天気が続いた。午前中は快晴、昼頃から雲が出て、夕方から雨が降った。次の宿泊地であるシバンの村に着くと、空は今にも雨が降り出しそうな模様だったので、わたしたちは急いで学校の校庭にテントを張った。

設営作業が終わる頃、赤いジャンパーを着たぎょろ目の村人がテントの近くにやって来て、シェルパ頭であるサーダーのハクパと何かを話していた。どうやら男はバンマンチェを見たことがあると主張しているようだ。バンマンチェとはネパール語で森の人、つまり雪男のことである。キャラバンを開始してから初めて現れた雪男の目撃者である。雨が降り出したので、わたしたちは彼を校舎の中に招きいれ、サーダーに通訳してもらいその話に耳を傾けた。

男は四九歳の仕立屋で、これまで雪男らしき動物を二回目撃したことがあるという。最初に見たのは約三年前の夜の一〇時か一一時頃だった。玄関から突然、二本足で歩くサルのような生き物が侵入してきた。男が驚いて山椒《さんしょう》を投げつけると、その動物は外に逃げていったが、恐ろしいので後日、寺の坊さんを呼んでお経をあげてもらったという。二回目はつい二カ月ほど前のことだった。深夜零時頃、子供が突然泣き出したので目を覚ますと、暗闇の中にまたも同じ動物が、今度はこそ泥のようにこっそりと窓の上の小さな扉から侵入してきた。様子をうかがっていると、その雪男は台所に入り込みゴソゴソ動き回った後、自分で鍋をひっくり返し、その音に驚いて逃げていった。バンマンチェだというその間抜けな動物は二足歩行で、身長が一メートル、頭髪は黒く体毛は茶色だったという。

「顔がサルみたいだが尻尾がないのでサルとは違う」と彼は主張した。つま先とかかとが逆向きについているとも言った。かかとが足の前についているという話は、シェルパの間に伝わる雪男の伝承のかなり風変わりな特徴で、彼の話はその影響をまともに受けていた。

「バンマンチェは日が昇る早朝か夜の間に出てくる」と男は言った。「この村には他にも目撃者がいる。チャナカルカの上やコーナボン谷でも現れるらしい。おれはコーナボン谷で見たことはないが、一緒に薬草を採りに行ったじいさんが『バンマンチェはコーナボン谷の滝の近くでも出没する』と言っていた」

チャナカルカもコーナボン谷も、これからわたしたちが向かう場所だった。男の話を聞いた時は、例えば山椒を投げつけたとか、自分で鍋をひっくり返して逃げたなどというディテールの描写に、あながち作り話だと言いきれない真実味を感じた。しかし、村にいるという他の目撃者をたずねると死んだと言うし、一緒にコーナボン谷に行った年寄りについて訊くと放牧に出ているという。困ったことに彼の話の裏付けを取れる人物は誰もいなかった。男はシバンの村の下にある大岩に雪男は棲んでいるとも主張した。だが、これまで存在すら確認されていない未確認生物の棲《す》み処《か》が村のすぐ近くにあるなどという話は、常識的な感覚からすると、ちょっと受け入れがたかった。シバンは小さな山村ではあるが、ベニに向かう山道沿いにあり、行きかう人間の数もそれなりに多いのである。そんな場所のすぐ脇に雪男が棲んでいるという話など、正直、誰もまともに取り合おうとはしなかった。

実はこの男、二〇〇三年に高橋が率いた前回の捜索隊の時にポーターとして雇われていた。だから前回もサーダーをつとめたハクパのことを彼は知っていたのだ。おそらく今回もポーターとして雇ってもらいたいというのが彼の本音で、そのためにわたしたちの興味を引こうとして「いい話」を持ってきたのだろう。少なくともわたしはそう判断した。見返りを求めていると思われた瞬間、この手の話の信用性はなくなってしまう。彼は翌日も早朝からキャンプ地にやって来たが、サーダーは荷物はすべて割り当てられているのでポーターを新たに雇う余裕はないと言って断っていた。

シバンから次の宿泊地であるムリの村まではそれほど距離はなく、昼過ぎに到着した。入口には真っ赤なブーゲンビリアの花が咲き、村はトウモロコシの畑に囲まれていた。収穫したばかりのトウモロコシが民家の軒先で山積みとなり黄金色に輝いていた。ムリは一五〇軒ほどの家が並ぶ、この周辺では大きな村である。わたしたちがたどるムリ川沿いの道にはこの先、村と呼べる規模の集落はなく、今回のキャラバンではここが最後の村といえる。

村の高台の広場にテントを立てていると、三〇人ほどの村人が興味深そうにわたしたちのまわりを取り囲んだ。わたしは彼らの真ん中に腰を下ろし、再び雪男についての証言を集めてみることにした。高橋と八木原も隣に座った。地元の村人が雪男に対し、どのような考えを抱いているのか、わたしには大きな関心があった。仮に雪男が実在するなら、地元の村人から迫真の目撃談が語られるはずだし、実在しなくても、まことしやかな噂や先祖代々伝わる伝承ぐらいは聞けるだろう。それらの証言は雪男が実在するかどうかを見極める上で、おそらく貴重な材料になる。

村人の中に五二歳の元猟師がいた。前回の捜索隊の時、タレジャ谷のベースキャンプまで道案内人をつとめた人物だというので、わたしはサーダーに通訳をお願いし、まず彼にバンマンチェを見たことがあるかたずねてみた。

「雪男を見たことがありますか」

わたしがそう訊くと、元猟師は少し困ったように目を細めた。

「……ないですね」

男は小さいがきっぱりとした声でそう言った。

予想外の返事にわたしは内心うろたえた。彼は続けて何かサーダーに話していた。まわりで他の村人が興味深そうに、わたしたちのやりとりを見つめていた。

「え、ないの?」

「まったく見たことないのか、もうちょっと訊いてみてよ」

わたしはそう言って、サーダーにもう少し粘って話を聞き出すように促したが、なぜだか彼は次の質問をしにくそうだった。元猟師も歯切れが悪そうに何かをつぶやき、まわりで他の村人たちがめいめい勝手に自分の意見を言い出した。ネパール語がある程度分かる八木原が、ウーンと唸った。あまりいい話が出ている雰囲気ではなかった。

「要するにそんなものはいないと言っているわけね」

サーダーに確認すると、彼はそうですねと言って苦笑いを浮かべた。同じく日本語の分かるリンジンというシェルパが村人たちに別の質問をした。村人のひとりがそれに答えると、全員がどっと笑った。どういうやりとりがあったのか八木原が教えてくれた。「リンジンが、シバンの男は家に二回も雪男が来たと話していたと言ったら、そんなわけないよって。それでみんな笑った」

わたしは冷静な表情を装いつつ、ちょっと待ってくれよと心の中でつぶやいた。雪男探しって日本だけではなく現地でも物笑いの対象なのか。日本で目を通した「雪男本」には現地の村人による目撃談が数多く掲載されていたし、それに未確認生物を探すテレビ番組では、だいたい地元の人はいかにもという目撃談を話すと相場が決まっている。こういう時は、仮に見たことがなくても、どこそこの村の誰々が見かけたとか、適当な話の一つや二つ、なんとかするのが辺境住民たるものの責務ではないのか。まったくなんという配慮に欠けた連中だろう……。

この状況を冷静に分析すると次のようなことになる。もしムリの村人がひとりでも雪男を目撃していたら、村の規模から考えて、その話はほぼすべての住民にあまねく伝わるはずだ。だが元猟師は「雪男を見た人間などいない」と言い切った。そのことに反論する村人はその場に誰もいなかった。キャンプ地に集まった村人は決して少なくない人数であることから考えると、元猟師のその言葉は村の総意といっても過言ではなさそうである。つまりムリの村人は「雪男否定派」なのである。「雪男肯定派」の日本人と「否定派」の地元住民。この構図はわたしを混乱させた。霞ヶ浦には河童がいると言い張り一カ月も張り込みを続けるフランス人七人と、それを冷ややかに見つめる茨城県民。そんな間抜けな構図の中に今、わたしたちはいるのではないか。ふと、虚しい思いが頭をよぎった。これから捜索という時に、雪男がいないことを示唆する証言に出くわすことは想像以上に動揺を誘う出来事だった。「いる」となかなか信じることはできないが、逆に「いない」と突きつけられると自分の行為を真正面から否定されたようで思わず強く反発する。

「取り付く島がないとはこのことだな」と隊長の高橋もため息をついた。

ムリからはミャグディ川沿いに山道が続いているが、わたしたちはその道からはずれ、ミャグディ川から西に分岐するムリ川沿いを進んだ。ムリ川を上流に向かうと、ベースキャンプを設営するタレジャ谷へと続くが、途中には数軒の集落と放牧地しかない。牛飼いや薬草採り、猟師など限られた人間しか利用しないので踏み跡は荒れており、キャラバンはムリから先で山場を迎える。ムリの村を出てトウモロコシ畑の迷路を抜け、牧草地の中のぬかるんだ踏み跡を進んだ。小さな沢を渡ると靴の中まで泥が入り込み、足元が不快になるだけでなく、気を抜くと滑って転びそうになった。

「大西さん、ベトナム戦争を思い出さないかい」

六一歳の副隊長八木原は、六六歳で自分より年長のベテラン登山家である大西をからかった。大西も負けてはいない。

「何を……、ビルマの竪琴や」

タレジャ谷まではヒルの跋扈《ばっこ》する気持ちの悪いジャングルの他には特に見るべきものはない。この道をたどる物好きなトレッカーや登山隊は、これまでこの世に存在しなかったようで、タレジャ谷に向かう許可を得た外国隊は高橋が率いた前回の捜索隊が初めてだった。途中の放牧小屋に繋がれた二頭の水牛が、五年ぶりにやってきた奇妙な大名行列を物珍しそうに眺めていた。午前中の日差しは相変わらず強く、息を強く吸い込むと熱波のような空気が肺に入り込んできた。

ムリの次の宿泊地はアルチェという集落だった。そのアルチェのすぐ手前の小さな峠で、三人の男が岩盤にノミを打ち込み、薄い平石を切り出していた。彼らはアルチェの住人で、石は自宅の屋根を葺《ふ》くのに使うのだと話した。わたしは自分が知っている数少ないネパール語で、雪男を見たことがあるかどうか彼らにたずねてみた。ムリの村人は否定したが、この男たちが同じことを言うとは限らない。

「バンマンチェ、ツァイナ（雪男はいるか）？」

向こうから大きな返事が返ってきた。

「ツァー（いるよ）！」

三人のうち若い男が、目玉をランランと輝かせながら力強くうなずいた。どうやらこの男に詳しく話を聞く必要がありそうだ。後からやって来た八木原に彼の話を通訳してもらったところ、男は、雪男はいる、友人から雪男の目撃談を聞いたことがある、というようなことを言っているという。もっと詳しく話を聞くため、アルチェに戻ったらわたしたちのテントに寄るように男に伝えた。

アルチェは一〇軒ほどの民家が立つ小さな集落だった。テントを立てて、しばらくすると石切り場の男がやって来た。雪男がいると話す男が見つかったと伝えていたため、他の隊員も全員テントに集まっていた。八木原と大西はノートを広げ、折笠はカメラを回し始めた。石切り場の男は三六歳だという。眼窩《がんか》はくぼんでいるが目つきは鋭い。背筋を伸ばしてイスに座り、態度には余裕がみなぎっている。居並ぶ日本人を前に自信満々の顔つきだった。

「あなたの友人がバンマンチェを見たそうですね。いつ見たんですか」

「五年前に見たという話を聞いたらしい。おれはその時、出稼ぎでマレーシアにいたので、ネパールにはいなかった」

「どこで見たんですか」

「ここより上のほう、チャナカルカより上だ」

チャナカルカは翌日の宿泊地である。川をひとつ渡った先にある、標高約二四〇〇メートルの密林の中にある放牧地だ。男によるとそのさらに山奥で雪男を目撃した人物がいるようだが、しかし、どうやら彼の友人が直接の目撃者ではないらしかった。

「バンマンチェを目撃したのは誰ですか」

「外国人が見たらしいよ」

自信に満ちあふれた男の表情は石切り場で会った時から変わらなかった。だが、外国人と聞いてわたしは嫌な予感がした。

「目撃自体も五年前の話なんですか」

「日本人が見たらしい」と男は言った。「その隊は二〇〇人ぐらいいたそうだ」

テントの中が沈黙に包まれた。日はすでに暮れかかっており、男の黒い顔が暗闇の中にとけそうになっていた。ぎょろりとした目玉が正面からわたしのことを見据えていた。どういうことだろう。彼の話を理解できずに呆けた表情を浮かべていると、高橋が我慢しきれずに口を開いた。

「おれたちのことだ」

「えっ！」

「そうですね、わたしたちのことです」

通訳していたサーダーも苦笑いした。そうだ！　五年前といえば二〇〇三年のことである。その年に大量のポーターを引き連れてやって来た日本人というのは、高橋が率いた前回の雪男捜索隊以外に考えられない。前回の捜索では撤収直前に、シェルパや隊員のひとりが遠くの岩場を二本足で歩く謎の動物をベースキャンプから目撃した。そして翌日、その現場で足跡が見つかったと聞いている。サーダーも目撃者のひとりである。自分たちの目撃談を、また聞きのまた聞きで住人から聞かされるというあまりの皮肉に、わたしは言葉を失った。知らず知らずのうちに自分たちの話を住人に質問している。そんなマンガのような喜劇などわたしの想定の範囲を軽く超えていたので、目撃者が日本人だと聞いても、それが自分たちのことだとは思いも及ばなかった。なんだか気まずい雰囲気が隊員たちの間に流れた。いったいこの男にこれ以上何を質問すればいいのだろう。なんでこんな男をわたしは連れて来てしまったのか。

「彼に話を聞くんなら、隊長に聞いたほうが正確ですね」

その場の雰囲気を和らげようと冗談を言ったつもりだったが、誰も笑わなかった。沈黙に耐えられず、やむなく男に質問を続けた。

「その話を聞いた時はどう思いましたか」

「バンマンチェがいるから、その日本人たちは探しに来たんでしょ」

わたしたちの反応が気に入らなかったのか、男はなんだかふてくされたような態度に変わった。外国からわざわざ探しに来る人がいるのだから、雪男はいる……、彼はそう信じているようだが、その外国人が目の前にいることには気づいていないようだった。その間の抜けた男だと思ったが、もっと間が抜けているのはわたしたちのほうだった。話が変な方向で盛り上がりそうなのでやめた。おそらく前回のポーターの誰かから話が周辺に漏れて、この男にまで伝わったのだろう。

男は高橋らの目撃談を聞くまで、バンマンチェという存在を知らなかったという。つまりそれまで、雪男についての概念が彼の頭の中には存在しなかった。だが高橋が「バンマンチェとクマやサルはどこが違うのか」とたずねると、男は「バンマンチェは頭髪が長い」とその特徴を答えた。雪男の代表的な特徴と合致している。彼はそれを集落の呪術師から聞いたのだという。他の住人に話を聞くと、どうやらこの周辺の人々の間ではバンラジャという森の神様が昔から信仰されており、その特徴がそのままバンマンチェに引き継がれているようだった。

いずれにせよムリの村でもアルチェの集落でも、雪男の存在を示す明確な証言を聞くことはできなかった。むしろ雪男の存在を否定したくなるような話ばかりだった。しかし、雪男が存在しないのなら、ダウラギリの山中で多くの日本人登山家や捜索隊が目撃してきた不思議な生き物や妙な足跡はいったい何だったというのだろう。それだけこのダウラギリの山中では、多くの目撃談が日本人によって伝えられてきたのである。

# 第四章　登山家芳野満彦の見た雪男

ダウラギリⅣ峰コーナボン谷。わたしたちの雪男捜索の舞台となるこの場所には、過去に何人もの日本人が雪男を目撃してきた歴史がある。それらしき足跡も何度も見つかってきた。雪男といえば世界的にはエベレスト周辺が有名だが、コーナボン谷には日本の一部の登山家や雪男捜索者の間でのみ語られてきた、知られざる雪男秘話が存在するのだ。その物語は、一九七一年に登山家の芳野満彦が報告した目撃談からすべてが始まる。だから雪男の目撃者の中でわたしが一番会いたかったのが芳野だった。

芳野満彦は日本の登山史に名を刻んだ、ひとつの時代を代表する登山家だった。一七歳の時、厳冬期の南八ヶ岳を縦走中に吹雪につかまり遭難した。一緒だった友人は凍死し、自分も連日のビバークの末、凍傷にかかり両足の甲から先を失った。医者からは一生松葉杖だと宣告されたが、芳野は執念で登山を続けた。二年後には岩登りを再開し、その後、日本アルプスの岩壁でいくつもの初登攀を成し遂げた。一九六三年には日本人として初めて、登山の本場ヨーロッパアルプスの三大北壁のひとつに数えられるアイガー北壁に挑んだ。アイガーは天候に恵まれず敗退したものの、六五年に同じくマッターホルン北壁に挑戦し、三大北壁の登攀に成功した初めての日本人となった。重度の障害者であるが一流の冒険者。新田次郎の『栄光の岩壁』は芳野をモデルにした小説である。

水戸市にある芳野の自宅を訪ねたのは二〇〇八年六月、地面から陽炎《かげろう》がゆらゆらと立ち昇る暑い初夏の日だった。芳野の住むマンションは水戸駅から線路沿いの道を一〇分ほど歩いた丘の上に立っていた。部屋の前まで行くと、暑さのためか玄関のドアが一〇センチほど開いていて、声をかけたら芳野の妻が顔を見せて中に案内してくれた。壁には山の絵がいくつも飾られ、無数の本が乱雑に積み上がっていた。家の中に足を踏み入れると、テレビの前のソファーに向こうをむいて座っている男がうめくようにして声を出した。

「すいません。足が悪いものでイスから動けないんです」

頭には白髪が目立ち歯の多くが抜けていたが、笑った顔は少年のように屈託がなかった。登山史に名前を刻みつけることになった両足が、グレーのズボンの裾からのぞいていた。ピンクの分厚い靴下を履いていたが、確かに甲の半分から先がなく、杖の先端みたいな形をしているのが分かった。

あいさつを交わし、世間話を少しした後、雪男を発見した時のことを覚えているか、とわたしは話を聞き始めた。

「非常に雪の多い年でね、普段はあんまり雪のないところだそうなんですが……」と、芳野は古い記憶を手繰《たぐ》るかのように話し始めた。

芳野が雪男を目撃したのは一九七一年五月七日、彼が初めて本格的なヒマラヤ登山に挑んでいた時である。彼が代表をつとめていた山岳会GHMJ（グループ・ド・オート・モンターニュ・ジャポン）が中心となり、七六六一メートルの未踏峰ダウラギリⅣ峰の登頂を目指していたのだ。ダウラギリⅣ峰は周囲を七〇〇〇メートル前後の山々に囲まれた奥深い山である。芳野たちが活動の拠点となるベースキャンプを設けたのは、わたしたちが後に雪男を探すことになるコーナボン谷だった。

コーナボン谷からこの山に登頂するためには、他の山では例を見ないような長い登山を強いられる。まず、コーナボン谷からグルジャヒマール南東稜という長くて難しい尾根を登り、六二七三メートルのミャグディマータに登頂しなければならない。ミャグディマータから先はロープが必要なほどの急斜面を一〇〇〇メートル以上も下り、七〇〇〇メートルの山々に囲まれたコーナボン内院氷河に下り立つ。そして再び二五〇〇メートル以上も登り返して、ようやくダウラギリⅣ峰の頂上にたどり着く。ヒマラヤ登山を一度に二回繰り返すようなルートなのである。

芳野は帰国後、山と溪谷社の雑誌「現代の探検」（一九七一年秋号）にこの時の雪男目撃談を詳細に報告している。この報告文を読むと彼の目撃談のあらましは分かるが、それでもわたしが芳野に会いたかったのは、この時の出来事を彼が今どう評価しているのか訊きたかったからだった。

芳野が雪男らしき動物を見たのは、コーナボン谷のベースキャンプから登って二つ目にあたるキャンプ2だった。キャンプ2はグルジャヒマール南東稜の途中、標高五一〇〇メートル付近にそびえる岩峰の上にあった。ちょうど尖った岩峰が二つ並んでそそり立っているため、隊員の間では「猫耳岩」と呼ばれていた。

その日、芳野は別の隊員と二人のシェルパの合計四人でキャンプ1を出発し、猫耳岩のキャンプ2に向かった。キャンプ2に到着したのは午後一時頃だった。一緒に登ってきた他の三人はベースキャンプに戻り、先にキャンプ2に来ていた隊員は上部のルートにロープを固定する「ルート工作」に出かけていたので、その時、キャンプ2にいたのは芳野ひとりだったという。

芳野はキャンプ2に到着するとシェルパ用のテントに入り、お茶を飲んで一服してから外に出た。小雪がちらちら舞っていた。あたり一面雪に覆われていたが、気温は氷点下を少し下回る程度で寒いというほどではなかった。小便をしたくなった芳野はキャンプ1のほうに五、六歩進み、用を足しながら何気なく遠くを眺めた。すると目の前の斜面の八〇メートルほど下を、誰かが膝までの雪をかき分けながら登ってくるのが見えた。話をしているうちに、芳野は当時の細かい状況を徐々に思い出し始めた。

「やせた稜線で、コーナボン谷のほうから登ってきたんですけどね。キャンプ2にはぼくだけでね。そしたらシェルパがひとり、登ってくるんですよ」

「テンジンですね」

「いや、誰だったかな……」

芳野は「現代の探検」に、最初はその人影をシェルパのテンジンだと思ったと書いている。芳野はキャンプ2に登る途中、そのキャンプ2から下ってくるテンジンとすれ違っていた。その時、テンジンは「隊長の荷物は重そうですね」と話し、後から自分が運ぶので荷物を置いていくように言ったという。芳野は時間もまだあったので、テンジンの言うことを聞かず、自分で荷物を背負ってキャンプ2まで登ったが、それを知らないテンジンが自分の荷物を運ぶため、再びキャンプ1から登り返してきたのかと思ったのだ。

テンジンらしき人影は斜面を登り続けていた。

「おーい、テンジン」

芳野は五、六回呼びかけたが、テンジンらしき人影からの返事はなかった。人間にしてはやや速いスピードで、その人影はキャンプ2の近くまで登って来た。キャンプ2の下の雪の尾根は傾斜が少々きついので、登山隊は安全確保のために固定ロープを張っていた。しかしテンジンらしき人影はなぜかそのロープを使わず、そこから二メートルほど離れた、より傾斜のきつい雪壁を登って来た。おかしいなと芳野は思ったという。わざわざそんなところを登るバカなやつはいない……。

人影は急な雪壁を登りきり、ついに稜線の上までたどり着いた。そして突然むっくりと二本足で立ち上がったかと思うと、芳野のほうを振り向いて、じっと見つめてきたという。

画家でもある芳野は、その風貌を次のように描写している。

私はそれまでテンジンと思っていたので、「なんだ、動物か」と一瞬思った。彼の方もキョトンとして不思議そうに、やや小首を傾けて私を見ていた。眼は大きく丸く澄んでいた。しばらく顔を見合わせていた。（中略）

始め人間ではなく動物だと思ったのは、その顔からして熊だと思った、というのは熊や犬、狐のように耳がピンと立っていると思ったからだけれど、実は髪の毛が谷の下から吹き上げてくる強風のために、アオラレて耳のように立っていたからだ。頭髪がヒッピイのように長く、おそらく肩まではあったろう。二本足で立っている。おそらく熊でも場所が悪ければ二本足で立つだろうが、熊のように太ってはいないし、全身にフサフサした毛はなかったように思う。

（「現代の探検」一九七一年秋号）

動物は芳野から一五メートルほど離れたところに立っていた。サルだろうか、と一瞬思ったが、尻尾がないので違うと分かったという。

「その動物はどんな顔をしていましたか」とわたしは訊いた。

芳野は、ぐふふ……と笑った後、「少しかわいい顔をしていましたね。そこに描いてあるような」と言って、「現代の探検」に載っている自分の描いた似顔絵を指さした。似顔絵は当時のヒッピーのように髪が長く、なで肩で、目は大きくて丸く、鼻は大きくて鼻孔が開いた顔立ちをしていた。

「これを見ると人間に見えますが……」

「まあ、目もぐりぐりしていたから、シェルパに見えたのかもしれないですね。ぼくは人間よりクマに近いんじゃないかと……」

「ゴリラには見えませんでしたか」

「どっちかというとクマか人間ですね。髪が長いのが不思議ですね。耳もね、人間らしい耳があったんですね。雪男説ってのはいろいろあるでしょ。大きいのと小さいの。ミイティってのは小さくて凶暴だという。ぼくが見たのは小さいほうのミィティじゃないかと思うんですね」

「二本足だったんですよね」

「登ってくる時は四つ足ですね。物理的にも急なので四つ足しか登れないところですからね。当然、手も使っていた。固定ロープがあったのに使わないから変だと思った。使うべきですね、人間だったら。登ってきて稜線に来てから二本足で立ち上がってね……」

登山隊はキャンプ2の近くに、目印のために赤い布を付けた竹竿を立てていた。動物が立ち上がったのはその竹竿の手前だった。竹竿の高さは一・五メートルほどで、動物の身長はそれよりやや低かった。芳野はその動物を三〇秒から四〇秒ほど見つめたという。

その時、急に芳野は、朝日新聞大阪本社のカメラマン藤木《ふじき》高嶺《たかね》からカメラのフィルムをもらっていたのを思い出した。もともと芳野は藤木とは親しい間柄だったため、遠征の出発前に朝日新聞社に登山の後援を依頼していたのだ。

後日わたしが藤木に電話で確認したところ、朝日新聞社は登頂に成功したら原稿料を払う「紙上後援」の形で芳野の依頼を引き受けたという。藤木は登山隊が出発する前、芳野が経営する水戸市の運動具店を訪れ、「登山の模様だけではなく、お祭りでも何でもいいので、珍しい光景を見たら写真を撮って来てほしい」とフィルム二〇〇本ほどを渡した。

芳野は藤木との約束を思い出し、急いでカメラを取りにテントに戻った。その途中で、ひょっとしたらこの動物がヒマラヤの雪男かもしれない、と初めて思ったという。一分ほどで同じ場所に戻ると、その動物は登って来たコーナボン谷とは反対側のタレジャ谷のほうに二本足で下りようとしていた。

芳野はカメラのファインダーをのぞき、ズームを望遠にして大きく一枚、広角で一枚、中間で一枚の計三枚の写真を撮影した。すでに動物は向こうをむいて下りはじめていたので、後ろ姿が写っているはずだと思った。「現代の探検」によると、絞りを8、シャッタースピードを120分の1にして撮影したという。動物は二本足のままゆっくりとタレジャ谷側の斜面に姿を消した。動物が下ったのは雪で覆われた急傾斜の岩壁だった。

「あ、これはもしや雪男ではと思って、あわててテントに戻った」と芳野は話を続けた。

「他の隊員が帰ってきた時に話したんだけど、誰も信用しないし。まあ、写真が残っていればいいやと思ったんだけど。反対側は急斜面ですからね。ちょっとロープがなければ下りられないところを下りたんですからね。後から考えてみるとそんなところへねえ、動物が来るわけないですよね。カラスはよく来ていたけどね」

「他の動物は見かけませんでしたか」

「コーナボンのベースキャンプから下の村では、ラングール猿の姿はずいぶん見たんですけどね。川の向こうですけど。尻尾が長いんですけどね」

テントに戻ると、芳野はなんだか恐ろしくなってきたという。雪男が戻ってきて、テントを襲わないとも限らないと思ったのだ。テントの中で三〇分から一時間ほど息をひそめ、物音がしないか外の様子をじっとうかがっていた。さっきまで小雪だったが、いつの間にか風が強くなり、天気は荒れ模様に変わりつつあった。聞こえるのは風がテントをバタバタと叩く音だけだった。仮にあの動物が雪男だとしても、わざわざ登り返して襲ってくることもないだろう。そう考えると気持ちは次第に落ち着いてきた。そして、ふと、ひょっとしたら雪の上にまだ足跡が残っているかもしれないと思い、もう一度テントから出て、動物が現れた場所に戻ってみた。目印の竹竿に近づくと、風と雪のせいで若干不明瞭になってはいたが、それでもコーナボン谷側から登って来た時のもの、二本足で立った時のもの、タレジャ谷側に下る時のものの三種類の足跡が残っていた。芳野はその中から二本足で立った時の足跡を二つ選び、脇にピッケルを置き、露出を変えて再び写真を三枚撮影した。

「現代の探検」には、それがどのような足跡だったのか、詳しいことを芳野は書いていなかった。

「足跡もご覧になっていますね。大きさはどれくらいだったんですか」とわたしはたずねた。

「体のわりにはずっと大きいですね。素足だとしたら三〇センチくらいあるんじゃないかと思うくらい大きかったですね」

「指の様子はどうでしたか」

「五本指だったですね。全部の足跡に指の跡はありましたね。相当、つま先に力を入れていたことは確かです。ただ、爪の跡はなかったですね。かかとの跡も覚えてますけど、人間が素足で歩いたような感じでしたね」

わたしは芳野にその時に見た足跡の絵をノートに描いてもらった。芳野は「シプトンの足跡ってのは、こんな大きなあれでしょ。ぼくが見たのはねえ、もっと、こう細かったですね」と言って二種類の足跡を描いた。左側に横幅の広い足跡を描き、中に「シプトン」と書き込み、右側には先端に指が四本斜めに並んだ細めの足跡を描いた。わたしは「これ、当然、五本指ですよね」と一応確認し、指を一本描き足してもらった。後で知ったのだが、芳野は帰国直後、朝日新聞の藤木の取材に対し、足跡の大きさを長さ一六センチ、幅一二センチと答えていた。わたしが取材した時には、すでに記憶が曖昧になっていたのかもしれない。なにせ三七年前の話である。

最後に自分が見た雪男についての現在の考えを訊いてみた。

「いわゆる雪男って生き物はいると思いますか」

「ぼくはいると思いますけどね」

「当時は雪男に関心はなかったんですか」

「もちろん何にもないですね。今でもないですよ」

「帰国して調べたりはしましたか」

「雪男の本はいくつか買って読みましたけど。日本語のやつはあんまりなくて、英語はあんまり読めないんで。いい加減でしたけど」

この時の登山に隊員として参加していたのが、今回の雪男捜索隊の隊長である高橋好輝だった。わたしは捜索に出発するまでに何度も、この時の芳野の様子について高橋から話を聞いていた。高橋は紫煙をくゆらせながら、いつも決まった言葉で同じ話をしてくれた。

芳野が雪男らしき動物を見たというその日、高橋は他の隊員と一緒に猫耳岩のキャンプ2を出発し、上部のルート工作と荷上げを行っていた。グルジャヒマール南東稜はキャンプ2から上部で細くて険しい雪の尾根に変わり、オーバーハングした岩場などが続く難所となる。おまけにその年はとにかく雪の量が多かったらしく、ルート工作は予定より大幅に遅れていた。

定期交信の時間になったので、高橋はザックから無線を取り出し電源を入れたという。その瞬間、芳野の怒鳴り声が飛んできた。

「おい、何してんだ！　早く下りて来い！」

「いったい、どうしたんですか」

「雪男が出たんだ。一五分前から無線で呼んでるんだぞ！」

「へえー、そうっすか」

「なんでもいいから早く下りて来い」

高橋はこの時のやりとりを鮮明に覚えているという。

「雪男なんて冗談だろうと思ったけど、芳野さんが、あんまりにもお願いするから。まあ、半信半疑ではあったが、一生懸命ルート工作しているのに下りて来いって言うんだから、何か出たんだろうとは思った。芳野さんはむちゃくちゃ怖がっていたな」

高橋たちは持ってきた装備をその場に置いて、設置したロープを伝って一時間ほどでキャンプ2まで下った。登山靴を脱いでテントの中に入ると、芳野は雪男が現れた時の状況を事細かに説明し出した。

「芳野さんはその時、どんなことを言ってたんですか」とわたしは訊いた。

「頭の毛がものすごく長かった、全身が毛で覆われていた、雪男だろうって。足跡も残っている、一六センチぐらいだとも言っていたな」

「高橋さんはどう思いました」

「おれたちはニタニタしながら聞いていた。まあ、ヒマラヤによくある話だなと。そしたら芳野さんが怒っちゃって。まだ足跡があるから、そこに行って見て来いって。分かりました、分かりましたって答えたけど、結局、誰も見に行かなかった」

足跡を見に行かなかったのは、雪が降り出していたのですでに消えているだろうと思ったことと、登山靴を履き直すのが面倒くさかったからだという。

「まあ、要するに、あんまり関心がなかったんだ」

わたしはこの時、高橋と一緒にルート工作をしていた隊員の松田昭《まつだあきら》にも話を聞いた。彼は当時の詳しい状況までは覚えていなかったが、登山日記をつけていたので、それを見せてもらった。日記を開くと、芳野が雪男を見た五月七日の日付に次のような記述が残されていた。


ダンナがC1より上ってくる時雪男を見たらしい。ニヤと笑ったと言う所よりだいぶあやしくなってきたが……。でも僕もC2へのルート工作中にそれらしき足跡は見たのでまんざらでも。

「ダンナ」とは芳野のことである。「それらしき足跡は見た」とあるが、実は高橋と松田は、芳野が雪男を目撃する二〇日ほど前、グルジャヒマール南東稜の上で妙な足跡が延々と続いているのを目撃していたのだ。

高橋によると、足跡を見たのは、まだ猫耳岩にキャンプ2を設置する前の四月中旬のことだったという。その日、高橋と松田はキャンプ1を朝早くに出発し、ルート工作に出かけた。キャンプ1から上は広くてなだらかな尾根がしばらく続き、それほど難所はない。途中の岩壁を右から迂回して登り、再び尾根の上に戻ってしばらく進むと、新雪の上に何者かの足跡が現れた。標高は四九〇〇メートル、足跡はグルジャヒマール南東稜のコーナボン谷側の斜面を上のほうから下りてきており、目の前で尾根を横切って反対側のタレジャ谷に下っていた。比較的新しい足跡で、前日の夜からその日の朝にかけてつけられた感じだったという。長さは二〇センチ、幅は一〇センチほど。形は細長く人間の足跡に似ていたが、指の跡までは分からなかった。

「見た時はどう思いましたか」とわたしは訊いた。

「何だ、この足跡はって思った」

「他に動物の足跡は見かけなかったんですか」

「雪が深いので四月に動物はいない。シカは深雪に弱いし、エサがない。クマも冬眠から覚めているだろうが、そんな高いところはエサがないから。ユキヒョウもエサがないと。だから、なんでそんなところに足跡があるのかなと」

「その時、他に人はいましたか」

「シェルパが二人いて、おれたちから五分くらい遅れて到着した。『イエティ、ツァイナ（雪男じゃないのか）』って訊いたら、『ツァイナ、ツァイナ（いない、いない）』って。顔色変わっちゃうんだよね。その剣幕で分かるわけさ。怖がってるなって」

今時の若いシェルパは雪男のことなど信じていないらしいが、当時のシェルパはまだ迷信深く、雪男のことを非常に恐れていた。シェルパの間では古くから、雪男を見ると自分や家族の身に不幸が起こるという言い伝えがある。高橋はシェルパたちのその狼狽《ろうばい》ぶりを見て、逆にその足跡が雪男のものかもしれないと思ったという。ただ、当時は高橋にも雪男は巨大な動物だというイメージがあったため、雪男の足跡にしてはずいぶん小さいとも感じた。エリック・シプトンが撮影した有名な足跡の写真を高橋は見たことがあった。

足跡はこれから自分らが登る方向に続いていたので、高橋たちは足跡をたどってルート工作を進めた。猫耳岩が近づくにつれ尾根は険しさを増した。猫耳岩の直前で足跡は約二メートルの岩壁を越え、さらに急な雪壁の上に向かって続いていた。その岩場を登るのは大変そうだったので、高橋と松田はそこから左に一〇メートルほど回り込み、ややなだらかな斜面に迂回して登ることにした。尾根の上に戻れば足跡はまた現れるだろうと思っていたが、再び尾根上に来ても足跡は見つからなかった。あたりを少し見まわしたが、近くを下っている形跡もなかった。

不思議なことに謎の足跡は、猫耳岩の直下でどこかに消えてしまったのである。

高橋たちは猫耳岩の上に到着し、キャンプ2を設営した。ベースキャンプとの無線交信で、高橋は「妙な足跡を見つけました。イエティのものじゃないですかね」と芳野に報告したという。

「芳野さんは何と言ったんですか」とわたしは訊いた。

「高山病で頭おかしくなったんじゃないかって。そんなこと言っていたのに、今度は自分が雪男を見たって怖がっている。だからその姿を見た時は、この前に見た足跡が何か関係あるのかもしれないとは思った」

登山隊は結局、大雪のためルート工作が思った通りに進まず、ダウラギリⅣ峰の登頂を果たせずに敗退した。

ところで芳野が撮影したという雪男らしき動物の写真はどうなったのか。このことについては面白い後日談がある。朝日新聞の藤木カメラマンの著書『極限の山　幻の民』や藤木本人の話によると、それは次のような経緯だった。

日本に帰国した芳野は羽田空港に到着してすぐに藤木の自宅に電話をかけた。

「ダウラギリⅣ峰で雪男を見ました。三枚写真を撮ったので、どれか一枚は写っていると思う」

芳野の突然の電話に藤木は自分の耳を疑った。もし本当なら朝日新聞は世紀の特ダネをつかんだことになる。藤木は会社に連絡すると、すぐに取材のため飛行機で大阪から羽田空港に向かい、水戸の芳野の自宅に直行した。藤木によると、芳野はまだ興奮冷めやらぬといった様子だったという。二人は市内の小料理屋に行き、藤木はそこでたっぷりと芳野から話を聞いた。その日は彼の自宅に泊まり、藤木は原稿をまとめると電話で大阪本社に送稿した。翌日、芳野から雪男が写っているはずのカラーフィルムを預かり、朝一番の飛行機で羽田空港から大阪の伊丹空港に飛んだ。空港には会社の写真部員が待ち構えており、藤木からフィルムを受け取ると、大阪府堺市にある富士フイルムの現像所に急行した。

藤木が朝日新聞の編集部に戻ると、すでに大変な騒ぎになっており、東京、大阪、名古屋、西部の四本社の写真部長が翌日の朝刊一面に芳野の写真をカラーで掲載することを決めていたという。東京本社の出版局員が、一枚のカラースライドで何枚もの正確な複製を作ることができる高価な機械を持ち込んでいた。現像されたらその機械で三枚を複製し、大阪以外の三本社に社機で運ぼうというのだ。藤木が前日、電話で送稿した約一五〇行の長文記事は一面トップで掲載される手はずが整っていた。

編集局次長や写真部長などの編集幹部が集まり、フィルムの現像が終わるのを今か今かと待ち構えていた。芳野に渡す原稿料のことまで話し合われていたという。現像されたフィルムが届いたのは午後五時頃だった。編集幹部がまわりを囲む中、写真部長が緊張した面持ちでライトボックスの上にフィルムを広げた。

「あっ……」と写真部長が声を上げた。「何も写ってない……。残念でした」

どういうわけか雪男とその足跡が写っているはずの六枚は真っ白だった。雪男を写したのはフィルムの最初の六コマで、次のコマからは美しい雪山の様子がはっきりと写っているのに、雪男の六コマだけは何も写っていなかった。結局、写真が失敗だったので藤木の記事もボツになった。

兵庫県西宮市の藤木の自宅に電話で取材した時、彼は当時の騒ぎを懐かしみながら話してくれた。

「羽田から芳野君が電話してくるから、箝口令《かんこうれい》しいて隊員にも誰にも話さないように言った。芳野君は『写真を撮ってしまった、えらいことしてしまった』って言ってねえ。会社も大変な騒ぎになった。芳野君から話を聞いて、翌日の朝一番で大阪の伊丹空港に戻って、飛行機のタラップを下りるとパトカーが待っているわけ。びっくりしました。会社がフィルムを運ぶために先導を頼んだらしい。大特ダネだから」

「なんで写真は真っ白だったんですかね」

「結局、露出オーバーだったんでしょうね。雪だから明るいでしょ。それでハレーションを起こしたんじゃないかな。拡大鏡で何度も確認したけど何の像も結んでいなかった。今のカメラと違って、当時は露出や絞りを合わせるのが難しかったんです。カメラは芳野君のものでもないし、テントの入口近くにあった誰かのカメラを使ったという話をしていたから。今の全自動カメラだったら絶対に何か写っていたんだろうけど」

「芳野さんは絞り8、シャッタースピード120分の1で撮影したと報告していますが」

「うーん、それなら何か写っているはずだけどなあ……」

「芳野さんの原稿料まで話し合われていたとか」

「写真を朝日が掲載したら外電が買うでしょ。そしたら版権料は基本的に朝日に入るんだけど、そんなケチなまねせんと、芳野さんに渡そうやという話が出ていた」

「写真が失敗だったことを芳野さんは何と言っていました」

「芳野君にはすぐに電話したけど、彼は良かったって言うんです。雪男に関心のない自分が写真なんか撮ったら、世界中で追いかけている人に申し訳ないって。何を言ってんねんと、ぼくは怒鳴りましたけど」

藤木は受話器の向こうでそう言って笑った。

当時は自分が焚きつけた特ダネ騒ぎだっただけに、失敗だと分かった時は思わず肩をすぼめたという。しかし、写真部長が「いやー、こんなに盛り上がったのは久しぶりだな。面白かったよ」と笑い飛ばし、その夜は関係者を集めて北新地の高級クラブで派手に打ち上げを開いた。

芳野と藤木の付き合いは古いという。藤木の父九三《くぞう》は日本で初めて岩登りを目的に設立した同人ロック・クライミング・クラブの創設者のひとりである。芳野は九三のことを「神のように」尊敬しており、藤木の自宅を何度も訪れたことがあった。二人はその後に設立された第二次ロック・クライミング・クラブの仲間でもあった。

朝日新聞の本多勝一《ほんだかついち》記者とのコンビで評判となった紙上連載ルポ「カナダ・エスキモー」の取材から帰国する途中、藤木と本多はヨーロッパに立ち寄り、日本人として初めてアルプス三大北壁に挑もうとしていた芳野のもとを訪れた。芳野はその時、天候に恵まれず最初に狙っていたアイガー北壁の登攀に失敗し、ひどく落ち込んでいた。藤木はそんな芳野を連れ出して一緒にマッターホルンに登ったこともあった。

「ぼくは彼の話を信用しますよ」と藤木は電話の向こうで言った。「彼の性格をよく知っているし、彼の話を聞いてね。写っていたら大特ダネでしたけど。でも、ぼくらは今、写っていなくて良かったと思うんですよ」

「どうしてですか」

「やっぱり夢がなくなるからね。まあそりゃあ、写っていたらもっと……」

そこまで言うと、なぜか藤木は口をつぐんだ。

# 第五章　密　林

二〇〇八年八月二六日　アルチェ

八月二六日は朝から土砂降りとなった。よく考えてみると、本格的に雨が降るのはキャラバンを開始してから初めてのことだ。しかし、ヒマラヤはモンスーンのまっただ中、これが本来の天気のはずではあった。

アルチェを出発し山道を下ると、目がくらみそうなほど深い峡谷に水垢でヌルヌルになった吊り橋がかかっていた。腰をひいてヨタヨタと橋を渡り、わたしたちはその先の山道を登った。粗末な家が三軒立つだけの小さな集落で休憩した後、若くて体力のあるわたしと、もう若くはないがわたしより体力のある五三歳の村上和也が、寒さのあまり走るようにジャングルの中の道を登った。雨は激しさを増しパンツの中までびしょ濡れになった。幅三〇センチほどの踏み跡は大雨で泥まみれの小川と化し、道の脇の濡れた草が肌にぺたぺたくっついて気持ちが悪かった。その草むらの中には雨で元気を得た無数のヒルが蠢《うごめ》いていた。

五年前、この道を高橋好輝隊長らが初めて通った時、何より驚いたのがヒルの多さだったという。無数のヒルが木の枝から雨のように滴り落ちて来る……。わたしは出発前、前回参加したすべての隊員から同じような大げさな話を何度も聞いていた。ヒルはここでは雪男に勝るとも劣らぬわたしたちの関心事であり、密林の濃度と不快な湿度が増すにつれて、いよいよ本格的にその姿を現し始めてきたらしかった。

そんな危ない草むらの中から、ひげだらけの村上の顔が突然ぬっと現れ、笑顔で言った。

「けっこういいワラビがあるよ」

村上は冬季エベレスト、K2、ローツェという八五〇〇メートルを超える三つの巨峰を制した猛者《もさ》である。八五〇〇メートルより上の超高所はあまりにも酸素が希薄で危険なため、他の八〇〇〇メートル峰とすら区別される。高橋が「ランボーのような男」とたとえるように、村上は前腕部が不自然に太く、ツルハシでぶん殴っても骨折ひとつしそうにないガッシリとした体つきをしている。武勇伝にはこと欠かず、エベレストでは夜中に頂上近くまでひとりで登り、動けなくなっていた隊員を救出したこともある。本格的な山登りから離れてしばらく経つのに、体力があふれてどうしようもなさそうなところをみると、肉体の頑強さは生来のものであるらしい。土砂降りの中でものんきに山菜採りを楽しむこの超人のことを無視するわけにもいかず、わたしは「マジっすか」と一応相槌を打ち、ワラビを探すふりをしたものの、本心ではワラビなんかどうでもいいから、さっさとチャナカルカに行ってたき火で暖まりたいと思っていた。もう無くなっちゃったねと残念がる彼の姿を見ながらわたしは、きっとこの人は八五〇〇メートル以上の高さに行き過ぎてしまったに違いないと思った。

チャナカルカには今にも折れそうな柱に黒いビニールシートをかぶせただけの粗末な放牧小屋が、一軒ぽつんと立っていた。先に到着したコックのペンバがひとりで膝を抱えて座っていた。まだポーターは誰も到着していなかった。雨は降り続き、あたりにはイラクサが生い茂っていた。イラクサの葉っぱの表面には白い繊毛のようなとげが生えており、それに少しでも触れると電流が走ったような鋭い痛みを感じる。天ぷらにするとうまいらしいが、ネパールの山ではヒルと並ぶ厄介者である。小屋のまわりはウシのフンだらけだった。放牧の季節であるが、一頭の水牛を残し、牛飼いはどこかに出かけているようだ。山で放牧する村人に雪男の話を聞きたかったが、大量の水牛が一緒に戻ってきて、これ以上フンだらけにされるのも御免だった。他の隊員やシェルパたちもチャナカルカに次々と到着し、雨の中、わたしたちはやぶを刈り払い、テントを設営した。残った一頭の水牛にはハエが数百匹たかっていた。

このチャナカルカという放牧地を、わたしたちはキャラバンの初めのうちからかなり注目していた。地元住民に雪男についてたずねると、なぜか必ずと言っていいほど、このチャナカルカの名前が出てきたからだ。

二〇〇三年の前回の捜索隊の時、高橋たちはキャラバンの途中で雪男を見たと話す大工の男と出会ったという。その男が見たという雪男は、やはり身長が一五〇センチくらいで、全身が毛むくじゃら、鼻が真っ赤で尻尾がなかったそうだ。男は隊員の求めに応じ、その雪男のスケッチをノートに描いたが、それは頭髪が長く、丸い目と豊かな乳房を持つ、どちらかといえば雪女のような絵であった。男がその雪女のような雪男と遭遇したのがチャナカルカの森だったという。

今回のキャラバンでも、シバンで話を聞いた仕立屋の男が、雪男はチャナカルカの上のほうにいると話していたし、アルチェの石切り場で出会った男も、チャナカルカの上のほうで日本人が雪男を見たらしいと言っていた。シバンの仕立屋の話は少々信用性に疑問があったし、アルチェの男の目撃談にいたっては、前回の捜索隊の話が巡り巡って伝わってきただけなので、彼らの話にチャナカルカの名前が出てきたところで全然気にする必要などないのだが、それでもチャナカルカ、チャナカルカと何度も名前を聞いているうち、なんとなくそこには何かがいるのかもしれないとわたしたちは思い込むようになっていた。

そこで雪男を撮影するために持ち込んできた赤外線感知式の自動撮影カメラを、チャナカルカのキャンプから少し離れたジャングルの中に、テストも兼ねてセットしてみることにした。ジャングルの中に続く踏み跡をたどっていくと、長さ一三センチ、太さ三センチの立派な動物のフンが四、五本並んで転がっていた。古いのは黒くひからびていたが、深緑色で新鮮そうなものもあった。玉石混淆《ぎょくせきこんこう》とはいえ、雪男の目撃情報が多発するチャナカルカである。フンだからといって、そう簡単に見過ごすことはできない。フンをしげしげと観察しながら高橋がつぶやいた。

「前回の捜索隊の時も同じ場所に、同じようなフンがあった。道案内をしてくれた元猟師は間違いなくトラだと言っていた。この中に動物の毛や骨の破片があれば、まず捕食獣だろうな」

副隊長の八木原圀明が、先生に質問する小学生のように高橋に質問した。

「トラも同じところでするのかね。イヌでいう、何だっけ」

「マーキング」

「あ、マーキングだ」

高橋が木の枝を拾ってフンをいじくると、その言葉通り、中から毛や数ミリの白い骨片が出てきた。高橋はトラのものだと判断したのか、フンへの興味を失ったようで、木の枝をぽいっと捨てて先にジャングルのほうに歩いていった。

チャナカルカは標高二四〇〇メートルの亜高山帯にあるとはいえ、実際にはヒルが跋扈する密林に囲まれた熱帯さながらの場所である。そんなところに雪男などいるのだろうかと普通の人は思うかもしれないが、バンマンチェというネパール語が森の人を意味するように、雪男の正体は、名前から想像されるものとは異なり、実際は森に棲んでいる動物の可能性が高い。雪男という呼び名は英語の〝Abominable Snowman〟(忌まわしき雪男)からきているが、雪男より中国でよく出没すると言われる野人のほうが言葉のイメージとしては近いといえる。いずれにせよ、森の中に棲む類人猿に近い動物が、彼らなりに何か切迫した事情があって、時々雪の上に足跡を残す。それが雪男と呼ばれる動物の正体であるらしい。

雪男とは類人猿の祖先が進化した生き物であるという考え方を、とりあえず「雪男=類人猿説」と呼ぶことにする。雪男の正体として一番可能性が高そうなのがオランウータンの仲間だと言われている。ゴリラでもチンパンジーでもなく、オランウータンであることには一応理由がある。ヒマラヤから近いインドや中国では数百万年前の大型類人猿の化石が見つかっているが、それらは現在のオランウータンの仲間なのだ。その中でもインドのシヴァリク丘陵から見つかったシヴァピテクスという大型類人猿は、頭骨の形やDNA分析の結果などからオランウータンの祖先だと考えられている。シヴァピテクスは八〇〇万年前頃まで棲息していたとされ、中国の雲南省からもそれに近い仲間の化石が多数発掘されている。つまりアジアには昔からオランウータンが棲んでいたというわけだ。このような太古の類人猿が人跡未踏のヒマラヤのジャングルのどこかで密かに生き残り、時々、寺で修行中の日本人登山家の前に現れたり、地元の村人の家に勝手に入って鍋をひっくり返したりする、というのが「雪男＝類人猿説」の概要だ。昔の類人猿の想像図を見ると、なるほどそれらは現代の雪男目撃者が話す特徴を兼ね備えているように見える。ドリオピテクスという一〇〇〇万年前の類人猿の想像図を、神保町の大型書店で山積みとなった人類学の図鑑の中に見つけた時は興奮した。腕がやたらに長く、足と手のひらが身長に比べて巨大で、全体的に見ると道端で死んで干からびたカエルみたいでさえなかったが、目がぐりぐりして寂しそうな表情などは登山家の芳野満彦が話していた雪男の特徴をほうふつとさせるものがあった。

しかし「雪男＝類人猿説」を検討するうちに、わたしはこの説に解決困難な欠陥があることに、図らずも気がついてしまった。雪男には目撃談ごとにさまざまな特徴がある。例えば頭が円錐形であるとか、髪の毛が肩まで伸びている、腕が長い、全身赤茶色の毛で覆われている、夜行性、などといったものであるが、その中でも雪男を雪男たらしめている最も代表的な特徴は、なんといっても二足歩行をするという点にある。雪上で見つかる足跡も二足歩行をしているかどうか、そのように見えるかどうかが重要視される。

雪男とは何かという問いに答えるなら、ヒマラヤの山中に棲む二足歩行をする大型動物である、と定義するのが適当なのだ。しかし雪男の正体を検討すると、この二足歩行というのが実は最も厄介な特徴であるということが分かってくる。

二足歩行というのは自然界では非常に珍しい行動様式である。なにせ四六億年の地球の歴史の中で二足歩行の能力を獲得した動物は、カンガルーなど一部の例外をのぞき、人類そして恐竜とその子孫である鳥類ぐらいのものである。人類に最も近いチンパンジーでさえ、時折二本足で立つとはいえ基本的には四足歩行だ。大げさに言えば二足歩行とは地球を支配した種にのみ許された特権であり、たかだか雪男ごときを我々の仲間に加えるのはどうかと思うほど、非常に特殊な行動様式なのだ。もし雪男がヒマラヤに生き残った類人猿だとしたら、彼らはどうやって二足歩行の能力を獲得したのだろう。そんなことがあり得るのだろうか。人類の二足歩行は、ヒトが誕生したアフリカのサバンナのような特異な自然条件のもとで、いくつもの偶然が積み重なって獲得された奇跡の産物なのではあるまいか。同じような奇跡的な巡り合わせがヒマラヤの山中でも起こり得るものなのだろうか。雪男の正体を検討するうち、わたしにはそんな疑問が浮かんできた。

その疑問について専門家の意見を伺うため、わたしは捜索に旅立つ前、人類の進化について詳しい国立科学博物館人類研究部の馬場悠男《ばばひさお》部長（当時）のもとを訪ねた。資料室に案内されると、五、六段にしきられた棚の上に江戸時代の人間の頭蓋骨が無数に並んでいた。当たり前だが、馬場は雪男の存在には極めて懐疑的だった。

「雪男などいるわけがないと思う」と彼は言った。

「シヴァピテクスのような、オランウータン系の類人猿が生き残っている可能性はありませんか」

「霊長類は植物性のものを食べるので、そういうものが豊かにないといけない」と、馬場はできの悪い生徒を諭すかのように言った。「高山には植物がない。高山に棲むユキヒョウなどの動物は、マウンテンシープを捕まえてかろうじて生きている。シープなど有蹄類は草やコケを食べているけど、霊長類、特に大型のものは草やコケでは生きていけない。だからそういう環境では生き延びることはできない」

見事な論理展開だったが、わたしもまだここで引き下がるわけにはいかなかった。

「雪男は実は普段は標高の低いジャングルで暮らしているらしいんです」とわたしは言った。

「それはパンダみたいな生活かい」

パンダがどんな生活をしているのか、わたしは知らなかった。

「何か理由があって山を越え、谷から谷に移動しているようなんです」

「現地の人がどのくらい遭遇するのかねえ。ある程度の個体数があれば、ちょこちょこと遭遇するはずだから」

「雪男の目撃談を調べると、だいたい二足歩行なんです。アジアで類人猿が独自に進化して二足歩行を獲得する可能性についてはどうですか」

「絶無じゃないが、極めて可能性は低いね」と馬場は言った。「人類が二足歩行を獲得したアフリカの森のように平らなところだと、林から林に歩いたりモノを運んだりというメリットがある。だけど、デコボコした山の中だと二足歩行のメリットがない。移動だけ考えたら、二本足だと逆につらいからね」

人類が二足歩行を獲得したことを説明する学説はいくつもあるが、馬場によると、現在最も説得力を持った学説は子育てに関連した「ラヴジョイ説」と呼ばれるものだという。その説は人類学について概説した一般書の中にも説明されていたので、わたしもおおよその中身は知っていた。子孫を多く残すためには手間のかかる子育てをメスが専門に担い、オスは食料を運ぶ役割に徹したほうが有利である。食料を大量に運ぶためには二本足で歩き、両手は食べ物を運ぶのに使ったほうが合理的だ。それが人類が二足歩行を始めた起源ではないかというのが、その説の大まかな中身である。

「オスがメスに食料をプレゼントする。それでメスはオスを受け入れて仲良くなり、そのうち子供が生まれる。二足歩行だとメスが子供を抱えられるので、子供はよく育つ。つまり、二足歩行というのは常に何かを持っている、年中何かを運んでいるというのに有利なんだ。しかし、それは平らなアフリカの乾燥した疎林で発達したのであって、アジアの密林みたいなデコボコしたところだと、事実上あり得ない」

険しいアップダウンが連続するヒマラヤのジャングルの中を歩きながら、わたしは時々、馬場の話を思い出した。ヒマラヤの山麓に広がるジャングルは、たしかにまるでデコボコである。やはり人類が獲得した二足歩行の能力は、アフリカのサバンナという特異な地理的環境が生み出した奇跡の産物なのだろうか。そうするとヒマラヤには雪男などいないことになる。あるいは二足歩行は何かの間違いで、四本足で歩くのだろうか。しかしそれで雪男と言えるのだろうか……。

チャナカルカの密林に一晩、自動カメラをセットしたが、シャッターはほとんど切れていなかった。


チャナカルカから先に足を踏み入れるとジャングルはますます濃くなり、ヒルの数も倍増した。最近、この踏み跡をたどった村人はいないようだった。道は多雨により繁茂した落葉樹とやぶ草にすっかり覆われてしまっていた。雨の中、シェルパたちが先頭を行き、鎌でやぶを切り開きながら道を作って進んだ。

「まったくこんな泥だらけヒルだらけのところ、普通ならカネをもらっても来たくないってのに、自己負担金まで払って来るんだからバカにもほどがあるよな」

八木原が自嘲気味につぶやいた。

「うわ、またいた。見るたびにヒルがいる」

村上が歩きながら足にくっついたヒルを引っ剝《ひ》がした。超人にも弱点はあるらしい。

「村上さん、よくそんなにヒルを見つけられますねえ。すごいなあ」

冷やかし半分で感心していると、いつの間にか自分の靴にもそれぞれ二匹ずつ、ヒルが体を伸縮させながら這い上がってきていた。丁寧にそれらを爪で弾き飛ばし、わたしはつい先ほど塗布したばかりのヒル除けスプレーを、もう一度靴の上から丹念に噴きかけた。草むらの葉っぱを注意深く観察すると、長さ五センチほどのまだら模様の大きなヒルが体を伸ばし、獲物が通りかかるのを待ち構えていた。彼らにとって今一番身近にいる獲物はわたしたち雪男捜索隊員である。大型ヒルは隣の葉っぱにも、その隣の葉っぱにもいた。おびただしい数の大型ヒルが、わたしたちの体温や体外に排出する二酸化炭素を察知しようと、思い切り体を伸ばしていた。目の前には緑の密林が大海のごとく、どこまでも薄気味悪く広がっていた。この中にいったいどれだけのヒルが培養されているのだろう。無限のヒルの振動で広大なジャングルがざわざわと波打っているように見えた。油断すると足や首筋、手に持ったストックからもヒルは忍び寄ってきた。わたしたちは腕に触れた葉っぱや、首筋を滴り落ちる汗すらもヒルと勘違いし、そのたびにキャーキャーと女子高生のようなわめき声をあげた。

ヒルは人間が吐き出す二酸化炭素や体温などで位置を察知し、尺取り虫のようにいつの間にか近づく。人間のほうは歩くのに夢中なので、ヒルのような微小な存在が靴に取り付いても気がつかない。その間、ヒルはぬかりなく靴の上をじわじわと這い上がり、すねや腰の衣服のすき間を首尾よく見つけ、こっそり侵入、吸血するわけである。唾液腺から分泌されるヒルジンとかいう体液にはモルヒネのような麻酔成分が含まれており、吸われてもわたしたちは気がつかない。またこの体液には抗血液凝固物質が含まれているため、一度喰いつかれると数時間にわたって血がだらだら流れ続ける結果となる。

油断しているとへその中や陰部、寝ている人間の口の中など、場所や時間、それにモラルもわきまえず吸いついてくるので気が抜けない。わたしたちはテントの中で一匹でもヒルを見つけたら必ず殺害するようにした。引っ張ろうが、つぶそうが、ぶにょぶにょして死なないので、ろうそくの炎の中に放り込むという残虐な殺害方法を採用したことも多々あったが、それにより罪の意識を感じるようなことはまったくなかった。それも面倒なので、わたしは時々、爪でその辺に弾き飛ばすに留めておくこともあったが、それを他の隊員に見つかると「ダメだよ、ちゃんと殺さなきゃ」と注意を受けた。情けをかけてその辺に放り投げると、再び足に這い戻り血を吸うからである。わたしたちはこの一寸の虫に五分どころか魂のかけらすら認めなかった。

その日の宿泊地であるパイラタラカルカにはイラクサが一面生い茂り、その中はヒルの培養地と化していた。不用意にその辺を歩くとイラクサのとげによる激痛に襲われ、ヒルに咬《か》まれて血を垂れ流すことになった。右の頬をぶたれたら左の頬も続けざまにぶたれる阿鼻叫喚《あびきょうかん》の緑色密林地獄である。

翌日、パイラタラカルカを出発すると、わたしたちは一気に高度を上げた。標高が上がるにつれてジャングルの濃度は薄まり、ヒルの蠢く無間地獄《むげんじごく》から高山植物が咲き乱れる天国のような美しい花園に風景は変わっていった。高度を上げると密林の濃度やヒルの棲息数と比例して、酸素濃度も希薄になるため、一歩足を踏み出すたびに息が切れるようになった。この日の宿泊地はアサレカルカという放牧地である。標高は富士山よりやや高く、四〇〇〇メートルほどに達した。雨が強く降りはじめ、高度が上がったため気温は一気に低くなったが、おかげでヒルの姿は、間違って荷物にくっついて運ばれて来てしまった個体を除き、ついに見かけなくなった。

この日までにポーターの大部分が帰った。前日のパイラタラカルカではポカラのポーターが戻り、この日のアサレカルカではランタン谷のポーターが家路についた。残ったのはカトマンズから来た八人のポーターだけとなり、彼らとシェルパたちが残りの荷物をベースキャンプまで運び上げることになった。

帰ったポーターの中に、キャラバンの二日目からカメラマン折笠貴の三脚持ちをつとめてきたランタン谷のマヤという少女がいた。道中、ジーパンできめた里帰りの若いイケメンと仲良くなったり、密林の中でも黒いスカートとジーンズをおしゃれに着こんだりする一八歳のうら若き乙女だった。野暮ったい男だけよりも、女性がひとりいるだけで雰囲気は和む。わたしたちは彼女がてっきりベースキャンプまで来るとばかり思っていたので、帰ると聞いた時はなんだか少し残念な気持ちになった。

アサレカルカを離れる時、彼女はわたしたちのテントを訪れ、隊員全員に握手を求めてきた。彼女にとっても今回のキャラバンは大切な思い出として心に残ったらしい。わたしたちは彼女を交え、テントの中で記念撮影をした。それが終わると村上が突然何かを思い出したらしく、「ああ、そうだ」と言って、ポケットから何かをごそごそ取り出した。

「マイハート！」

村上がややおどけて無骨な右手で彼女に差し出したものは、どこで買ったのか、銀色の小さな髪飾りだった。マヤは思いがけない贈り物に思わず涙を浮かべ、必死で笑顔を作り、その贈り物で髪を結った。不覚にもわたしは若干目頭が熱くなり、武骨な感じからは想像のできないような女性に対する気配りを見せた村上にいたく感心した。

それから何日か後、わたしは彼に訊いた。

「あの髪飾りはいったいどこで買っていたんですか」。もしかしたら今後の参考になることがあるかもしれないと思った。

「ああ……」と村上は言った。「途中の道端で拾った」

「えっ！　マイハートって言っていたじゃないですか」

「そんなこと言ったっけ……」

村上はぶっきらぼうに言って笑った。意外にも女性に対して平気で嘘をつけるプレイボーイタイプなのだろうか。

アサレカルカに着いた翌日は休養日となった。すでにベースキャンプまであと半日の距離まで近づいていたが、前日は標高を一四〇〇メートルも上げたので、高橋が高度に順応する必要があると考えたのだ。一般的には標高二五〇〇メートルを超えると高山病の危険が生じると言われている。標高が上がると気圧が低下し、それに伴い空気中に含まれる酸素の量も少なくなり体にさまざまな症状をきたすのが高山病だ。軽い場合だと頭痛、食欲減退、吐き気、めまいといった程度ですむが、重症になると脳に損傷を受けたり肺に水がたまったりして死亡することもある。高山病を予防するためにはゆっくりと高度を上げて体を慣らさなければならない。

わたしたちはその日、標高四〇〇〇メートルラインまで到達したものの、隊員の中に高山病の症状を訴える者はいなかった。全員、食欲は旺盛で元気そのものだった。休養日の午前中、高橋と村上とわたしはベースキャンプの予定地であるタレジャ谷までのルートを確認するため山に登った。「ヒマラヤの青いケシ」として有名なブルーポピーがやぶ草の中に紛れて咲いていた。午後は特に予定もなかったので、隊員は全員、食堂用の大きなテントに集まり、ごろごろしていた。ちょうどいい機会だと思ったのか、八木原が高橋に、これまでの捜索の経緯を改めて隊員全員に説明したらどうかと提案した。

「こういう時じゃないと話す機会もないだろ」

八木原がそう言うと、高橋は熱っぽく語り始めた。

# 第六章　隊長高橋好輝の信じた雪男

　高橋好輝の初めてのヒマラヤ登山は、標高七六六一メートルの未踏峰ダウラギリⅣ峰だった。未踏峰どころか、この山は数あるヒマラヤの高峰の中でも難峰中の難峰だった。ヒマラヤにおける彼の最初の目標はグルジャヒマール南東稜から、この難峰を落とすことにあった。

　ダウラギリⅣ峰に初めて手をつけたのは、一九六二年秋の英国隊である。その後も六五年春の英国空軍隊、六九年秋のオーストリア隊、七〇年春の関西登高会隊、七〇年秋の福岡山の会隊とことごとく敗退。六九年のオーストリア隊に至っては、頂上アタックに向かったリチャード・ホイヤー隊長以下六人が行方不明となっていた。ダウラギリⅣ峰は当時、ほとんど難攻不落の山だった。その山に芳野満彦を隊長とするＧＨＭＪ隊が向かったのが一九七一年春、高橋もその隊員だった。

「ダウラギリⅣ峰がそんなに難しい山だってのは、おれらはその時知らなかった」と高橋は振り返る。「登る自信はあったんだ。谷川岳の一ノ倉でさんざん岩登りばかりやっているチームだったから。でも行ってみたら、えらい難しい」

ミャグディマータへと続くグルジャヒマール南東稜は、悪い岩登りや、跨《また》がなければ突破できないほど細くて谷底まで切れ落ちた雪のナイフリッジが続く最悪のルートだった。標高三四五〇メートルのコーナボン谷ベースキャンプから、二九〇〇メートル近く登ってミャグディマータに登頂した後、その奥のコーナボン内院氷河に下り立ち、さらにそこから二五〇〇メートル以上登って、ようやく頂上に到達できるという、他の山ではあまりお目にかかれないロングルートである。ベースキャンプからの標高差は延べ約五四〇〇メートル。それに比べるとエベレストはネパール側のベースキャンプから三五〇〇メートルしか登らなくていい。

「この年の遠征はいい加減なもんだった。ほとんど登山隊の体をなしていなかったね。シェルパはこんな装備じゃ登れないって逃げ出しちゃうし。ミャグディマータまでは登れたけど、結局、四〇〇〇メートル持っていったロープはそこで使い果たしちゃった」

しかし結果的にはこの時の登山が高橋の人生を変えた。まずはこの困難極まりない長大なルートを落とすことが彼の最大の目標となった。それが実現した後、猫耳岩の直前で突如消えてしまったあの不可解な足跡と、テントの中で雪男を見たと言い張る芳野満彦の姿が、高橋のその後の人生に思いもよらない展開をもたらした。

高橋は一九四三年一月二〇日、新潟県小国町（現長岡市）で三人兄弟の長男として生まれた。中学を卒業してから柏崎の職業訓練学校に一年間通った後、東京に出た。登山を始めたのは、東京で建具職人として働き始めてから間もなくのことだったという。五六年に日本山岳会がヒマラヤの八〇〇〇メートル峰マナスルの初登頂に成功し、当時の日本は登山ブームにわいていた。最初の登山がどこだったのか高橋の記憶には残っていないが、お盆休みに会社の友人と何人かで長野県の八ヶ岳に登り、高山植物の美しさに感動したことは覚えているという。

当時、東京に住んでいた多くの登山家は群馬と新潟の県境にある谷川岳の岩壁を目指した。谷川岳の一ノ倉沢には雪渓の奥に高さ数百メートルの岩壁が屏風のようにそびえ立っている。今でもわざわざ見物に訪れる観光客や撮影のために三脚を並べるカメラマンは少なくない。高橋もまた一ノ倉の岩壁に通った登山家のひとりで、初めて挑戦したのは一ノ倉沢六ルンゼという、あまり登ったという話を聞かないマニアックな湿った岩溝のルートだった。ルンゼとは岩場に刻まれた浅くて急峻な溝状の地形のことを指す登山用語だ。何も知らずに谷川岳を目指した無茶な少年が、岩場に到着して適当に選んだのが六ルンゼだった。高橋は無事に六ルンゼを登り切り、岩登りの面白さを初めて知った。

その後、一ノ倉沢のルンゼルートを中心に単独で何度も登り、ロープを使わない「フリーソロ」で登ることも多かった。こんなことを続けていたらいつか落ちて死ぬかもしれない。そう考え、一八歳の時に一緒に登るパートナーを見つけるため入会したのが芳野満彦のGHMJという山岳会だった。山岳会に入ってからはさらに山にのめり込んだ。谷川岳はもちろんのこと、北アルプス穂高岳、南アルプス北岳などの多くの岩壁を登り込んだ。ヨーロッパの岩壁を目指す資金はなかったため、まだ国内に数多く残されていた冬季の未踏ルートを山岳会のメンバーと片っ端から狙った。そして実力を蓄え、ネパール政府が一九六八年にエベレストなど三八座のヒマラヤ登山を解禁したのをきっかけに、彼のダウラギリへの挑戦が始まった。

高橋が最初にヒマラヤで狙ったのが一九七一年に芳野と挑戦し、敗退したダウラギリⅣ峰だった。高橋と芳野が敗退した後も、この山には日本、英国、オーストリアの登山隊が挑戦を続けたが、いずれも失敗した。最終的には一二隊の登山隊が敗退し、一四人もの死者が出たことから、山はいつしか人喰い山と呼ばれるようになった。

高橋にとっても最初の挑戦が失敗したことで、コーナボン谷からダウラギリⅣ峰を登頂することは念願になっていた。彼が後に雪男捜索をともにする八木原圀明と出会ったのも、ダウラギリⅣ峰においてであった。高橋が最初にこの山に挑戦した一九七一年、八木原も群馬県山岳連盟隊の偵察隊員としてコーナボン谷にやって来ていたのだ。翌七二年、八木原ら群馬隊は高橋と芳野が敗退したルートに挑戦。コーナボン谷からグルジャヒマール南東稜を登り、ミャグディマータを越え、コーナボン内院氷河に下り立った。だがそこで隊員のひとりが高山病で急死し、登山は中止となった。

一九七三年、難攻不落のダウラギリⅣ峰を落とすため高橋は八木原と手を組んだ。二人は同人を組織することにし、女性として世界で初めてヨーロッパアルプス三大北壁をすべて登った今井通子《いまいみちこ》など多くの登山家を誘った。高橋は今井の夫を隊長に担ぎあげ、自分は参謀役として副隊長におさまった。名前は今井の夫が東京・高田馬場で経営している登山用品店の店名から「カモシカ同人」と名付けた。

高橋が念願だったダウラギリⅣ峰の登頂を果たしたのは一九七五年一〇月のことである。その長大なルートに対応するため、彼は雨季であるモンスーンのさなかから登山を開始し、雨季が明けた頃に登頂するという物量作戦に出た。九月二日に登山を開始したカモシカ同人隊は、濃霧や雪などの悪天候に悩まされながらも順調に前進し、同一九日、ルートのほぼ中間にそびえるミャグディマータの頂上に到達した。そこからコーナボン内院氷河に下ってキャンプを次々と設営し、一〇月一九日に高橋ら二人が登頂に成功した。ダウラギリⅣ峰は同年春に大阪府山岳連盟隊の二人が別のルートから登頂していたため、高橋らの登頂は初登頂にはならなかった。しかし、初登頂に成功した大阪隊の二人が頂上から下る途中に遭難死したのに対し、カモシカ同人隊は事故もなく最終的には一人もの大量登頂者を生み出した。ルート中に設営した中間キャンプが九つ（現代のネパール側から登るエベレスト登山は通常四つ）にも及んだこの長大な山に、彼らの後に登ろうとした人間は現れていない。登るのが大変なのに、初登頂にもならないダウラギリⅣ峰は、その後は登山の対象とは見られなくなった。

このカモシカ同人隊の成功で高橋はダウラギリⅣ峰に登るという、かねてからの念願を果たした。だが彼が一九七一年に出会ったあの謎は、この登山でもいっそう深まるばかりだったという。

雪男である。

実はカモシカ同人隊の登山の時にも高橋を含めた何人かが、コーナボン谷周辺で妙な体験をしていた。まず登山が始まってから一週間が経った九月八日のことである。隊員の今井通子がキャンプ1の近くの雪面に人間の子供ぐらいの大きさの足跡が無数に残っているのを目撃した。彼女はこの登山の模様をしるした『私のヒマラヤ』の中で、その時の状況を、ピッケルを並べた足跡の写真と一緒に紹介している。

『私のヒマラヤ』と今井本人の話によると、その日、彼女は荷上げのため、ベースキャンプからキャンプ1に向けて出発した。キャンプ1の近くで固定ロープを登っていると、上から何人かのシェルパが駆け下りてきて興奮気味に、イエティの足跡があるので絶対に見たほうがいいと言ったという。

今井が急いで斜面を登ると、キャンプ1の近くに残った二、三〇メートル四方の雪面の上に人間の子供が歩いたような足跡が無数に見つかったという。彼女はカメラを持っていたので、その足跡を写真に撮った。

さらにミャグディマータの山頂からその先に広がるコーナボン内院氷河でも不可解な出来事が続いた。この時のカモシカ同人隊はコーナボン内院氷河にキャンプ5からキャンプ7までの三つのキャンプを設営していた。高橋は一〇月のある日、キャンプ6から五四〇〇メートルのキャンプ5に移ってきた。その時、キャンプ5には他に今井と男性隊員の二人がいた。

コーナボン内院氷河はばかでかい氷の盆地である。奥にある巨大なアイスフォールからはゴゴゴ……と氷と岩がすれる音が常時こだまし、キャンプ地のまわりには無数のクレバスが雪の下に潜む、不気味かつ危険な場所である。昼間はヒマラヤの高所独特の強烈な日差しが氷を温め、至るところに川や池を作りあげるが、夜間に氷点下二〇度前後にまで冷え込むと、それらはガチガチに凍る。

キャンプ5に移って来たその時、高橋は不思議な体験をしたという。天気は良かった。高橋はクレバスのなさそうな安全なところを選び、氷河の上を散歩していた。すると背後から聞き慣れない、クワッ、クワッ、という甲高い鳴き声がこだましてきた。すぐに背後を振り向いたが何も見えない。初めて聞く声だった。しばらくすると、また鳴き声がした。

クワッ、クワッ！　クワッ、クワッ！

テントに戻っても鳴き声は続き、夜になるとその頻度はいっそう増した。この時、一緒にテントにいた別の隊員が猛烈な腹痛に襲われ、高橋と今井が看病に当たっていたが、そんな深刻な場面を茶化すかのように、クワッ、クワッの鳴き声が冷えて乾いたコーナボン内院氷河の夜空に響いていた。高橋はその時一緒にいた今井に、鳴き声の正体をアネハヅルだろうと推測してみせたという。アネハヅルとはヒマラヤ越えで知られる渡り鳥である。高橋は数日前にアネハヅルの鳴き声を聞いていたので、近くに飛んできていることは知っていたし、またもっと下のキャンプにいる他の隊員が実際にアネハヅルを目撃していた。

しかしこの時、聞こえてきたクワッ、クワッの鳴き声は、アネハヅルの鳴き声とは全然別物であった。高橋がアネハヅルだろうと言ったのは、あくまで今井たちを怖がらせないためであって、ひょっとしたら雪男かもしれないと思っていたという。四年前、高橋は同じダウラギリⅣ峰で妙な足跡を目撃していたし、雪男を見たと興奮する芳野の姿も見ていたからだ。

そして登山終了後、高橋の推測を裏づけるかのように、隊員の中の誰かが登山中に、雪男らしき鮮明な足跡の写真を撮っていたことが判明したのだ。その足跡が撮影されたのは、高橋が妙な鳴き声を聞いたコーナボン内院氷河だった。高橋の確信は強まった。コーナボン谷に雪男がいるのはもはや間違いない。

コーナボン内院氷河はまわりを標高六〇〇〇から七〇〇〇メートル級の山々に取り囲まれた、ヒマラヤの高山の奥地にある高所盆地である。唯一ある氷河の出口には巨大なコーナボン大滝が飛沫《しぶき》をあげ、それが生き物の進入を拒んでいる。内院氷河に下り立つにはこの滝を登るか、カモシカ同人隊のようにミャグディマータの山頂を越えなければならないが、現地の住人にそのようなテクニカルな登攀をする能力はないので、これまでコーナボン内院氷河に足を踏み入れた人間は一九七五年のカモシカ同人隊などわずかな登山隊に限られる。またカモシカ同人隊が登ってからダウラギリⅣ峰を訪れた登山隊はない。

つまりコーナボン内院氷河という場所は一九七五年以降に足を踏み入れる人間がいなくなった、いわばアポロ計画以降人類が訪れなくなった月と同じような秘境だといえる。そんな場所でもし本当に人間の裸足に似た足跡が見つかったのなら、雪男の存在を示す強力な証拠となるだろう。コーナボン内院氷河で撮影されたというこの謎の足跡の写真の話を聞いた時、わたしは即座にその写真の正体を確かめなければならないと思った。

この足跡の話を初めて高橋から聞いたのは、捜索隊への参加が決まってから約二週間が経った二〇〇八年四月中旬のことだった。高橋によると、その足跡は、彼が妙な鳴き声を聞いたキャンプ5のすぐ近くで、しかも鳴き声のわずか一日か二日後に見つかったという。それが本当なら鳴き声と足跡の主が同一である蓋然性は非常に高く、それはとどのつまり、そこに未知の動物がいた高い確率を示している。

「足跡を写真に撮ったのは誰なんですか」とわたしは高橋に訊いた。

「誰だろうねえ」と高橋は言った。「直接その場にいなかったから。アネさんに訊いてみれば分かる」

「アネさん」とは隊員だった今井通子のことである。今井はキャンプ1で子供の足ぐらいの足跡を多数見かけたが、高橋によると、彼女の『私のヒマラヤ』に掲載されたピッケルを添えた足跡の写真は、彼女自身がキャンプ1で目撃したその子供の足跡の写真ではないという。誰かがコーナボン内院氷河で撮影した謎の写真を使ったというのだ。今井の本に使われたその写真の足跡は、土踏まずが弓のように湾曲し、形はたしかに人間の足に似ていた。写真を誰から借りたのかを今井に確認すれば、コーナボン内院氷河で足跡を見つけた張本人が分かるはずだ。それから約二週間後、わたしは小田急線沿線にある彼女の事務所を訪ねた。

「今井さんがキャンプ1で見た足跡って大きさはどれくらいでしたか」

「二歳か三歳の赤ちゃんぐらい。一〇センチくらいかな。土踏まずもあって、完全に足の形をしていた。動物って指が長かったりしますよね。そうじゃなくて人間のような……。縦横無尽にたくさんあったんです。食堂用のテントの脇に生ゴミを捨てていたんだけど、その生ゴミのところに来たんだと思う。足跡はみんなそっちに行っていたから」

「写真はどうしましたか」

「足跡は写真に撮ったんですけど、他の隊員がフィルムを感光させてしまったんです。それで写っていなかった」

やはり本に載っている写真は別の足跡の写真のようである。

「そうすると本に載っている写真は？」とわたしは訊いた。

「小松君……」と今井は即答した。「もっと上のほうで」

「だから本に載っている足跡は大きいわけですね」

「そう。わたしが撮ったのは二歳か三歳くらいの子供の足、人間の……」

「小松さんはどこで足跡の写真を撮ったんですか」

「キャンプ7だったと思うけどなあ」

「登山中に小松さんは、足跡のことを何か言っていましたか」

「小松君は写真撮ったよって。あの人は上でルート工作していて、帰ってきて、すれ違うじゃない。その時に、その話を聞いたんだと思う」

今井によると彼女が著書で掲載した写真は、隊員の小松幸三《こまつこうぞう》がコーナボン内院氷河で撮影したものだという。小松が足跡を撮影したというキャンプ7は標高六〇〇〇メートル付近にあり、内院氷河の中でも高い位置にあるキャンプだった。高橋は足跡が見つかった場所をその手前のキャンプ5だと言っていたので、キャンプの位置こそ異なるが、コーナボン内院氷河で撮影されたという点では高橋と今井の話は一致していた。やはり人間が入り込まないはずのコーナボン内院氷河に、人間の裸足のような足跡はあったのだろうか。

しかし、その話を隊の写真整理係をつとめた小椋成人《おぐらしげと》にぶつけると、「そんな話は初めて聞いた」と目を丸くした。

「当時、朝日新聞からフィルムを提供されたので、個人で撮った写真も含めてぼくがすべて回収したけど、そんな足跡はなかった」

小椋と足跡の写真を撮ったという小松とは高校山岳部からの同級生で、この登山の後も一緒にヒマラヤへ遠征したり、酒を飲んだりした仲だったという。

「もし、内院氷河で足跡が見つかったら大騒ぎですよ。あそこは外から絶対に入れませんからね。小松からもそんな話は聞いたことがありません。ぼくも小松も当時は二一歳で一番下のぺーぺーでしたから、クレバスばかりの内院氷河でザイルを解いて、ひとりでうろつくことは考えられない。もし、撮影していたら一緒にザイルを組んだ人も見ているはずです」

　足跡を撮影したとされる小松は、一九八九年に北米大陸最高峰のマッキンリーで遭難している。本当にコーナボン内院氷河に足跡があったのかどうか、それを確かめるため、わたしは当時の隊員に何か知っていることはないか、しらみつぶしに電話でたずねた。足跡が間違いないものであれば、雪男が存在する可能性が自分の中でも高まってくるような気がしたのだ。

　そして、何人目かに電話した宮崎《みやざき》勉《つとむ》から決定的とも思える話を聞いた。

　わたしが足跡について説明すると、電話の向こうで宮崎は、ああ、あの写真ですか、と言った。雪男が存在するかどうかの鍵を今、自分が握っていることに全然気がついていないかのようなあっけらかんとした声だった。

「あの足跡はわたしと小松が一緒に登っている時に見つけたものです」

　ついに見つけた！　そんな興奮から、思わず受話器を強く握りしめ、耳にぐいっと押しつけた。宮崎によると、その足跡は今井が言うようにキャンプ7の下で見つかり、たしかに小松が写真を撮ったという。しかし宮崎はわたしの興奮に気がついたのか、まあちょっと待て、と言わんばかりに一息おいて、かなり断定的な口調でこう言った。

「足跡は雪男とは関係ありませんよ」

「え、どういうことですか」

わたしは彼の言っていることの意味がよく分からず、内心ひそかにうろたえた。本に写真が残っているじゃないか。決定的な証拠があるのに、この人は何を言っているんだろう、と思った。

「あれはただの雪面のへこみだと思います」と彼は続けた。「まわりに似たような跡もなかったし……」

「しかし、今井さんの本の写真を見ると、人間の足跡にしか見えませんが」。そう言ってわたしは食い下がった。

「たしかに写真は結構はっきりしていますね。もっとぼんやりしていた気がするんですが。まあ、あの辺は雪男の話がたくさんありますから、芳野さんの話とか。それで、これもそうかな、なんて冗談で撮ったんです」

写真は宮崎が撮るように言って、小松が撮影したという。まあ彼も冗談好きなところがあったから、と言って宮崎は話を続けた。

「とにかく、あんまりあの写真に引きずられないほうがいい。あれは足跡ではないですよ。決定的なのはまわりに似たような跡がまったくなかったことですね。表面が氷化した雪面でしたから、足跡だったら続いているはずです」

最後のほうは、ほとんどわたしをなだめるかのような口ぶりだった。なるほど考えてみると、写真を撮った小松が高校からの友人である写真整理係の小椋にこの足跡の話をしなかったのも、本人もそれが雪男のものだと思っていなかったからだと考えると話のつじつまは合った。

「結局、雪男は姿が見つからないから、あやふやなものがひとり歩きして神秘的なものになってしまう……」

宮崎は電話の向こうでそんなことをつぶやいた。それはコーナボン内院氷河の足跡をめぐる彼自身の感想なのだろうが、「雪男」という現象全体をめぐる説得力のある総論のようにわたしには聞こえた。後日、宮崎と直接会って話を聞いてみたが同じ内容を確認できただけだった。小松が撮影したという写真のネガの在り処も当時の隊員らに訊いてみたが、結局見つからなかった。

高橋にとって最後となったヒマラヤ登山は、一九八二年に挑戦したダウラギリI峰（八一六七メートル）だった。それまで九隊が挑戦し、どの隊も登れなかったペアールートという難ルートに、カモシカ同人隊の副隊長として八木原らと一緒に挑戦したのだ。登山活動は順調に進み、一〇月一七日、高橋は後に雪男を一緒に探すことになる村上和也隊員らとともに、第一次アタック隊として頂上に向かった。高橋たちは核心部の岩場を越えて標高七九五〇メートル付近まで達したが、そこで酸素ボンベが尽きてしまった。

このまま登っても登頂はできるだろう。だが、余裕を持って下山する時間は残っていない。すでに頂上までの大部分はラッセルしており、途中にあった難しい岩場にも固定ロープを張り終えた。自分たちがここで下りても、最終キャンプ地で待機している第二次アタック隊の他の三人が登頂するだろう。それに、何よりもタバコを持ってくるのを忘れた。タバコがないのに頂上に向かっても面白くない……。

高橋はそう思い、頂上アタックを中止し、村上ら他の二人にも下山を命じた。高橋には自分が登頂することへのこだわりはそれほどなかったという。重要なのは過去の登山隊が敗退したルートを自らの戦略で成功に導くことであり、自分が登頂できなくても他の隊員が登れば、それは高橋にとって勝利を意味した。翌日、第二次アタック隊の三人が登頂し、登山は成功した。

もう、これでいいや。ペアールートが終わり彼はそう思ったという。このダウラギリI峰を最後に高橋はヒマラヤ登山から離れた。なんで山をやめたのですかと訊くと、高橋はいつも、やるところがないだろ、登る山がなくなった、と答えた。高橋が言う「登る山」とは八〇〇〇メートル前後の大きな山で、かつ誰も登ったことのない未踏ルートを指していた。彼にとって登山の魅力とは未知の要素と切り離して考えることができないものだった。未踏峰であればその頂上はどうなっているのか、未踏ルートであればそれがどういうルートで、なぜ多くの隊が登れないのか。それを確認することが高橋にとっての登山だった。

しかし、そのような魅力的な未踏ルートがヒマラヤにはもう少なくなってきたと感じたのだという。ローツェやマカルーといった八〇〇〇メートル峰には巨大で手つかずの岩壁が残ってはいたが、それらはいわば「超人」たちが挑戦すべき人類の最先端を行く究極の課題であり、高橋は自分にそこまでの挑戦権があるとは思っていなかった。高橋の関心は登山から雪男を探すことに移っていった。ダウラギリⅣ峰で芳野が見た雪男らしき動物や、自分が見つけた足跡、コーナボン内院氷河で聞いた甲高い鳴き声……。雪男の謎は放っておくのが不可能なほど高橋を惹《ひ》きつけた。

雪男にはまだ未知のにおいが漂っていた。

高橋が雪男を捜索するようになったのは、ある新聞報道がきっかけだった。冒険家と呼ばれた鈴木紀夫が、高橋が登山で何度も通ったダウラギリⅣ峰コーナボン谷で遭難し、死亡したのだ。高橋が購読していた当時の朝日新聞朝刊社会面は鈴木の死を次のように報じている。

十三年前にフィリピン・ルバング島で元日本兵、小野田寛郎少尉を発見したことで知られる探検家、鈴木紀夫さん（三八）＝千葉市園生町＝が、雪男探しで遠征したヒマラヤ山中で遺体で見つかったことが七日までに、現地に捜索に出かけた夫人の京子さん（四四）からの連絡で分かった。

鈴木さんはヒマラヤの雪男探しのため、昨年九月二十九日、日本を出発。二人のシェルパとともにネパールのダウラギリ四峰（七、六六一メートル）の中腹で張り込みを続けたが、昨年十二月、家族あてに手紙を出してから音信を絶っていた。

このため今年の三月に続いて九月十五日、京子夫人と登山家三人からなる捜索隊が現地に行き、鈴木さんを捜索したところ、九月二十八日、標高四、〇〇〇メートル付近で鈴木さんの遺体を発見した。一人のシェルパも白骨化していたが、もう一人は行方不明。鈴木さん一行が入山した直後の昨年十二月十八日に大雪があったことや、現場に食糧や装備が散乱しているところから、雪崩に遭ったらしい。

（「朝日新聞」一九八七年一〇月八日朝刊）

このニュースに高橋は、やられた！　という、えも言われぬ強い衝撃を受けたという。

実は高橋は一九七五年にダウラギリⅣ峰に向かう途中、ポカラの安宿で鈴木とばったり出会ったことがあった。他の隊員らと一緒に一階の薄暗い食堂で食事をしている時だった。すいません……と、高橋は突然、知らない男から日本語で話しかけられたという。

「日本の登山隊の方ですか」

男は独特のだみ声だった。見覚えのある男だなと高橋は思った。

「鈴木と言いますが……」

名前を聞いて高橋はその男が誰だかすぐにピンときた。

「え、鈴木さんっていったら、ルバング島で小野田さんを見つけた鈴木さんですか」

「そうです」

鈴木が旧日本兵の小野田寛郎を「発見」したのは前年の一九七四年で、当時彼は有名人だった。ただ、その鈴木がなぜヒマラヤに来ているのか高橋には分からなかった。

「ちょっと私用でシェルパとコックを使ってきたんですが、ここで解雇するもんで。よかったら雇ってもらえませんか」

「どこに行ってたんですか」

「コーナボンです」

「コーナボン？　どうしてそんなところに……」

鈴木の口からコーナボンという地名が飛び出したので高橋はよけいに驚いた。コーナボン谷は自分たちがこれから登山のベースキャンプにしようと思っている場所である。ダウラギリのトレッキングルートからも外れており、登山隊以外の一般人が遊びで行くようなところではない。鈴木はいったい、コーナボン谷に何をしに行っていたのだろう……。

鈴木はにやにやしたまま高橋の質問には答えず、話を適当にはぐらかしたという。

「コックがなかなか一生懸命やってくれて、ここで解雇しなきゃいけないんで、日本の登山隊なら雇ってくれるかなと思って」

「いや、しかしうちもスタッフはカトマンズから連れてきているから、新たに雇う余裕はないんです」

「そうですか……」

鈴木はそう言うと、黙って食堂の左隅にある自分のテーブルに戻っていった。結局、鈴木はなぜコーナボン谷に行ったのかまったく話さなかった。

だがあの時、鈴木がコーナボン谷に行っていたのは実は雪男を探すためで、高橋と出会ったのはその帰りのことだったのだ。そのことを、高橋は鈴木の死を伝える新聞を読んで初めて知った。記事には鈴木が六度もヒマラヤで雪男を探していたことも書かれていた。自分が取り組もうとしている雪男の捜索を、彼はたったひとりで六度も続けていたのである。当時のコーナボン谷がどれだけ辺境であるかをよく知っているだけに、その記事の行間から伝わる鈴木の並々ならない決意に高橋は衝撃を受けた。

「死んでから初めて分かったんだ、ニュースになって」と高橋は言った。「雪男探しに行ってたんだ、コーナボンまで。それも六回も……。なんて男だと思った。あんなところはね、行くのは大変なんだ。おれとしては衝撃だったね。そんなバカなことをする男がいるのかという衝撃だった」

鈴木の行動と死に背中を押されるように、高橋は雪男捜索の決意を固めた。

高橋の最初の雪男捜索が実現したのは、鈴木の遭難が新聞で報じられてから七年後の一九九四年のことだった。きっかけを作ったのは「山麓会《さぶろくかい》」という登山家たちの集まりだった。山麓会は、一九八九年に北米最高峰マッキンリーで行方を絶った山田昇《やまだのぼる》ら三人の遭難対策本部に集まったメンバーが中心となってできた会である。山田は八〇〇〇メートル峰に九座、計一二回登頂した世界的なヒマラヤ登山家で、マッキンリーで遭難した三人の中にはコーナボン内院氷河で例の足跡の写真を撮った小松幸三も含まれていた。山麓会の会員には高橋や今回の副隊長である八木原、隊員の村上も名を連ねており、「山麓」と書いて「さぶろく」と読ませる会の名称は、現地から山田らの遭難を伝える第一報が入った三月六日にちなんでいた。

その山麓会の代表を務めていたのは登山家ではなく、国重光熙《くにしげみつひろ》というヨットマンだった。国重も一九七〇年から三年かけてヨット「ひねもすⅡ世号」で世界一周航海を成し遂げた冒険家であるが、登山の世界とはほとんど接点のない人物だった。その国重が登山家の団体である山麓会の代表になった背景には、雪男を探して死んだ鈴木の存在があった。

国重と鈴木は冒険家堀江謙一《ほりえけんいち》を介して知り合って以来、ずっと兄貴と弟分のような親しい間柄だった。その鈴木がコーナボン谷で行方を絶った時、国重は知り合いの登山家深田良一《ふかだりよういち》に、鈴木を捜索してくれる人物が誰かいないかたずねたという。深田が国重に紹介したのが世界的なヒマラヤ登山家である山田だった。山田は鈴木を捜索するためコーナボン谷まで足を運び、それからというもの国重は山田とも親交を深めた。そして山田が遭難して山麓会ができた時、会員の中で最も年長だった国重が代表に推されたのだ。

山麓会の代表となった国重は、親友だった鈴木の遺志を継ぎ、いつか雪男の捜索隊を企画したいと考えるようになっていた。同じように山麓会の集まりでは、高橋が雪男捜索の夢を他の会員らに語っていた。その国重と高橋の思惑が一致して実現したのが、高橋が最初に隊長として率いた一九九四年の雪男捜索隊だった。

国重は当時のことをこう振り返る。

「山田が死んで山麓会ができて、せっかく代表になったのでやりたいことをやろうと。そのうちのひとつが雪男捜索だった。ヨシテル（高橋）から雪男はいますと聞いていたからね。それなら山麓会でやろうと。紀夫は六次までやって死んだから、鈴木紀夫追悼ということで雪男探検をぶちあげた」

捜索隊を率いる高橋は具体的な捜索場所、キャンプ展開などの戦略を立案し、隊員の人選に取りかかった。フジテレビが番組制作を引き受けることになり、資金的な問題も解決した。隊の正式な名称は「1994イエティ捜索隊（鈴木紀夫追悼・第7次雪男捜索）」と決まった。

この最初の捜索隊は一九九四年八月一三日から九月二四日までの四三日間にわたり、現地で捜索にあたった。捜索の対象としたのは、高橋がダウラギリⅣ峰を登るために過去に二回挑戦したグルジャヒマール南東稜の、コーナボン谷側に広がる斜面だった。グルジャヒマール南東稜はミャグディマータから南東に延び、北東側をコーナボン谷、南西側をタレジャ谷に挟まれている。尾根のコーナボン谷側は標高差約一三〇〇メートルにおよぶ広大な斜面となっており、登山家の芳野が見た雪男も含めて、過去に何度かあった雪男の目撃談は常にその周辺で起きていた。高橋はこの斜面を捜索の対象とし、三つのキャンプで包囲することにした。

捜索の時期には夏を選んだ。ヒマラヤの夏はモンスーンの時期にあたり、霧が発生して視界が悪い。それに比べて冬は天気が良く山も雪に覆われるので、雪男を探すなら冬のほうが適しているように思える。それでも高橋が捜索の時期に夏を選んだのには彼独特の持論があるからだった。高橋の考えによると、雪男は冬の間はコーナボン谷下流部に広がる密林地帯に棲息しているという。高山にはエサとなる植物が少ないからだ。だが夏になると、その高山でも雪がとけエサとなる植物が豊富となる。それに加え夏季は、近隣の住人が水牛を放牧させるため標高の高い地域に上がってくるので、雪男の棲息域は下部の密林地帯から標高の高い草木地帯に追いやられる。つまり冬季に捜索しても、雪男は下部の密林にいるため見つからないが、見通しの良い高山の草木地帯に上がってくる夏ならチャンスが出てくるというわけだ。

隊員たちは各キャンプで双眼鏡と単眼鏡で監視を続け、暗視単眼鏡で夜間の監視も行った。また、自動撮影カメラ、自動撮影ビデオ、赤外線感知式ビデオなども持ち込んだ。結局この時の捜索では雪男を見つけることはできなかったが、それでも大きな発見がいくつかあった。

最大の収穫は二つの岩穴を発見したことだった。

ひとつ目の岩穴はグルジャヒマール南東稜からタレジャ谷に延びる小さな支尾根の途中の約四六〇〇メートル地点で見つかった。その岩穴は、ひさしのように覆いかぶさった岩と地面との間に、九枚の平石が立てかけられてできており、人間の手作業がないとできそうにもない不可解な構造をしていた。しかし、そのわりには大きさが高さが八〇センチ、横幅が一四〇センチ、奥行が八〇センチしかなく、人間が利用するには狭すぎた。入口も狭く、隊員は岩をどかし、上半身だけ中に入れて内部の様子を確認した。中は動物園みたいな非常に強い獣の臭いが充満しており、底には少量の枯草が敷かれていたという。何らかの動物が暮らしていたことを示すかのように、その枯草は動物の重みで踏み固められたようになっていた。雪男の推定身長は一五〇センチ、彼らならこの程度の大きさの岩穴でも居住に使えるのではないか。高橋はこの岩穴を雪男のものだと結論づけたくなったが、しかし、明確にそれを示す証拠は何もなかった。

発見から二日後、この岩穴の主の正体を探るため捜索隊は自動撮影カメラによる撮影を試みた。カメラに広角レンズを取り付け、ストラップを岩にひっかけて、レンズが入口に向くように岩穴の内部に設置した。三日後、カメラの様子を確かめるため村上和也が岩穴を訪れた。すると驚いたことに、内部にセットしていたはずの自動撮影カメラが何者かにより地面にたたき落とされていた。岩にひっかけていたストラップは強い力で引っ張られたらしく、へりがボロボロになっていた。フィルムが三コマだけまわっていたので帰国後に現像してみたが、写っていたのはなぜか岩穴の入口から内側を写した写真だった。設置した時は内側から外にカメラを向けていたのに、である。もしカメラを落とした犯人が入口から岩穴内部に入れば姿が写っていたはずだ。だが、そんな写真はなかった。もしカメラが正常に作動していたとすれば、犯人は入口からではなく岩穴の背後のすき間から手か足を入れて、ストラップを引っ張ってカメラを落としたとしか考えられなかった。犯人が何者で、なぜそのような行動を取ったのか、誰にも分からなかった。

もうひとつの岩穴は標高五一〇〇メートル付近で見つかった。一〇人は入れそうな大きな岩穴で、芳野がかつて雪男を目撃した猫耳岩から二〇メートルほどしか離れていなかった。高橋はこの岩穴を見つけたことで、長年悩まされてきたひとつの謎が解けたと思った。芳野と一緒だった一九七一年のダウラギリⅣ峰登山で高橋はルート工作の途中、奇妙な足跡を見つけ猫耳岩の直下で見失った。そして、その約二〇日後にその猫耳岩で芳野が雪男らしき動物と遭遇した。高橋がこの時の捜索で見つけた大きな岩穴は一九七一年の登山で足跡を見失った場所からすぐ近くに存在していたのだ。あの足跡がどこに消えたのかずっと謎だったが、この岩穴を見つけた時に確信したという。

「あの時、イエティはこの岩穴から下におりてきた。そしておれが足跡を見つけた。また、いつの間にか岩穴に帰ってきて、今度は芳野さんが出会った。イエティはこの岩穴を根城にして動き回っていたんだ。これはもうほとんど間違いない」

また、グルジャヒマール南東稜の四九〇〇メートル地点で村上が人間にそっくりの足跡を見つけた。足跡は左足のもので、砂の上につけられていたので輪郭がよく分かったという。長さは一八センチ、人間だとしたら子供の足くらいの大きさしかない。やや扁平足気味ではあるものの土踏まずもはっきりと見分けがついたので、四足動物の前足と後足が重なったダブルプリントである可能性は考えられなかったという。その一メートル先にも同じような左足の足跡が見つかったが、そっちは土質が荒く鮮明度は低かった。その間にあるはずの右足のあたりは岩の地面になっていたため足跡はついていなかった。

この足跡が見つかった現場は、地元の人たちが夏にあがってくるコーナボン谷の放牧地からは遠く離れており、側壁には険しい岩壁が立ちはだかっている。人間の子供が裸足で遊びに来るようなところではない。高橋はこの足跡は雪男のものである可能性が高いと考えた。

捜索は大きな雪崩の発生をきっかけに終了した。九月二二日朝、ミャグディマータ山頂直下の氷河台地が崩壊し、捜索隊のテントのひとつが爆風で一〇〇メートル下まで吹き飛ばされたのだ。撮影機材はほぼ全滅し、フジテレビの撮影隊員もけがを負った。このアクシデントで捜索隊は撤収を余儀なくされた。

高橋が二度目の雪男捜索に乗り出したのはそれから九年が経った二〇〇三年のことだった。前回参加できなかった八木原が副隊長となり、村上も再び隊員として加わった。他に四人の隊員が参加し、さらにテレビ朝日の撮影隊三人と、後半は朝日新聞スポーツ部記者の近藤幸夫が取材で同行した。

高橋はこの捜索で、ベースキャンプの場所を前回のコーナボン谷からグルジャヒマール南東稜を挟んで反対側のタレジャ谷に移した。これまでに見つかった雪男のものらしき足跡はタレジャ谷側に下っているものが多かったので、そちら側も監視する必要があると考えたのだ。捜索隊は大量の自動撮影カメラを持ち込んだ。デジタル一眼レフカメラ七台、赤外線センサーの付いた自動撮影コンパクトカメラ一〇台の計一七台である。

雪男の姿を捕捉するため、捜索隊はこれらのカメラをグルジャヒマール南東稜の約一・三キロにわたる範囲に設置した。時期は前回とほぼ同じ八月から一〇月。八月二九日にタレジャ谷にベースキャンプを設置し、その後、グルジャヒマール南東稜の上に稜線キャンプ、コーナボン谷にコーナボンキャンプと、計三カ所で監視態勢を敷いた。

捜索活動はめぼしい成果をあげられないまま時間だけが過ぎていった。九月二四日、最後の監視活動のためベースキャンプ要員を残し、他の隊員は全員、稜線キャンプに上がった。そして監視活動のまさに最終日にあたる九月二七日に「事件」が発生した。

その日は朝から青空が広がり、稜線キャンプには高橋と村上ら四人の隊員と撮影隊員二人の計六人がいた。隊員らはキャンプ地の近くにある小さなピークに登り最後の監視活動を始めたが、しばらくするとコーナボン谷から霧がわき上がり、午前一一時を過ぎると周辺の視界が閉ざされた。全員テントに戻り、何も成果をあげられないまま捜索活動はこの時、事実上終了したはずだった。

この時ベースキャンプには隊員の古山伸子と朝日新聞の近藤、テレビ朝日の撮影隊である折笠貴カメラマンの三人がいた。午前一一時半頃、シェルパたちから声が上がったので、古山は何が起きたのか様子を確認するため外に出た。シェルパたちの話では、先ほどベースキャンプにやって来た近くの村人が地酒のロキシーを売るため、ひとりで稜線キャンプのほうに登っているのが見えるという。古山が双眼鏡をのぞくと、たしかにロキシー売りの姿が見えた。

その後、昼食を食べ終えた古山は再びテントから外に出た。正午を過ぎた頃だったという。先ほどのロキシー売りがどこまで登ったか、古山はサーダーのハクパにたずねた。「もう見えなくなりましたよ」とサーダーは答えた。「だけど、ロキシー売りが稜線キャンプまで行っても、今はキャンプに誰もいませんよ。だって隊員の人たちはあそこを歩いているんだから」

そう言ってサーダーは遠くの岩場を指さした。

「えー、どこ、どこ」

「あそこ、あそこ」

古山はサーダーが指さす方向に目をこらした。なるほど、隊員と思しき豆粒のような黒い影が一粒、稜線キャンプから五〇〇メートルほど離れた岩場の上を歩いているのが肉眼でかろうじて捉えられた。黒い影が歩いているのは、隊員たちが「カエル岩」と呼ぶ岩場のすぐ下で、古山はそこを二〇秒ほど眺めていた。彼女はその影を隊員だと思い込んでいたので、無線で稜線キャンプを呼び出してみることにした。定時交信以外の時間に無線を開こうと思ったのはこの時が初めてだった。無線に出た村上に古山は言った。

「見えていますよー。稜線を歩いているのは誰ですかー」

稜線キャンプでは昼食の日清ソース焼そばの調理が終わり、隊員たちはまさにこれから一口目を口に入れようとしていた。古山の言葉に全員が、この人は何を言っているんだろうと思った。時が止まったかのようにテントの中は沈黙に包まれ、古山ののんきな声だけが無線から流れていた。

村上の一言が沈黙を破った。

「全員、テントにいますが……」

全員テントにいる？ カエル岩を誰かが歩いているのに？ え、ということは……、カエル岩にいる人影は隊員じゃない！

古山らベースキャンプにいた三人は即座に、現在、緊急事態が発生していることを悟った。その人影の正体がロキシーを売りに行ったさっきの村人である可能性はない。ベースキャンプから人影のいたカエル岩に行くには、途中で稜線キャンプを通らなければいけないから、隊員の誰かが気づくはずだ。

古山はサーダーに叫んだ。

「サーダー、メンバーじゃないって！ どっちに行ったか見て！」

騒ぎに気づいた近藤が一眼レフカメラを片手にテントを飛び出したが、勢い余ってテントの張り綱に足を引っ掛けて転倒した。折笠は撮影のためテレビカメラのレンズを広角から望遠に交換し始めた。だが、レンズ交換をしているうち、現場周辺にはあっという間に霧が立ち込めてしまい、結局、ベースキャンプにいた隊員たちは、カエル岩にいた黒い影を撮影することができなかった。

一方、稜線キャンプにいた隊員も古山との無線で即座に事情を飲み込んだ。テントに戻ったばかりでまだ靴を脱いでいなかった撮影隊のカメラマンがまず外に飛び出した。隊村上ともうひとりの隊員も靴をはき、現場に向かった。高橋も三人のあとを追った。隊員たちは十数分で謎の動物が出現したと思われる場所に到着したが、稜線の上には自分たちの踏み跡以外、動物が歩いたような形跡は残されていなかった。高橋も合流し午後二時頃まで捜索を続けたが、あたりはすでに濃霧に包まれ、その日は何も見つからなかった。捜索が終わってテントに戻ると、ロキシー売りの村人が何も知らずに隊員たちが戻るのを待っていた。

その晩ベースキャンプでは、人影を目撃したシェルパたちへの聴き取り調査が行われた。サーダーともうひとりのシェルパは、見えたのはひとりだけだと答えた。その人影は稜線より下の岩壁の部分を動いていたという。

「四五秒ほど見ていたけど、人影は黒っぽく、四足動物ではなく人間のように歩いていました」とサーダーは言った。

一方、一分以上見ていたというコックのペンバは見えた人影は三人だったと証言した。

「三人がばらばらに登っていました。左の人影は稜線の上にいて、真ん中のはしゃがみ、右側のは左のほうを向いて歩いているように見えました」

後でテレビ朝日の撮影隊員がその人影の現れた現場周辺に立ち、シェルパたちに大きさを比較してもらったところ、その人影は人間よりも背が低かったという。

翌日、再び現場周辺の調査が行われた。カメラマンの折笠がベースキャンプからカエル岩が正面に見えるところまで下り、カメラのモニターに何か痕跡が残っていないか探した。一方ベースキャンプからは、サーダーが稜線の上にいる高橋に人影が見えた場所を無線で指示した。前日に高橋たちが捜索した場所は、実際に人影のいた場所からは少しずれていたようだった。その時、ズームレンズで撮影していた折笠から突然、無線が入った。

「雪の上にトレースらしきものが見えます」

トレースはカエル岩の下のあたりにあった。高橋と別の隊員がその雪面の見えるところまで斜面を下り、岩の下をのぞきこむと、約二〇メートル真下に折笠が言うように雪の斜面に何者かの足跡が点々と続いていた。ひとつひとつの足跡の大きさは目測で長さ二〇センチ、幅一〇センチほどで、三〇センチほどの間隔で合計一三個の足跡が見つかった。かたちの整った楕円形をしていたという。

「朝日が横からあたり足跡は非常にはっきり見えた」と高橋は話す。「四足歩行のダブルプリントだとどうしても足跡にズレが出る。この足跡が二足歩行の動物のものだったことは間違いない」

また稜線を挟んで反対側のコーナボン谷側の斜面でも、下に向かっている足跡が二頭分見つかった。スキー場の上級者コースぐらいの急斜面を、人間のようにかかとを雪に踏み出して真っすぐ下っていたので、それぞれの足跡は二倍の長さに伸びていた。つまりこの動物は前向きに二本足で斜面を下りていったらしい。

だが、尾根を挟んで両側で見つかった、この二カ所の足跡群には常識を飛躍させなければ埋めることのできない奇妙な謎があった。タレジャ谷側とコーナボン谷側の双方で見つかった足跡は、同じ動物の足跡だと考えられたが、なぜか途中で足跡のラインが切れてしまっていたのだ。人影の見えたタレジャ谷側の岩場から、下りの足跡が見つかったコーナボン谷側の斜面に行くには、グルジャヒマール南東稜のどこかを横切らなくてはいけないのだが、その尾根上で見つかるはずの足跡がどこにも見つからなかった。どうやらその動物は雪のない岩が露出しているところを選んで移動し、隊員たちの足跡が残る稜線の上を五メートルほど飛び越して、コーナボン谷の斜面を下りていったようだった。尾根上に並べていた自動撮影カメラも、その付近には設置していなかった。黒い影が登って来た岩壁は険しく、そんな場所を動物が登ることなど事前に想定していなかったからだ。

結局、この捜索でも高橋は雪男の姿を撮影することに失敗した。しかしやはり何かはいるらしい。それが期待されるような二本足で歩く類人動物なのかどうかは分からないが、ユキヒョウやクマとは異なる動物がいるようだ。ここに時折現れ、人間たちをからかうように撹乱するその動物こそ、いわゆる雪男の正体であるに違いない。

高橋の手に追いつめつつあるという感触が残った。もう一度捜索に出れば、今度こそ雪男の姿をとらえられるのではないか。

# 第七章　捜索

## 二〇〇八年八月三〇日　タレジャ谷

二〇〇八年八月三〇日、わたしたちはベースキャンプの設営予定地であるタレジャ谷の源流部へと向かった。チャナカルカのキャンプ地から放牧用の踏み跡を登り、小さな鞍部を越えると、左手に絵葉書のような風景が広がる広大な草原の谷間に出た。踏み跡が草地の斜面をどこまでも横切って続いていた。途中に小さな池があり、無数のカモシカの足跡が池のまわりの濡れた土の上に残っていた。池を過ぎると頭上に広がる雲はゆっくりと厚くなり、次第に細かな雨が降り出した。谷の源頭を形成するカール状地形の草原を横切ると、ブルーポピーや黄色い小さな花、綿帽子など何種類もの高山植物が咲き乱れていた。尖頭状の岩の突起を越え、だだっ広い草原にたどり着く頃、風景は濃い霧に閉ざされた。

白く漂う靄《もや》の中から、白や黄色の高山植物の花々とともに、ひげがぼうぼうに伸びてイスラムの戦士ムジャヒディンみたいに迫力を増した村上和也隊員の顔が、にんまりとした笑みを浮かべて近づいてきた。

「おつかれさま」と彼は手を差し出した。「先頭で来たら霧の中からお花畑が突然現れて、ものすごくメルヘンチックだったのに」

メルヘンチック的語感から遠く隔たったその顔から、フリルのスカートをはいた女の子みたいな言葉が飛び出したので、わたしは思わずたじろいだが、表面上は一応平静を装いベースキャンプ到着を祝って彼と握手を交わした。標高四三五〇メートル。先行していたシェルパたちがすでにテントを立て始めていた。この場所がこれから四〇日以上続く捜索の拠点となるベースキャンプだった。

ベースキャンプから山のほうを眺めると、鋭いミャグディマータの山頂が刃の切っ先のように空に突き出していた。その山頂からグルジャヒマール南東稜の長くて広い尾根がこちら側に延びていた。隊長の高橋好輝や副隊長の八木原圀明が昔、ダウラギリⅣ峰に登頂するために登った尾根である。尾根を眺めて目立つのは、一九七一年に芳野満彦が雪男を目撃したという猫耳岩だった。二つの灰色の岩峰が、なるほど猫の耳のように並んでそそり立っており、その岩峰の間にはなだらかな雪原が棚状に広がっていた。二〇〇三年の前回の捜索隊で二本足の動物が現れたというカエル岩もはっきりと見て取れた。たしかにカエルが今にも飛び跳ねそうな姿に見えなくもなかった。

ベースキャンプがあるタレジャ谷から、グルジャヒマール南東稜を挟んで向こう側がコーナボン谷である。今回の捜索ではベースキャンプの他、グルジャヒマール南東稜の尾根の上に「稜線キャンプ」、またコーナボン谷に「コーナボンキャンプ」、それにベースキャンプの草原台地を二〇分ほど下ったあたりに「タレジャキャンプ」の三つのキャンプ地を設ける予定だった。コーナボンキャンプは、コーナボン谷とグルジャヒマール南東稜の斜面の間にある小さな山の基部につくる計画で、わたしたちはこの小さな山のことをインゼルと呼んでいた。インゼルは標高が高いわりにはエサとなりそうな緑の植物が豊かなので、高橋は近くの住人が放牧に上がる夏の間は、このインゼルに雪男が潜んでいるのではないかと推測していた。

四つのキャンプで巨大な尾根を包囲、監視するという高橋の堂々たる作戦計画は、雪男はインゼルに潜んでいるという仮定から成り立っていた。戦略上、コーナボンキャンプは重要な拠点であり、二つの大きな役割が課せられていた。ひとつはインゼルの基部にキャンプ地を設けることで、インゼルの雪男がより標高の低い密林地帯に逃げ込まないようにする、言ってみれば昔の関所のような役割である。コーナボン谷下流部の広大な密林地帯に逃げ込まれると雪男を見つけることは不可能になるので、入鉄砲に出女ならぬ雪男が下に逃げないように、キャンプ地でしっかり監視するのである。もうひとつの役割は、インゼルにいる雪男を、より見通しのいいグルジャヒマール南東稜のほうに追い立てることである。コーナボンキャンプにいる隊員がインゼルに足を踏み入れることで、気配を察した雪男はおそらく上部に逃げる。緑の繁茂するインゼルはそれらの草木や樹木に視界を閉ざされ見通しは悪いが、上部斜面には草しか生えていないので撮影するチャンスは高まるはずだ。

稜線キャンプの役割はそのグルジャヒマール南東稜に現れる雪男を、高倍率望遠レンズ付きムービーカメラで捕捉することだった。またタレジャキャンプは前回の時のように、タレジャ谷側に雪男が現れる場合に備えて設置された。隊員たちはできるだけテントの中に身をひそめ、グルジャヒマール南東稜の両側の岩と草の斜面に雪男が現れるのをひたすら待ち、仮に姿を現したら、わずかな隙も見逃さずに高倍率ズームカメラでその姿を撮影する。それが今回の捜索のおおまかな全貌である。

わたしたちは望遠カメラに加えて赤外線感知式のコンパクトカメラも用意しており、前回の捜索隊と同じようにグルジャヒマール南東稜上に設置することにしていた。ただ、高橋は前回の捜索隊が自動撮影カメラに依存しすぎたことを反省していた。前回は計一七台の自動撮影カメラを用意したが、最後に現れた謎の動物はカメラとカメラの間をすり抜けてしまった。あれが雪男だとしたら、彼らは険しい岩壁を登るのもいとわないらしく、そうすると雪男がどこに現れるかを事前に予想するのは不可能である。射程距離が短い自動撮影カメラを広大なグルジャヒマール南東稜に一〇台ばかり設置しても、確率の低い地雷みたいなものなので、相当な幸運に恵まれないかぎり雪男の姿を撮影することは期待できない。

また山の中を積極的に動き回って、雪男の棲み処や足跡といった二次的な証拠を探すことも高橋は考えていなかった。過去二回の捜索で怪しい岩穴や足跡などの状況証拠は十分に発見していた。フンの採取を行うつもりも特になかった。前回はある大学の専門家からアドバイスされ、フンの採取キットを用意し、現場で特にそれっぽいフンを九つ選んで標本にして鑑定してもらったが、結果的には何も分からなかったという。雪男のような非現実的な存在を現実世界の生き物として世の中に提示するには、足跡やフンや巣などといった状況証拠をいくら集めたところで反駁の余地は残る。必要なのは直接的な証拠、つまり論理や説明など不要なぐらい鮮明でインパクトのある映像を撮るしかない。そのためにわたしたち隊員に求められたのは、雪男に存在を感知されて逃げられないように、なるべくテントから外に出ず、望遠レンズをのぞきながら黙って監視を続けることだった。

監視活動の主力として期待されたのは自動撮影カメラよりも望遠カメラのほうで、各キャンプにはフィールドスコープ（野鳥観察などに用いられる地上望遠鏡）を取り付けたデジタルムービーカメラと、五〇〇ミリレンズを装着したデジタル一眼レフスチールカメラを用意した。ムービーは三五ミリカメラ換算で最大二〇〇〇ミリ、スチールのほうも同じく九〇〇ミリほどの望遠能力があった。隊員たちは二人一組でローテーションを組み、それぞれのキャンプを五、六日ごとに移動する。キャンプでは、雪男が出没する可能性の高い、例えばカエル岩周辺の岩場のあたりなどをコーナボン谷側、タレジャ谷側の双方から常時監視する。忍耐と我慢が求められる単純作業である。

一回目のローテーションのチーム編成が決まり、村上とわたしが最初に稜線キャンプに上がることになった。最初のチームはキャンプ地を建設するため、装備や食料を大量に運ばなくてはいけない。稜線キャンプに四日間滞在してから山岳ガイドである堤信夫隊員と合流し、三人でコーナボンキャンプに向かうという予定までが決まった。

村上とわたしはベースキャンプに到着してから三日後の九月二日に稜線キャンプに向かった。稜線キャンプまでは標高差にして五〇〇メートルほどの登りである。ベースキャンプからなだらかな草原を登ると、グルジャヒマール南東稜の鞍部に出る。鞍部には高さ一メートルほどの平石を立てたケルンがあった。そこから向かって左手のほうに稜線キャンプ、カエル岩、猫耳岩と尾根は続く。青空の広がる中、わたしたちは分厚い岩が積み重なりできあがったグルジャヒマール南東稜の巨大な尾根をゆっくりと登り、稜線キャンプに向かった。すでに前日、他の隊員たちと一緒に偵察をすませ、稜線キャンプの位置を四七九〇メートルのピークの上と決めていた。そのピークに到着すると、わたしたちは荷物を運んで来たシェルパたちと一緒にスコップで岩や土を掘り起こした。

巨大な岩石が土の下から現れると、岩の割れ目に岩登り用のハーケンをねじ込み、別の岩でそれを打ち込み岩を破砕した。地面を平らにしてテントを立てた後は、近くにブルーシートを広げ、その一番下をじょうごのようにすぼめて、その先に防水加工を施したプラスチック箱を置いた。雨が降ればブルーシートの上を水が流れてプラスチック箱の中にたまる。これが今後一カ月以上続く捜索活動の水場となった。稜線キャンプの水は完全に雨水頼みだった。

翌日は自動撮影カメラを設置するため、わたしたちは稜線キャンプからさらにグルジャヒマール南東稜の上部へ向けて登った。尾根は長い年月をかけて岩が何重にも積み重なったような地質構造になっており、至るところで岩と岩の間に小さな岩穴が見つかった。稜線キャンプから五〇〇メートルほど歩くと例のカエル岩に到着した。タレジャ谷側の斜面をのぞくと、四〇メートルほど下に草の生えた狭い緩傾斜帯があり、そこからわたしが立っている尾根の上に向かってザレた岩溝が続いていた。五年前の捜索で姿を見せた雪男らしき二足歩行の動物は、この岩溝を登り、尾根を横切って反対側のコーナボン谷に下りていったという。さらに登ると、昔、高橋や八木原がダウラギリⅣ峰に登る時に使ったキャンプ1の跡地が現れた。小さな石垣で仕切られたいくつかのテントサイトがあり、三三年前のやきとりの缶詰や固形燃料の箱といったゴミが所々に転がっていた。また尾根の途中の二カ所で人間の子供くらいの足跡らしきものを見つけた。わたしはひどく興奮し写真を撮ったが、液晶画面で確認してみると苔がまばらに生えた土の地面にしか見えなかった。

この日は、村上が一九九四年の捜索隊の時に足跡を見つけた四九〇〇メートル付近まで登った。

「ここにあったんだ」と、村上は岩が風化して砂がたまった地面を指さして言った。全体的に地面は岩の部分が多いので、足跡がつくような砂地の部分はわずかな面積に限られる。そのためその時は左足の足跡が二つ見つかったが、形が明瞭だったのはそのうちのひとつだったという。

「ダブルプリントではなく、指のかたちも分かったんですか」

「もう、はっきりと」

途中の砂利っぽいザレた斜面にはヤギかカモシカの足跡が大量についていた。典型的な獣道であり、この辺は動物園で見かけるおなじみの連中が自由に歩き回っているらしい。有蹄類がうろうろしている現実を見せつけられると、その喧騒の中に雪男が混じっているという図はなかなか想像しにくいものがあった。帰る途中、所々に自動撮影カメラをセットした。一応、雪男が稜線を横断しやすそうな場所を大雑把に選んだつもりだったが、どこに現れるか分からないのでそれほど真剣に検討したわけではなかった。

東京で水道設備工事の、いわゆる「ひとり親方」をやっている村上には、ひとたび何かの作業を始めると止まらない悪癖がある。この日はその悪癖が出た典型的な日だった。テントに戻ってコーヒーで一服しようと思っていたら、村上が調子の悪いテントのファスナーを直し始めたので、わたしはやむなくコーヒーを後回しにした。ギザギザ部分にロウソクを塗り込み、工具で留め具をぎゅっと締めつけると、ファスナーは、数日間だけだが、スムーズに開閉するようになった。それが終わると彼は外のソーラーパネルから赤と青の配線コードを蓄電池につなぎ、その出来に満足すると、まだコーヒーを飲むわけでもなく、よし、外の張り出しを作るかとつぶやいて外に出て行ってしまった。しようがないのでわたしも外に出て、一緒にテントの上に竹竿で作った骨組を渡し、緑色のシートをかぶせて外張りを広げた。テントの中に戻ると、次はなぜか石をゴリゴリと工具で砕き始めた。プロパンガスコンロの部品がなくなって噴出口からガスがうまく出ないので、その代用品を作っているのだという。コーヒーを飲むつもりはまだないようだった。しばらく作業を続けた後、村上は、できたと言って、コンロのガス穴に直径三センチほどの作ったばかりの円形石板をちょこんとのっけた。

「何ですか、これ？」

「これでガスの流れが、まわりの噴出口にいくはずなんだけど」

ガスホースをつなぎコックをひねると、プシューっというガスが漏れてテント内部に充満する嫌な音がした。コンロとホースをつなぎ直すとガス漏れはなくなったが、ブスップスッと不安定な炎しか出なかった。

「風のせいだ。入口を閉めてくれないか」

入口を閉めて、この手作りのガスコンロに火をつける？　冗談だろ、とわたしは不安になった。

「大丈夫ですか、これ」とわたしはたずねた。「ぼくたちは……死にませんか」

「これだけ空気が流れていれば大丈夫だよ」

「爆発とかは……」

「ガスの免許も電気の免許も持っている」

「石の免許は？」

「そんなものはない」

入口を閉めてコックをひねるときれいな炎が出たので、わたしは思わず彼を見直した。ようやくコーヒーが飲めるらしい。

「明日はステイして休まないと死んじゃうよ」と村上は笑った。

「そうしたほうがよさそうですね」とわたしは言った。

翌九月四日から本格的な監視態勢に入った。監視活動は作業と呼ぶのが憚《はばか》られるほど恐ろしく退屈で単調だった。基本的には岩と雪の斜面をただひたすら眺めているだけである。双眼鏡で見つめる先には、ところどころ雪のついた岩の斜面が広がっているだけで、雲の動きの他は変化など何もない。モノトーンの風景をひたすら見続けていると、不思議なもので、時々岩が動いているように錯覚することがあった。凝視すればするほど岩はたしかに動いているように見えるのだが、まわりの景色と照合すると、その位置がしばらく前と全然変わっていないことに気づき、ようやくただの岩だと納得するのである。何か動くものがないかと目を凝らしているものだから、雪男が出てきてほしいという潜在的な願望が目の前のキャンバスに反映されてしまうらしかった。

天気もまたほぼ時間帯ごとにパターンが決まっており、生活のリズムの単調さに拍車をかけた。朝は快晴で始まり気温は氷点下五、六度とそれほど寒さは感じなかったが、午前九時頃になると、猫耳岩の上のあたりで雲が徐々にでき上がり、それから三〇分も経つと、太陽光の熱気で生じた上昇気流に乗り、水蒸気が谷の下からすさまじい速さで上昇する。その結果、昼頃になると稜線キャンプ周辺は濃霧に覆われ視界がほとんどきかなくなった。谷から這い上がって来た霧はいつしか厚い雲に変わり、午後になるとあられを降らせた。そうなると監視は不可能となるので、そこでようやく退屈な作業から解放され、ひそかにありがたみを感じつつテントの中で怠惰に過ごすこと以外に、やることがなくなった。

各キャンプ間は小型無線で連絡をとっていた。定期交信は基本的に朝、昼、夕方、晩の一日四回だった。雪男が姿を見せない限り、天気のことくらいしか話すことはなかったが、時々、日本のニュースがベースキャンプからもたらされることがあった。ラジオで傍受しているイランの英語放送が時々、日本のニュースも流しているのだという。この日は当時の福田康夫首相が退陣し、自民党総裁選が行われるらしいといった政局がらみのニュースがベースキャンプの八木原から伝わってきた。

稜線キャンプにはロキシーを荷上げしていたので、夕飯を食べてから少し晩酌をした。村上の腹には約五センチの銃創みたいな傷跡がある。ロキシーを飲みながら、イスラム戦士のようなひげを生やした村上にその傷跡の由来を訊いた。

「どこのゲリラ戦で受けた傷ですか」

「まあ、大学生の時に北アルプスで……」

彼は大学時代、山岳部に所属していた。他の部員と春の残雪期に長野県の鹿島槍ヶ岳を登頂した時、後ろでバランスを崩した下級生に体を押され滑落したことがあったという。五〇〇メートルほど下の滝つぼで滑落は止まったが、顔が血だらけで目がほとんど見えず、動くことすらできなかった。四日後に山岳部の仲間が救助に来てくれたが、ピッケルが刺さってしまったらしく左の腹が裂けていた。右腕は骨折し、足はひどい凍傷にかかっていたが、生きていたのだという。

一九八二年に高橋や八木原とダウラギリI峰のペアールートに登った時も九死に一生

を得る体験をしたという。八木原とルート工作に出かけた時、雪崩に襲われ二〇〇メートル下まで流されたのだ。止まった時は全身が雪の中に埋まっていたが、体を動かすと右手が出たので、必死で体を掘り出して脱出した。助かったと思い後ろを振り向くと、わずか二、三メートル横に深いクレバスが口を開け、底なしの闇が広がっていた。それを見た時はさすがにぞっとしたという。

「よく不死身だって言われるんですよ」

そりゃそうだろうと思った。わたしも単独でチベットのツアンポー峡谷を探検した時、滑落して奇跡的に生き残ったことがあった。夜中に行動中、腐った木の根に右足を置いてしまい斜面を転がり落ちたのだ。だが奇跡的にも巨木に正面からぶつかり、何事もなかったかのように体は止まった。人の生死に滑落した距離の大小など本質的な問題ではないかもしれないが、それでも何百メートルも滑落して生き残った村上は、たかだか一五メートルほど滑落しただけのわたしの経験をスケールの大きさで圧倒していた。そのスケールの大きさは、そのまま人間としてのスケールの大きさに比例しているような気がして、わたしは思わず彼を見上げた。

「それに加えて……」

まだあるのかと思った。

「高校生の時にバイクで通学していたんだけど、カーブを曲がるとトラックがやって来て、びっくりして道路の穴に突っ込んだ。気づいたらトラックの前輪が……」

不注意による交通事故の話だった。

堤が合流し三人となったわたしたちは、九月六日、稜線キャンプを出発し、コーナボン谷に向けて標高差約一三〇〇メートルの大斜面を下った。五七歳の堤はヨーロッパアルプスやパキスタンのカラコルムなどの岩壁に多くの実績を残すバリバリのクライマーである。ロープを用いたレスキュー技術の分野では日本屈指の腕前で、その手の教則本も何冊か出している。よく地方を回って消防署員らにロープレスキューの技術を講習しているという。

あいにくこの日は朝から濃霧が立ちこめ、小雨がぱらついた。前日の夜はものすごい強風で、テントのまわりを覆ったビニールシートが飛ばされそうだった。天気は次第に悪くなっているようである。わたしたちはザックの中にテントや食器など、コーナボンキャンプを設営するための装備をつめ込んだ。荷物が重いうえ、雨で草が濡れているので、斜面は滑りやすく歩きにくかった。そのうち雨はあられに変わり、湿った重い雪が降り出した。ただでさえわたしたちは滑落の実績が豊富なので、慎重にも慎重を期して斜面を下った。グルジャヒマール南東稜からコーナボン谷に下るこの斜面は、過去に雪男らしき動物が何度も目撃されてきた場所でもある。わたしは重荷にあえぎながらも、足跡などがないか地面に目を凝らしながら歩を進めた。

草の斜面を下り、途中で雪渓がある台地に一台自動撮影カメラをセットした。三回目の捜索で土地勘がある村上がルートを選ぶ。やぶに覆われた細い尾根を下り終えると、雪崩の雪で埋まった大きな雪渓が現れた。この雪渓はミャグディマータ頂上直下にある氷河台地から始まっていた。わたしたちは数日前から、その氷河がひっきりなしに崩壊し、雪崩が雪煙を巻き上げながらこの谷に押し寄せるのを何度も目撃していた。谷は巨大な雪の塊で埋まっていたが、コーナボンキャンプに向かうためにはこの谷を渡らなければならなかった。その時、わたしたちと交代で稜線キャンプに到着した隊長の高橋から無線が入った。

「新しいデブリ（雪崩の跡）が見えます。雪渓を渡ったらすぐに対岸の安全地帯に逃げるように」

氷河が崩壊した時に備え、わたしたちはひとりずつこの谷を渡ることにした。三人が一緒に渡って雪崩が押し寄せてきたら全滅してしまうからである。村上がまず渡り、次がわたしの番だった。堤が後ろから叫んだ。

「雪崩が来たら叫ぶから、荷物を置いて逃げろよ！」

雪渓を渡ろうとした瞬間、頂上のほうで、ゴゴゴー……という、遠くで鳴った雷みたいにくぐもった轟音が響き渡った。霧が濃くて何も見えないが、氷河が崩壊したらしい。

しばらく様子を見たが雪崩は来なかった。崩壊の規模が小さかったのだろう。急いで雪渓を渡った。

コーナボンキャンプの標高は三四五〇メートルである。わたしたちは、かつてダウラギリⅣ峰登山隊のベースキャンプがおかれた広い台地にテントを張った。キャンプ地の近くには、コーナボン谷から一番近いボガラの村人が放牧の時に使う小屋があった。あたりにはワラを細かくちぎり、水を含ませて盛り上げたような黄色いフンがたくさん見つかった。水牛のフンである。まだ新しいところを見ると、ボガラの村人たちはつい最近までこの台地の周辺で水牛を放牧していたようである。

雪がぱらつく稜線キャンプから標高が低くて暖かいコーナボン谷に下りてくると、そこはまるで別天地のように感じた。ベースキャンプでも寒くてやりたいとは思わない水浴びが、暖かいコーナボンキャンプでは可能なのだ。わたしたちは台地を流れる小川で、ヒルに咬まれて血まみれになった衣服をごしごしと洗い、素っ裸になって石けんで全身を洗った。水の冷たさに思わず叫び声を上げたが、水面に浮かび上がった垢の量を見て満足した。村上の顔は汚れが落ちてすっかり白くなっていた。洗顔の前後で顔の色がこれほど変わった人間を見たのは生まれて初めてだった。

コーナボンキャンプに到着した後、わたしたちは二日間、インゼルのやぶの中を歩き回り、雪男の足跡がないか調べてまわった。インゼルに潜む雪男の追い出し作業も兼ねていたが、その存在を匂わすような特別な発見はなかった。その翌日からは監視活動を再開し、テントのそばから動かず、ひたすら双眼鏡で斜面を眺め続けた。相変わらず正午になると霧で視界は閉ざされ午後には決まって雨が降るので、天気の良い午前中が勝負だった。ただコーナボンキャンプに来てからは、夕方に再び晴れることも多く、日が差してくるとテントから這い出し、再び三脚にカメラをセットして山を眺めるのが日課となった。

九月一〇日、その日も何も起こらず一日が過ぎようとしていた。午後五時に青空が広がったので、日没までの残りの一時間、わたしたちは監視活動を再開した。しばらくして単眼鏡をのぞいていた堤が突然、叫び声をあげた。

「何か動くものがある！」

「え、マジっすか！」

三人の間に緊張が走った。監視中に動くものが見えると叫んだ人間は、今回の捜索では初めてだったのだ。わたしは堤の指さす方向を双眼鏡で追い、目を強張らせて凝視したが、斜面には緑が広がるばかりで何も見えなかった。

「稜線の上に角みたいな形の岩があるじゃない。その下のくぼみに入った」

村上が無線を取り、重々しい声で言った。

「稜線キャンプ、感度ありますか。えー、こちらコーナボンですが、ただいま稜線方向に動くものを発見しました」

その動物がどこにいるのか分からなかったので、わたしは堤の隣に三脚を持って行き、ムービーカメラの向きを調整し始めた。雪男はいつ姿を見せるか分からないし、霧に覆われてしまったら一巻の終わりである。焦って撮影の準備をしていると、堤がぼそっとつぶやいた。

「あ、鳥だ……」

「え、鳥？」

がっくりである。よりによって鳥かよと思った。ネパールの国鳥であるニジキジが三羽いて、それがちょうど重なり大きく見えたらしい。ムービーカメラの望遠機能を最大にしてモニターで確認してみると、青く輝くニジキジがわたしたちの気も知らず、草むらで虫か何かを旨《うま》そうにつついていた。村上が無線でその結果を報告した。

「えー、動くものは鳥、三羽と確認しました」

高橋の声が聞こえてきた。

「イエティらしきもの発見との一報、実は鳥とのこと。了解しました」

他にも動物が立て続けに見つかった。稜線のすぐ下で一五頭ほどのヤギかカモシカの群れが草を食《は》みながら歩いていた。ヒマラヤンタールだろうか、オスは黒くて大きく、立派なたてがみを垂らし、メスは白っぽくて小さかった。

無線から稜線キャンプの高橋とベースキャンプの八木原の間のやりとりが聞こえてきた。

「コーナボンからイエティらしきもの発見との一報は、鳥ということで残念でした」。

高橋がそう言うと、八木原が答えた。

「こっちも無線のやりとりが聞こえたんで色めき立ったけど、まあ、そんなにうまくいくものでもないので」

わたしたちはイエティなんて一言も言わなかったのに、ニジキジを見つけただけでこの騒ぎである。この先、いったいどうなるのだろうかと、妙な期待感がふくらんだ。

翌九月一一日、村上、堤、わたしの三人は、ローテーションの関係でコーナボンキャンプからベースキャンプに引き揚げた。昼間からロキシーを飲みながら休養していたある日、堤が村上にたずねた。

「村上さんは何パーセントくらいイエティがいると思っているの」

「八五パーセントはいるんじゃない。前回のはそうでしょ」

「いや、ぼくもいるとは思うんだけど、インゼルはちょっと狭いんじゃないかな」

堤が指摘した疑問は、コーナボン谷に行ってみてわたしも感じたことだった。高橋の言うとおりインゼルは草木に覆われてはいるものの、実際に行ってみると未知の大型哺乳類が棲息できるほどの面積はないような気がした。うーん、と村上が唸った。もし雪男が夏の間も、インゼルではなく、コーナボン谷下流部の密林地帯にいるのなら、コーナボンキャンプは逆に雪男が下流部から上がって来るための進路を塞いでしまっているのではないか。それが堤の感じた疑問だという。

「たしかにそれはあるかもしれないですね」

わたしも堤の意見に同調した。村上が口を開いた。

「九四年に来た時は森の中でラングール猿の群れを見た。大きいよ。人間の子供の大きさくらいある。あの辺はあまり村人も入って来ないだろうしね」

わたしたちがベースキャンプにいる間、天気はさらに悪化し、夜は激しい雷雨が降り続いた。稜線キャンプの近くで落雷があったらしく、避雷針が必要だという話が無線から伝わって来た。とはいえ無線の通信状況は決して良くなく、空が晴れればグルジャヒマール南東稜の向こうのコーナボンキャンプにいる高橋の声まで聞こえるが、濃霧に覆われると稜線キャンプの八木原の声すら聞き取れなかった。九月一四日の夜もベースキャンプの無線の受信状況は悪かった。村上が無線を手にとり稜線キャンプを何度も呼び出したが、八木原からの返事はいっこうに聞こえなかった。いつもなら声は聞こえなくても、ガー、ガーという雑音が入り、相手が無線を触っている様子は分かるのだが、この時はそれすら聞こえなかった。

「心配だなあ。何かあったのかなあ」

堤がさかんにつぶやいた。ここ数日来、夜は雷の音がいっそう激しくなっている。稜線キャンプは小高いピークの上にあるので、まさかとは思うが少し心配ではあった。後から考えると、この時の堤の予感は半分当たっていた。たしかに何かがあったのだ。

稜線キャンプで八木原がおかしな動物を目撃したのである。

稜線キャンプには三日前から八木原と大阪のベテラン登山家大西保が入っていた。八木原がおかしな動物を見たというその日、稜線キャンプでは朝から小雪がぱらつき、それが雨に変わって一日中降り続いたという。キャンプのまわりは濃霧に包まれ、視界はほとんどきかなかった。監視ができないので、二人は一日中テントの中で日記をつけたり本を読んだりしていた。夕方午後五時四〇分頃、その日初めて上空に青空が広がり始めたので、八木原は双眼鏡を首にぶら下げてテントから外に出た。無線でコーナボンキャンプを呼び出してみると、高橋の声が聞こえてきた。

「今日は天気が悪かったけど、晴れてきたので監視を始めました」と高橋が言った。

「こっちは山が見えてきたよ」

グルジャヒマール南東稜を境にしてコーナボン谷側は晴れたが、タレジャヤ谷側はまだ深い雲海に覆われていた。雲は尾根の上まで湧き上がり、強い西日に照らされた。大西もテントから出てきて、その美しい景色をデジタルカメラで撮影し、撮り終わると夕食の準備のためテントに戻った。

まじめに監視でもするか。八木原はそう思い、双眼鏡でコーナボン谷側の斜面を見渡した。斜面の所々には雪渓がまだ残っていた。八木原はカエル岩の下にある雪渓の近くに、丸くて黒い岩が三つか四つ並んでいるのに気がついた。

あれ、あんなところに並んで岩なんかあったかな。

八木原は首をひねった。おかしいな、でも大西さんを呼び出すのはまだ早い。たぶん岩影だろう。もし動き出したらその時に呼べばいいや、とそんなことを考えながら、一分ほどその岩を眺めていたという。すると突然、一番手前の岩影がすっくと縦に長く伸びた。

立ち上がった！

八木原が息をのむのと同時に、その縦に長く伸びた影は向こうにゆっくりと動き出した。見た感じでは影はそれほど大きくなく、背丈は一メートルぐらいしかないように感じたという。影は岩ではないらしい。八木原は冷静になるように自分に言い聞かせたが、濃い霧が手前の小さな沢から湧き上がってくるのを見て焦った。まずい、早くしないとまた撮影に失敗する！

「大西さん、動くものが見えるよ！」と八木原は叫んだ。

大西はすぐにテントから飛び出してきて八木原の隣に並んだ。

「カエル岩の右下に雪が残っている。その向こうの沢の上の草つき尾根！」

「どこや」

「よし！」

二人はテントの外張りの下に、フィールドスコープをつけたムービーカメラを三脚にセットしていた。大西はすぐに撮影の準備に取りかかった。だがその時にはすでに、下から湧き上がってきた霧が影の現れた場所を包みこんでしまった。

八木原は無線で再び隊長の高橋を呼び出した。

「ヨシさん、出たんだよ！」と八木原は言った。

「何が？」

「動くものが見えたんだ！」

「カモシカじゃないのか」と高橋は言った。

「黒くて丸いものが立ったんだからカモシカじゃない」

八木原は興奮気味に、何が起きたのか無線で一時間近くもまくしたてた。コーナボンキャンプにいたカメラマンの折笠が、その話を聞き、影の動いたあたりを暗くなるまで撮影したが、結局その動物の姿をカメラで捉えることはできなかった。

八木原が動く縦長の影を目撃したという現場は、カエル岩のちょうど真下にあたっていた。稜線キャンプから距離にして五〇〇メートルほど離れた、標高四五〇〇メートル付近の草の生えた尾根である。二〇〇三年の前回の捜索隊が二足歩行の動物を見たのも、カエル岩を挟んで反対側のタレジャ谷側の斜面だった。その時、コーナボン谷に下っていたという足跡の行先は、この日、八木原が見た動く影の現れた場所とほぼ一致していた。どうやらその雪男を思わせる動物はカエル岩の周辺を右に左に行き来しているらしい。

わたしたちが雷を心配し、ベースキャンプから無線で稜線キャンプを呼び出そうとしていた時、現場ではこのような緊迫したやりとりが行われていた。ベースキャンプにいたわたしたちがその騒ぎを知ったのは、翌朝になり再び無線が交信できるようになってからだった。八木原の興奮はまだ続いているようだった。

「昨日の夕方、コーナボン側に下る三、四体の個体を発見した」と彼は言った。「あまり大きくはないけど、下る時には縦長に見えた」

無線でやりとりした村上から話を聞いて、わたしも思わず、マジっすかと訊き返した。「双眼鏡で見た」と話しているので、おそらく撮影には失敗したのだろう。撮影に成功していたら、そのように伝えるはずだ。八木原は変に慎重になっていて、雪男やイエティといった言葉が彼の口から出ることはなかったが、「縦長に見えた」とは言っていた。縦長と聞いて、わたしの頭には以前、日本モンキーセンターで見た、二本足で立ち上がるラングール猿の姿が真っ先に浮かんだ。しかしラングール猿は基本的に森林限界より下に棲息しているので、八木原が影を見た場所よりも一〇〇〇メートル下の低地に棲んでいるはずだ。それに、わたしが動物図鑑で仕入れた知識によると、ラングール猿は通常、一〇匹以上の大きな群れをつくるが、八木原の目撃した動物は三、四匹だったという。

シェルパたちも八木原の幻の目撃談をどこからか聞きつけたらしく、その日は珍しくわたしたちの監視活動に興味を示してきた。夕方、空が晴れたのでベースキャンプから山のほうをムービーカメラで監視していると、コックのペンバが近づいてきた。

「イエティ、写真は撮れましたか」

「いや、ガスが上がってきて駄目だったみたい」

「写真が撮れないと駄目ですね。ロキシーサーブはラッキーでしたね」

ロキシーサーブとは酒好きな八木原につけられたニックネームである。日本語に訳すと酒飲み隊長といったところだ。

「昨日の夜は満月でしたね」とペンバは言った。「満月の夜はいろんな動物が神に近づこうとして出てきますね。イエティも出てきやすいですね。でもイエティには幸運な人しか会うことはできませんね」

「でも写真に撮れなかったからなあ……」

「イエティは写真には撮れません。インポシブル。神様だから」

そう言ってペンバは人懐っこい笑みを浮かべた。そういえば芳野満彦をはじめとして、雪男を見たという人間は、なぜかみんな撮影には失敗していた。

翌日、わたしは八木原に話を聞くため稜線キャンプに向かった。キャンプに着くと八木原は発見時の状況を詳しく教えてくれた。

「また作り話って言われちゃう」と八木原は笑った。「前回とまったく同じなんだもん。またガスが上がってきて見えなくなっちゃうんだから。まいったよ。たいていの人は雪男なんて眉唾だと思ってるんだから、また、ウソだろなんて言われちゃう」

「やっぱり目撃した時は相当焦りましたか」

「いや、それほどでもないと思うんだけどねえ。でも、後から考えると焦っていたのかもしれない。双眼鏡のピントもちゃんと合っていなかったのかもしれないなあ」

八木原に話を聞いているうちに重い雪が降り始め、視界は二〇メートルほど先までしか見えなくなった。足跡を確かめるため動物が現れた場所にも行ってみるつもりだったが、この天気ではそれも意味がなくなった。わたしは現場検証をあきらめ、この日下山予定だった大西と一緒にベースキャンプへ戻った。

大西はベースキャンプに到着すると、パソコンを開いて自分が撮影した写真を画面で確認し始めた。八木原が謎の影を目撃する直前に撮った風景写真である。その中にもしかすると、その影の正体が写っているかもしれない。しばらくすると大西が声を上げた。

「これか！」

「何か写ってるんですか」

わたしは大西のところに飛んでいった。パソコンには見覚えのあるグルジャヒマール南東稜の草つき斜面が画面いっぱいに広がっていた。

「これやろ……」

大西が誇らしげに指をさしたその先には、崩壊した灰色の岩石が転がる斜面に豆粒大の黒い点が四つ並んで写っていた。

「おお、本当だ！」

わたしも思わず声をあげた。黒い点の写っている場所は、八木原が目撃したという現場よりおそらく一〇〇メートルほど手前のところだった。そこから移動したところを八木原が目撃したと考えれば時間の経過と位置関係のつじつまは合う、と興奮したものの、しかしすぐに冷静になった。写真に写っている影は小さすぎる。これでは何も証明したことにはならない。というか岩か動物かも分からない……。その時、コックのペンバがテントの入口で大声をあげた。

「あそこに何かいますね！」

「なにっ！」

全員あわててテントから飛び出した。外ではシェルパたちがグルジャヒマール南東稜のほうを指さし、ぶつぶつ何かを言いあっていた。

「あそこ、あそこを登っています」とペンバが興奮気味に指をさして声をあげた。だがすぐに、「……バルーですね」と声を落としてつぶやいた。バルーとはクマのことである。わたしたちの肉眼ではペンバの指さす山の斜面に目を凝らしても何も見えないが、シェルパたちは、バルーだ、バルーだと騒いでいた。五〇〇メートルほど先のグルジャヒマール南東稜の斜面をクマが登っているのだという。恐るべき視力である。最後は大西も堤も双眼鏡でそれがクマであることを確認したが、わたしは望遠レンズを向けて探しているうちにクマが山の向こうに消えてしまい、その姿を見ることができなかった。体長七、八〇センチの子グマだということだった。

テントに戻ると、大西がたった今、撮影したばかりのクマの写真をパソコンに取り込みながら、低い声でつぶやいた。

「この前のもクマだった可能性はあるな……」

「え、そうですか。三、四匹いたんなら、クマってことはないんじゃないですか」

「子グマやで」と大西は言った。「近くに母グマがいたんと違うやろか。今、クマを見ていて思ったのは、斜面を登っている姿を後ろから見ると縦長に見える。それが少し気になった」

「そうそう。それはぼくもちょっと思った」と堤も言った。

その通りかもしれないとわたしも思った。それで納得できてしまったのである。いくら縦長の動物が現れたと盛り上がっても、こうした曖昧な現象はどのようにでも解釈できてしまうため、その場の興奮さえ冷めてしまえば他の動物を持ち出すだけで簡単に説明できてしまうのだ。こうした事実をいくら積み重ねても、雪男が存在することの証明どころか示唆にすらならないことに、わたしは改めて気がついた。

わたしは九月一八日、稜線キャンプに向かった。今度は村上ではなく堤と一緒だった。その翌日の夜から稜線キャンプは大雪となり、雪は次の日の午前中まで続いた。キャンプ地周辺の雪は三〇センチほどの深さになり、捜索開始以来、最大の積雪量を記録した。わたしたちは暗いうちから雪かきに追われ、その日は監視どころではなかった。ただ一面雪に覆われたおかげで、まわりの景色は無機質な岩場の灰色からシミひとつない白色に変わり、監視はいくぶんやりやすくなった。草や土だとどうしても景色が迷彩色になるため、一面白色に包まれたほうが何かが現れた時に見分けはつきやすかった。

ベースキャンプと交信すると、ベースキャンプも夜中に大雪に見舞われたそうだ。食堂用テントが雪の重みでつぶれ、中で寝ていた折笠が全身ずぶ濡れになったという。その折笠が翌二一日に稜線キャンプに上がってきた。その日から彼だけはローテーションから外れ、捜索が終了するまで稜線キャンプでずっと監視活動を続けることになっていた。折笠がローテーションから外れることにしたのは、実は、前回の捜索の時に味わった忸怩《じくじ》たる思いを晴らしたいという気持ちが残っていたからだった。前回の監視活動の最終日、謎の二足歩行の動物が現れたその時、テレビ朝日の撮影隊としてベースキャンプにいた折笠はその動物の撮影に失敗していた。カメラにつけていた広角レンズを望遠レンズに交換しているうち、現場が霧に覆われてしまったのだ。まさか、そんなに早く霧が湧き上がってくるとは思わなかったという。たしかにグルジャヒマール南東稜の上昇気流の速さはものすごいものがあり、谷底にガスが発生したと思ったら、火砕流を逆さにしたかのようにあっという間に尾根の上までやって来る。結果的に考えると広角レンズのまま撮影したほうが、小さくはなってもその動物を映せていたかもしれなかった。

だが折笠の本当の後悔は、撮影に失敗したこととは少し別のところにあった。自分はもしかするとその時、プロのカメラマンとしてベストを尽くしていなかったのではないか、という思いがないでもなかったのである。前回の撮影隊はもともと雪男を探す隊員たちのヒューマンドキュメンタリーを撮るのが仕事だった。その意味では人間を間近から撮影するため、カメラに広角レンズをつけていたのは悪くはない選択だった。遠くの雪男を撮影することが一番の目的ではなかったからだ。しかし撮影に失敗した翌日、現場近くで足跡が見つかったことで、折笠も、ひょっとしたら前日現れたのは本当に雪男だったのかもしれないと思うようになったという。

たしかにあの時、自分は遠くに何かが現れた場合の臨戦態勢はとっていなかった。広角レンズをつけていたのは業務上の選択として誤ってはいなかったが、隊員を撮影しない時は雪男が現れるわずかな可能性を排除せず、カメラに望遠レンズをつけておくのが本当のベストではなかったか。そうしたらあの時、いったい何が撮れていたのだろう。もしあれが雪男だったら、自分がそれを撮影できる一番可能性の高い位置にいたのだ。

今回、折笠が隊員として参加したのも、そうした無念を晴らしたい思いもあったからだという。雪男を撮影するためには、稜線キャンプから狙うのが一番可能性は高い。折笠はそう判断し、自ら別行動を高橋に志願し稜線から張り込みを続けることにしたのである。隊員配置の点から考えても、稜線キャンプにプロのカメラマンである彼が陣取っていれば、雪男が本当に姿を現した時に撮影に成功する可能性は高まるはずだ。

折笠はその日、予定よりも若干遅れて稜線キャンプに到着した。モンスーンはまだ明けていなかったが午前中の日差しは強く、数日前の雪で作った雪だるまが半分とけていた。稜線キャンプに到着すると、折笠が口を開いた。

「足跡があったんですよ」

いつものように折笠は、まるで何でもないことでも話すかのように落ち着いた口調でそう言った。途中で雪男のものらしき足跡を見つけたのだという。ベースキャンプから約三〇分登るとグルジャヒマール南東稜の鞍部に到着するが、その鞍部にある雪の積もった岩の上で、その足跡はひとつだけ見つかったという。

「他に足跡はなかったんですか」とわたしはたずねた。

「うん」。荷物を下ろしながら彼は言った。「あたりをけっこう探したんだけど見つからなかったんだよね。そんなもの見つけちゃったから、他の場所にもあるんじゃないかと思って、あちこち探しながら登ってきた。それで遅れちゃった」

足跡がひとつしか見つからなかった理由としては、周辺の雪がところどころとけて岩が露出していたので、足跡の主がその上を歩いてきた可能性が考えられると、折笠は説明した。

「写真は撮ったんですか」

「撮ったよ」

折笠は無線でベースキャンプの高橋に無事到着したことを伝え、足跡についても触れた。

「マルバス山のコル（鞍部）で、長さが二〇センチくらいの細長い足跡を見つけました。えー、雪には指がひっかかったような跡がありました。おそらく、その動物はコーナボン側から登り、岩の上に片足をのせて、ベースキャンプの様子を眺めたんじゃないかと思います」

「それは面白いと思います」と無線から高橋の声が聞こえた。

「たぶん、今日いっぱいはまだ残っていると思いますが……」

「えー、そうでしょうか。雪の上の足跡はすぐに消えるので、また他のものを探したほうがいいと思います」

　今回の捜索で、高橋が掲げた唯一の目標は雪男の姿を映像の形で撮影することだった。これまでの捜索で何度も見つかっている足跡など見つけても、彼にはほとんど無意味であるように思われた。

　この時折笠が撮影した足跡は、後に捜索を終えてカトマンズに戻った時、世界中のメディアに取り上げられて話題となった。折笠は約一カ月後には日本のテレビ各局の情報番組などに出演し、足跡を発見した時の状況やその他もろもろについて、さんざん質問を受ける羽目に陥るのだが、この時は前日にテントが倒壊した影響で風邪をひいたらしく、ブルブル震えながら、すぐにテントの中にもぐりこんだ。

　その日の夕方の無線交信で、高橋から一〇月七日までに稜線、コーナボン、タレジャの各キャンプを撤収し、全員がベースキャンプに集合するという日程が伝えられた。

「あと二週間ありますので、なんとしてでもイエティの映像を撮るのが目標です」

　それを聞き、わたしはあと二週間しかないのかと思った。いつの間にか日程の半分以上を消化していることに、その時改めて気がついたのだ。時間は予想以上に早く過ぎ去っているが、自分は雪男を捜索していることを、まだそれほど実感していない気がした。

原因はおそらく天気にあるのだろう。濃霧に覆われ監視できない時間が長すぎたのだ。時間はまだたっぷりあると思っていたが、もうそれほどないことに気づき、わたしは少し焦りを覚えた。

九月二三日、堤とわたしは再びコーナボンキャンプに向かった。雪男はいるのかいないのか、二度目となるコーナボン谷での捜索を前に、今度こそ、何か手がかりをつかみたいという思いが強かった。何かがこの世に存在しないことを証明するのは現実的には不可能である。雪男がいないことを厳密に証明するためには、雪男がいるとされるヒマラヤ一帯のあらゆる場所を同時多発的に調査しなければならず、そんなことは不可能だからだ。いわゆる「悪魔の証明」というやつである。だから雪男がいるのかいないのか答えを出すためには、雪男を見つけるしかその方法はないわけで、雪男が存在しないのなら何も手がかりを得られずこのまま捜索は終わるだけである。

本来なら自分としてはそれでもかまわないはずだった。もともと雪男がいると強く信じていたわけではないし、今後の自分の人生で雪男がいなくて困ることなど何もない。わたしには雪男に人生をかけるほどの理由はないし、見つからなかったら、帰国し、やはりそんなものはいないよと、友達に話せばいいだけのことだった。しかし、ここまで関わった以上、何かそれでは気持ちが釈然としないのである。

わたしは自分でも何かを見てみたくなってしまっていた。雪男が本当に現れて、これまでの世界観が壊されたらどうなるのか。高橋をはじめとして、雪男を探す人たちはだいたいみんなそんな目に遭っている。雪男にも興味はあるが、おそらくわたしはその正体よりも、雪男を見た時の人間の反応に興味があったのだ。雪男は本当にいるのだと確信できる何かを見た時、自分はどのような衝撃を受け、自分の中でどのような化学反応が起きるのか。雪男の実在を強く信じていると言えない自分の中でも、パラダイムはあっけなく転換してしまうのだろうか。雪男とは人の意向と無関係に人生を不可逆的な地点にまでもっていってしまう、ある種の暴力的な現象のような気がしていた。世の中には考えてもみなかった体験をして、それ以降、生き方が変わってしまう人間が時々いるが、雪男というのはそうした体験のひとつの典型的な例だろう。

コーナボンキャンプに下りると、テントの脇にたき火用の小屋ができていた。生木を柱にしてブルーシートを屋根にしただけの簡素な小屋だった。コーナボンキャンプではもともと、ガス燃料を節約するため、たき火で食事を作っていたが、その作業効率を高めるために折笠が滞在中に立てたものだった。コーナボンキャンプにいる間、天気は一時的に回復した。キャンプ地はヒマラヤの高山が周囲をとりかこむ盆地地形の底にあるため、太陽光線が照りつけるとフライパンの上で蒸し焼きにあっているように暑くなる。昼間に日が差すと暑さでほとんど思考停止状態に陥るため、わたしはたき火小屋の下に逃げ込んで監視を続けた。何日かすると二人とも日に焼けて顔が真っ黒になった。

コーナボンキャンプに到着してから二日後、ムリの村から来たという三人の薬草採りがわたしたちのテントの前に現れた。ムリはわたしたちがキャラバンの途中、最後に立ち寄った大きな村だ。村人に雪男などいないと言われ、笑われたところである。薬草を採りに来たのは白いシャツを着たひげの男、青いジャンパーの男、赤いシャツをはおった丸顔の男の三人だった。赤いシャツの男は裸足だった。この男の足は、これまで見つかった雪男の足跡とまったく無関係なのだろうかと、ふと、そんなつまらない疑問が頭をよぎった。

三人は小さな鍬《くわ》を持っていた。それで土の下に根を張った薬草を掘り起こすのだという。稜線キャンプから下って来る途中、地面が掘り起こされた場所を何カ所かで見かけたが、それらは彼らが薬草を採った跡だったようだ。薬草は二種類あるらしく、それぞれビタミン剤と解熱剤の原料になるらしい。自宅に持って帰り、洗ってゆでた後、ビニールにパックすると、一キロあたり二四〇〇ルピー（約三〇〇〇円）で売れると彼らは言った。インドや中国で薬の原料として使われるのだという。それはさておき、彼らが雪男についてどう思っているか確かめるため、わたしは質問を始めた。

「バンマンチェ、ツァイナ（雪男はいないのか）？」

「アイ・ドント・ノウ・バンマンチェ」と白いシャツの男が片言の英語で答え、「冬になり気温が下がると同時に、彼らは山を下りるよ」と言った。

「バンマンチェのことか」

「違う、バルーのことだ」

クマなどどうでもいいので、わたしは雪男のことについて質問を続けた。

「バンマンチェ、ツァイナ?」

「バンマンチェは夜に行動する。昼は……、どこかで寝ているんじゃないか」

わたしが何か訊くたび、彼らは苦笑いを浮かべて質問をはぐらかした。キャラバンの途中でムリには立ち寄っていたので、わたしたちが雪男を捜索していることを当然彼らも知っているはずだ。村で雪男などいないと言われた時、この三人がその場にいたのかどうかまでは分からないが、雪男の存在を信じていないのはその様子から明らかだった。彼らは手を振りながら薬草を採るため山に向かった。

午後三時ごろ、三人のうち赤いシャツの男だけが山から下りてきて、再びわたしたちのテントのそばにやって来た。彼は双眼鏡で監視を続けるわたしの隣に座ると、「バンマンチェ、ツァイナ（雪男などいない）」と突然話しかけてきた。何が面白いのか、男はニコニコと笑っていた。もともとそういう顔のようだった。わたしは彼に再び訊いてみた。

「ツァイナ（いないのか）?」

「ツァイナ（ああ、いない）」

「ツァー（いるだろう）？」

「ツァイナ（いないって）」

男はニコニコしながらも断固として自分の意見は譲らなかった。ふざけた表情に似合わず頑固なところのある人間のようだった。男はコーナボン谷の対岸を指さし、何かボソボソ言い出した。何を言っているのか分からなかったが、もしかしたら雪男がいるのは向こうだと伝えようとしているのかもしれないと思い、わたしもそっちを指さして、もう一度訊いた。

「ツァー（あっちにいるのか）？」

「ツァイナ（だからいないって）」

今度は下流のジャングルのほうを指さしてみた。

「ツァー（あっちにはいるだろ）？」

「ツァイナ（いないって言ってるだろ）」

やはりこの男もこの辺に雪男はいないと言いたいようである。ムリの村人の間で薬草採りのエリアがある程度縄張りとして決まっているのなら、この笑顔の赤いシャツの男はおそらく毎年この谷に薬草を採りに来ているのだろう。山を知りつくしている男が、わざわざ雪男はいないと伝えに来た事実の重みを考えると、雪男の存在に否定的な材料がまたひとつ増えてしまったような気がした。彼はニコニコ笑顔を浮かべながら、沢の対岸にある自分のキャンプに戻っていった。

翌朝、再び三人の人間が谷の向こうから手を振りながらやって来た。しかし、テントに近づいてきたのは前日のムリの三人組とは違う男たちだった。ニット帽をかぶった五〇歳絡みの男と、まだ一〇代と思しき若者二人の三人組である。別に呼んでもいないのに、三人はわたしたちのテントの前に勝手にやって来て、おもむろに腰を下ろした。そして年長の男が突然、選挙の候補者みたいな高らかな口調でしゃべり始めた。

「スズキはあの谷で死んだ」と男は言った。「おれが見つけたんだ。スズキの遺体は埋めたが、この辺は雨が多いので、きっと増水でどこかに流されてしまったんだろう」

どこで覚えたのか、なかなか分かりやすい英語を話す男だった。スズキというのは、かつてこの山で雪男を探して死んだ鈴木紀夫のことを言っているに違いない。男は鈴木の遺体を発見し、埋葬したという。こいつはいったい何者だと思った。

「おれたちはボガラから来た。こいつはキルティの息子だ」

キルティとは鈴木の大の親友だったキルティ・ジュグジャーリというボガラの村人のことに違いない。年長者はニコニコと笑みを絶やさず冗舌だが、若者二人は無言かつ無表情、能面のように眉ひとつ動かさなかった。

年長者はサマラル・プンだと名乗った。四六歳だという。サマラルの話を聞き、再び鈴木の話が出てきたことにわたしは内心驚いていた。実はムリの村でも、鈴木の名前が村人の口から出てきたことがあったのだ。元猟師の男に雪男の話を聞いて、そんなものはいないと否定された時のことだった。彼らの話を聞いていて、わたしの頭にはひとつの疑問がよぎった。それは彼らがバンマンチェのことを知っているのはなぜだろうか、というそもそもの部分に関する疑問だった。いないと否定する以上、彼らの頭の中にはバンマンチェという名称を聞いた時に思い浮かべるなんらかの概念があるはずだ。バンマンチェの話をした時に返ってきた彼らの鼻で笑ったような態度から察するに、おそらくそれはわたしたちが思い浮かべるのと同じ類人動物的で、オカルト雑誌が喜びそうなものであるに違いない。彼らにとっては存在しないはずのその動物の概念は、いったいどこから伝わったのか。わたしは彼らの話のその部分に脈絡の断絶を感じ、論理の飛躍を嗅ぎ取った。そしてなぜバンマンチェのことを知っているのか、元猟師に問いただしたのだ。

「昔、日本人が来て、バンマンチェを見つけたという話を聞いたことがある」と元猟師は言った。「ボガラの村人がその日本人から写真を見せてもらったらしい。その日本人は死んだそうだが、彼が見つけたと言い出すまで、バンマンチェの話などわたしたちは聞いたことがなかったよ」

元猟師はそんなことを話した。何を言っているのだろうとわたしが首をかしげていると、横で高橋がつぶやいた。

「鈴木さんだ」

「え、鈴木紀夫ですか」

どういうことだ。わたしの頭は一瞬混乱した。そして瞬間的に、まずいと思った。元猟師の話が本当で、コーナボン谷の雪男の話を村人に広めたのが鈴木紀夫だということになるのなら、雪男などいない村の人間が雪男のことを知っているという、本来断絶し、それゆえ両方同時には成立しないはずであった二つの事実が、見事に橋渡しされ、論理的に成立してしまう。要するにそれは雪男など存在しないことをかなりの確率で意味することにつながってしまう……。

しかしわたしがその時、混乱したのは、雪男が存在しない高い蓋然性を突きつけられたからだけではなかった。鈴木紀夫という強い個性に心を動かされたのだ。たかだかひとりの日本人がいったいどのような行動をとれば、辺境ともいえるこの地域に雪男の逸話を新たに作り出すことなどできるのか。わたしがその時感じたのは、ほとんど感動に近いような驚きだった。鈴木という人間の個性の強烈さに改めて気づかされたのだ。

あの時、ムリの村人は、鈴木がボガラの村人に写真を見せたことで雪男の話は広まったと話した。そのボガラの村人がやって来て、訊いてもいないのに勝手に鈴木の話をし始めた。六度もコーナボン谷で雪男を探し、そして死んだ鈴木紀夫。彼がこのダウラギリの山中に何かを残していることは、どうやら間違いないらしい。

# 第八章　冒険家鈴木紀夫だけが知っている雪男

冒険家と呼ばれた鈴木紀夫が、わたしたちと同じコーナボン谷で雪男を探していたと初めて聞いた時、正直に言うとわたしは、あの鈴木が……という少し複雑な感情を抱いた。それは初めて隊長の高橋好輝と出会った池袋の飲み会でのことだった。

鈴木はフィリピン・ルバング島で旧日本兵の小野田寛郎を発見し、冒険家として一躍有名になった人物である。わたしは大学生の時、鈴木の著書『大放浪』を読んだことがあった。探検部に入部した年の夏休み、先輩からミャンマーに行かないかと誘われ、途中でバンコクの安宿に立ち寄った。そこで、これ読めよと先輩が薦めてくれたのが『大放浪』の文庫本だった。部屋に立ちこめるアジア特有の重たい熱気が手伝ったのか、天井で回る巨大な扇風機のもと、鈴木の冒険譚を夢中で読み進めたことを今でもはっきり覚えている。小野田を発見するくだりでは、部屋の暑苦しさも手伝って文字通り手に汗を握った。すげえよな、こういう旅をしたいだろと先輩が言った。その通りだ、これこそ探検だと思った。

だが、本を読み終わった後に見た鈴木の略歴の最後には、その中身をある意味凌駕《りょうが》する衝撃的な一文が何気なく書かれていた。

八七年、雪男を探しに行ったダウラギリⅣ峰で遭難。

まずわたしは雪男を探して死んだ人間が存在していたことに驚いた。雪男捜索というのはどこかテレビ的で演出先行型の活動であるようなイメージがあり、わたしの頭の中では命をかけるような純粋性とは結びつきにくかったのだ。さらにそれが小野田を発見した人物だったことに二重の衝撃が加わった。鈴木は小野田発見に続く二匹目のドジョウを狙って雪男を探しに行ったのだろうか。『大放浪』には鈴木が登山をしていたとは書かれていなかった。当時、わたしはまだ登山を始めていなかったが、ダウラギリというのがヒマラヤのどこかであることは語感からなんとなく分かった。山の素人が何も知らず、雪男発見という世紀の発見を狙いヒマラヤで遭難したのなら、なんとも滑稽な最期だと思った。この一文の中にわたしは、彼の人生の中に常に漂うどこか哀切めいた雰囲気を嗅ぎ取ったような気がした。

それからわたしは登山を始め、山に関する本を読むようになり、モーリス・ウィルソンという人間がいたことを知った。ウィルソンは一九三四年、当時まだ未踏峰であったエベレストに登頂しようと企てた英国人である。しかし、その計画は荒唐無稽そのものだった。空の知識も登山の経験もなかったのに、エベレスト中腹に小型飛行機で着陸し、そこから単独で山頂を目指そうとしたのだ。彼は複葉機を購入し、実際にインドまで飛んだが、計画がマスコミにばれたためネパール政府から飛行許可を得ることができなかった。そこでチベットに陸路から潜入、仏僧に変装してエベレストを目指した。エベレスト山麓から氷河を登り、標高六九二〇メートル付近まで達したが、最後は「これが最後の努力となるだろう。今度はうまくいきそうな気がする」という日記を残して死んだ。翌年、ノース・コルの付け根で彼の遺体を発見したのは、その一六年後に例の巨大な雪男の足跡を見つけるエリック・シプトンだった。米国のノンフィクション作家ジョン・クラカワーはエベレストの大量遭難を扱った著書の中で、ウィルソンのことを「資格不充分な夢想家」と評している。《登山にも飛行にもまったく無知だという事実は、ウィルソンにとっては大した妨げにならなかった》（『空へ―エヴェレストの悲劇はなぜ起きたか』）

この一文を読んだ時、わたしはなぜだか鈴木のことを思い出した。雪男を探そうと思った鈴木にとって、山など登ったことがないという事実は妨げにならなかったのだろうか。ウィルソンと鈴木との間にはどこか重なり合う部分があるように思えてならなかった。だから高橋から鈴木のことを聞かされた時、「あの夢想家と同じ場所で……」という複雑な気持ちを抱いたのだ。

冒険家と呼ばれた鈴木紀夫は一九四九年四月二五日、千葉県市原市で生まれた。地理が好きで世界地図ばかり眺めていたという少年は、習志野高校を卒業後、六八年に法政大学経済学部二部に入学した。アメリカではキング牧師が暗殺され、日本では三億円事件が発生し、学生運動が異様な高まりをみせたその年に、大学の自由を求める風を肌で感じてしまったのだろうか、鈴木は翌年、両親に赦しを請う手紙を出して突然三年九カ月にも及ぶ世界放浪の旅に出た。

横浜港を出港した時の所持金はわずか七六ドル。二週間経ったら旅の資金はほとんど無くなった。バンコクからインド、イランを経由してユーラシア大陸をほとんどヒッチハイクで横断した。北欧から東欧を回りイスラエルのヒッピー村に長期滞在。売血して旅行資金、というか生きるためのカネを稼ぎ、国境を無断で越えようとして拘置所に放り込まれた。先鋭的ともいえる貧乏旅行だった。

鈴木の名を一躍有名にしたのは放浪の後に行った「小野田発見の旅」である。一九七四年二月、小野田に会うため単身ルバング島にやって来た鈴木は、小野田がよく出没する場所を村人から教えてもらい、そこでキャンプを始めた。キャンプを始めて五日目の夕方、突然、オイッという声がした。小野田が鉄砲を持って鈴木の前に現れたのだ。緊迫したやりとりを交わした後、鈴木が「なぜ、ジャングルから出ないのか」と質問すると、小野田は「自分は上官の命令がないと帰れない」と答えたという。一度、山を下りた鈴木は、小野田の元上官を連れて再びルバング島の密林に戻り、小野田を説得し日本に帰国させたのである。日本政府がいくら捜索しても決して姿を現さなかった小野田を徒手空拳で日本に連れ戻した鈴木は、一躍マスコミに英雄として持ち上げられた。

わたしが本格的に鈴木について調べてみようと思ったのは、高橋から思わぬ話を聞いたからだった。高橋は一九七五年、ダウラギリⅣ峰に向かう途中、ポカラのホテルで鈴木とばったり出くわしたという。しかしその時、鈴木は雪男を探していたとは一言もいわず、ただにやにやと愛想笑いを浮かべるだけだった。高橋は鈴木が遭難死した時の新聞記事を読んで、初めて彼が雪男を探していたことを知ったのだ。鈴木の遺体が見つかったのは一九八七年で、高橋が最初の捜索隊を率いたのが九四年である。高橋の雪男捜索は鈴木の死が契機となっていた。それは雪男捜索隊に参加するわたしにも、鈴木とのつながりがあることを意味していた。

ニュースになって初めて知った。雪男を探しに行ってたんだ、それも六回も……。

高橋の言葉はわたしの耳の奥にこびりついた。たしかに六回も同じ場所に雪男を探しに行くなど、考えてみると尋常な人間のすることではない。『大放浪』の略歴には「六回」という回数までは書かれていなかった。わたしは鈴木の生涯を扱った『冒険家の魂』というノンフィクションなどを読み、彼が一九七五年に雪男の捜索を開始し、その最初の捜索で五頭の雪男らしき動物を見つけたことや、それを写真に撮ったこと、そしてその写真が失敗だったことなどを知った。その後、五回もコーナボン谷に足を運び、最後はおそらく雪崩で死んだことも知った。

鈴木についてわたしが最初に抱いた疑問は、高橋から聞いたポカラでの様子についてであった。なぜ鈴木は雪男を探していたことを、高橋に頑なに話さなかったのだろう。わたしは鈴木のことを書いた雑誌や新聞の記事を集めたが、小野田に関するものはたくさんあっても、雪男捜索に関するものは、彼の遭難時の記事を除いてほとんど見つからなかった。そんな中、唯一、雑誌「平凡パンチ」が「独占取材」として、鈴木本人から雪男捜索について話を聞き出しているのが目を引いた。記事の中で鈴木は雪男捜索について、こう語っていた。

「雪男についても、自分でもある確信を持つようになった。今までだと、運が悪いとあきらめるようなことがあったけど、これからは絶対ちがう。運不運はあまり関係なく雪男を見つける自信がわいてきたよ」

――具体的には？

「人に先をこされると、今までの苦労がパーになるからね。オレ、現実には何回も足跡を見ているしテントの中にいるとき気配を感じたこともある。出る場所もほぼ絞られてきたし……」

――ネパールの、どのあたり？

「さあ、言えないねェ」

――企業秘密ですか……。

「ウフフ、まあそういうこと」

（「平凡パンチ」一九七九年一〇月二二日号）

このやりとりを見て、ああ、そういうことだったのかと思わずため息が出た。鈴木と高橋が出会ったのは、鈴木が五頭の雪男を見た最初の捜索から帰る途中だった。鈴木は自分が見つけた雪男を、高橋に探されるのが嫌で何も話さなかったのだ。このインタビューは高橋と出会ってから四年も経っていたのに、鈴木はこの時もまだ雪男を見たことについて一言も触れず、場所すら明かしていなかった。鈴木の雪男捜索についての記事が少ないのもうなずけた。彼は取材を受けることすら避けていたに違いない。そこには自分が必ず雪男を発見するという強い意志と、誰かがコーナボン谷に行けば先に見つけられてしまうという恐れがうかがえた。その背後にあるのが、雪男はそこに必ず存在しているという揺るがぬ確信であることは間違いなさそうだった。

小野田を「発見」した翌年の一九七五年夏、早くも鈴木は雪男捜索に乗り出している。

そしてその時に五頭の雪男らしき動物を目撃し、それを写真におさめた。『冒険家の魂』などによると、写真に写ったその「らしき動物」は雪男と判別できるような代物ではなかったようだが、鈴木はそのあと五回も単調な捜索活動を続け、そして最後は無残にも死んだ。そのそもそもの原因が写真を撮影した時に彼が手にした確信にあるのなら、たとえそこに写っているものが雪男だと分からないにせよ、わたしはその写真を見てみたいと思った。ひとりの人間の人生を狂わせる何かが、そこに写っているはずだと思ったのだ。

鈴木の妻京子《きようこ》は静岡県御殿場市に住んでいた。二〇〇八年七月中旬、夏の盛りの暑い日に、わたしは彼女の家に向かった。JR御殿場駅を下りると改札の向こうで黒い服を着た小柄な女性が首を伸ばして誰かを探していた。京子さん、と声をかけると、その女性がこちらを振り向いた。京子はすでに六五歳だった。鈴木よりも七つ年上の姉さん女房で、彼のことを今でも「主人」と呼んでいた。彼女は恐縮するわたしを近くの日本料理屋まで案内し、店内に入り厚い紙袋を二つ取り出した。彼女が取り出した資料の中には鈴木の遺稿や、彼の最後となった第六次雪男捜索の計画書といった資料に加え、例の雪男の写真も入っていた。

京子は、これが見たいとおっしゃっていたものです、と言って、ビニールの小さな袋に入ったその写真の束をわたしに手渡した。ビニールの上には紙が貼られており「雪男

写真25枚」と書かれていた。中から写真を取り出すと、そこに写っていたのはただの緑の斜面と、むき出しになった灰色の巨大な岩壁だけだった。しかし、写真の上の「白い点→」と書かれた付箋の先に目を落とすと、まさしく白くて小さな点が写っているのが判別できた。それが鈴木の見た雪男だった。虫眼鏡はないですかと思わず訊いてしまいそうになるほど小さかった。写真を一枚一枚見比べると、白い点は時間の経過とともに移動しているのが分かったので、何かの動物なのは間違いなさそうだが、言えるのはそこまでだった。仮にヤギですと言われたらわたしは納得するだろう。シカですと言われても、ああ、そうですかと言うだろう。しかし、雪男ですと言われても、とても納得できるような代物ではなかった。

鈴木がこの五つの白い点を目撃した一九七五年の最初の雪男捜索とは、はたしてどのようなものであったのか。京子から手渡された遺稿の中に、雪男を目撃した時の状況が詳しく書き込まれていた。

鈴木が最初に向かったのはその後、何度も通ったコーナボン谷ではなく、実はエベレストのあるクンブ地方だった。カトマンズからエベレスト街道の起点となる町に飛び、カルマという名前のガイドと二人で出発、ゴーキョピークという山に続くドゥドゥコシ谷沿いのルートを登った。そのルートは、一九五四年の英国のデイリーメール隊や、一九七一年に元日本テレビ局員谷口正彦が率いた捜索隊と同じ、いわば代り映えのしないオーソドックスな雪男捜索ルートであった。鈴木は氷河の末端にベースキャンプを構え、五五〇〇メートル前後の尾根に登り、別の日には周辺の氷河をつめてそこから双眼鏡で雪男を探した。だが空を飛ぶ猛禽類とその辺を飛び回る小さな虫けら以外、生物の気配は感じられなかった。その後、体調が悪くなったこともあり、わずか一週間ほど滞在しただけで鈴木はそこから下山してしまった。近くの氷河を歩き回り、ちょっとした登山を楽しんだだけで雪男の捜索をあきらめてしまったのだ。

《此には雪男はいない、俺がこんなに苦労して見つからないんだから誰が来ても無理な話しだ。雪男俺は負けたよ》。遺稿にはそう書かれていた。女性のヌード写真を洗濯ばさみでつるし、「これで雪男をおびき寄せるんだ」とはしゃいだというこの時の雪男捜索は、雪男捜索などとはとても言えない興味本位の物見遊山に過ぎなかった。鈴木の雪男に対する最初の意気込みは、はっきり言ってその程度のものだった。それだけにさっさと白旗を上げてしまったこの時のクンブ谷での姿と、死ぬまで雪男を探し続けたその後の執念との間には、埋めようのない落差があるように思えた。その狭間で起きたコーナボン谷での出来事にこそ、その落差を生じさせた原因があるはずだった。

鈴木がその足で再びコーナボン谷に向かったのは、ガイドのカルマからコーナボン谷には雪男がいると教えられたからだった。カルマは一九七三年秋、英国のダウラギリⅣ峰登山隊にコックとして参加し、その時に雪男を見たというのだ。鈴木の遺稿の内容をまとめると、カルマは次のような話を鈴木に語ったという。

……その日は七、八人が腰まで埋まる雪の中をキャンプ1に向かって登っていた。午前一〇時頃のことだ。先頭のシェルパが突然、「イエティだ！」と叫んで逃げ出したんだ。見上げると、三角形の大きな岩の横に雪男が立っていた。おれたちは全員蜂の巣をつついたような大騒ぎとなり、各々勝手な方向に逃げ出した。ただ、ロジャーという名前の登山隊員が、もっていた一六ミリフィルムで雪男の姿を撮影したという。彼は下山中「アイ・アム・リッチ」と上機嫌だったけど、カトマンズに戻ってフィルムを現像してみると、映像はすべて真っ白で何も写っていなかったらしい……。

遺稿によると、カルマの助言を聞き入れた鈴木はクンブ谷からカトマンズに戻り、七月八日に再び出発してコーナボン谷を目指した。現在は観光地となっているポカラの町から徒歩でキャラバンを始め、コーナボン谷に到着したのは七月二一日だった。鈴木は登山隊のベースキャンプ、つまりわたしたちがコーナボンキャンプを設けたインゼルの基部よりも、さらに三〇〇メートルほど登った標高三七五〇メートル地点にキャンプ地を設け、自分の生まれ故郷からそこを「千葉ポイント」と名付けた。グルジャヒマール南東稜の斜面にカルマが雪男を見たという三角形の岩が見えたので、それを「三角岩」と呼んだ。

雪男らしき動物を見たのは、それから約一週間が経過した七月二九日のことだった。

その日は雨が降っていたので、日中はテントで本を読んで過ごしていた。ごろごろ横になりながら午後五時すぎに双眼鏡で外を眺めると、三角岩の左のほうに黄色い点が見えた。あんな場所に岩なんかあっただろうか。なおも眺めていると、その岩が突然動き出した。目を離さずに凝視し続けていると、岩はさらに動いた。《「やった。雪男だ。」と思った瞬間血が頭に逆流してきて体中が小切ざみにふるえ始めた》と鈴木は書いている。

「カルマ、何か動いているぞ」

「どこ、どこ」とカルマがテントから出てきた。鈴木は地面に絵を描き、カルマにその場所を伝えた。

「二つ滝があるな。右のほうの滝の、その右側だ」

カルマも双眼鏡で姿を確認すると、驚いて言った。

「ムーブ！　人間のように立って歩いている」

鈴木は急いでカメラに二〇〇ミリレンズを取り付け、次々とシャッターを切った。カメラは小野田を撮影したのと同じ愛用のニコマートだった。その動物は全部で五頭いた。一番大きな個体が群れから離れ、斜面を徐々に下ってきた。レンズの焦点が合った瞬間、鈴木はその大きな個体の姿をはっきりと確認できた。ソ連の学術探検隊が目撃し、後日、画家に描かせたという有名な雪男の絵を彼は思い出したという。それにそっくりだった。他の四頭は一緒に行動していた。その中の比較的大きな二頭は薄茶色で、残りの二頭は小さくて点にしか見えないが、白いことだけは分かった。

「カルマ、雪男の子供は白いのか」

「ぼくは一五年以上もガイドをやっていますけど、あんな白い動物は見たことがありません」

一番大きな個体は相変わらず、他の四頭からは少し離れて歩いていた。雪男たちは見た目も歩き方もゴリラそっくりだった。胸が厚く肩が盛り上がり、腕は太くて長かったが、尻尾はないようだった。尻尾がないということは、現在知られている動物学的な分類を当てはめると、それはサルではなく類人猿かヒトということになる。体毛は赤褐色で、立ちあがると一七〇センチはありそうだ。これが父親だろう。次に大きな薄茶色の一五〇センチほどの個体が母親で、三番目に大きな個体もメス、白くて小さな二頭が子供だ。この五頭は家族なのだろうか、と鈴木は思った。最初は二本足で歩いているようだったが、注意深く観察してみると四本足で歩いているように見えた。

この時、鈴木は三脚を使わず、カメラのレンズを膝の間に挟んで撮影を続けていた。その場を離れた瞬間に雪男に逃げられるのが怖くて、三脚を取りに行けなかったからである。同時にスチールカメラだけではなく八ミリフィルムも回していた。観察を続けるうち、あたりにかかっていた霧はすっかり晴れ、上空にはきれいな青空が広がり始めた。父親らしき大きな個体は岩の陰に隠れてしまい、他の四頭も稜線の向こうに徐々に姿を消した。時計を見ると午後六時五五分、すでに鈴木は一時間半もその雪男らしき動物を観察していた。チェーンスモーカーなのに、その間タバコを吸うのを忘れていた。

その時、鈴木が撮影したのが、京子から手渡された二五枚の写真だった。目を凝らしてよく見ると、彼が雪男だと主張した豆粒のような点のうち、たしかに最も大きな点が他の四つの点から離れて写っているのが分かった。岩肌の様子を子細に観察してみると、カメラのピントは完全には合っていなかったようである。地図で確認すると、鈴木のいた場所から雪男らしき動物が現れたその地点までは、距離にして約一キロといったところだった。

鈴木の遺稿には、この捜索の帰路のポカラで高橋や八木原らカモシカ同人のダウラギリⅣ峰登山隊と出会ったことも書かれていた。《ヒマラヤン・ソサエティに着いてみると日本人が一八人も宿泊していて空部屋がない。彼らは日本ダウラギリ4カモシカ同人会のメンバーでこれからアタックするという。ポーターの総数一六〇名、全くあせってしまう。大変な事になった。こんなに大勢で行ったら雪男が逃げてしまう。心配事がまた一つ増えた》。ちなみにカモシカ同人隊の今井通子がキャンプ1の近くで人間の二歳児ぐらいの足跡を発見したのは、鈴木が雪男を目撃してからわずか四一日後、距離もせいぜい一キロぐらいしか離れていなかった。

鈴木は《ゴリラだ。雪男はゴリラだ。絶対にゴリラだ》と遺稿に書いていた。クンブ谷で《雪男俺は負けたよ》と白旗を上げた男は、それからわずか一ヵ月半後にコーナボン谷を去る時には、《イエティ、俺は負けないぞ》と決意を新たにしていた。その決意が本物であったことは、彼が六回も、死ぬまで雪男を探しに行ったことからも明らかだった。

「やっぱり絶対いるって信じているのと、自分の思いを貫き通したいんじゃないですか」と京子は言った。

「やっぱり最初に行った時に何か見ちゃったからでしょうか」

「見ちゃったと思うんですよ。主人は雪男だと。他の動物とは違うと。わたしたちには写真しか分からないけど。雪男を信じない人から見れば、単なるシカじゃないのかとか想像できますけど、主人は生の目で動いているのを見たわけですから、長い時間……」

だがそれにしても……とわたしは思った。彼の文章から伝わってくる熱い息づかいと、みじめなこの写真との間に横たわる深い断絶はいったい何なのだろう。間違いなく彼はこの写真を撮ったことで雪男が実在することを死ぬまで信じたはずだ。この写真に写っている豆粒みたいな生き物は確実に鈴木の人生に後戻りできない方向転換を促したのだ。しかし肝心のその写真からは、雪男が実在することを人に信じ込ませるだけの説得力はまったく感じられなかった。写真に写し出された白くてちっぽけな生き物には、自らを雪男であると名乗る資格などなさそうだった。

鈴木にとっても、この写真の失敗は相当に大きなショックだったようだ。遺稿からは、帰国直後の鈴木の意気が高らかであったことが読みとれる。親友ともいえるヨットマンの国重光熙と飲み歩き、雪男捜索隊を二度率いた元日本テレビ局員の谷口正彦に「おれは見つけたぜ。ゴリラだよ。言い伝え通りの赤褐色のでっかいゴリラだ」と言い放ったという。しかし、現像したフィルムを写真屋に取りに行った時、彼のそんな自信は吹き飛んだ。写っていたのは、ただのちっぽけな点に過ぎなかったことをその時になって初めて知ったのだ。《緑の斜面にあの雪男は点にしか写っていない。ぶれてしまって体の輪郭が出ていない。五つの点にしか写っていない。(中略)目の前がくらんで、その場にぶっ倒れそうになるのを必死にこらえたが、よろけて後の壁にぶつかるようにしてよりかかった》と、彼はその時のショックを書き記している。《全身の力が脱け、そうしている事も難儀だった》

鈴木は現像に出した写真屋に訊かれたという。

「あれはシカかよ」

「雪男だ」

そう力なく答えるしかなかった。

しかし彼にはまだ八ミリフィルムが残っていた。彼は家族や国重ら友人を呼び、八ミリフィルムの上映会を開くことにした。鈴木はスクリーンがわりにシーツを広げ映写機を回した。シーツには捜索中に撮影したヒマラヤの白銀の世界が次々と映し出され、集まった家族や知人から歓声が上がった。鈴木は勿体ぶって雪男を映したフィルムを一番最後に上映することにしていた。問題のフィルムが近づくにつれ、その場にいた全員の期待感が高まっていったという。そしてついに鈴木は映写機に最後のフィルムをセットした。世紀の発見を前に全員が固唾《かたず》を飲んで見守った。だがいくらフィルムを回しても、シーツにはただのぼやけた緑色の映像しか映らなかった。八ミリのほうもやはり失敗していたのだ。鈴木は友人の前ですっかり恥をかいた。

《さすがの僕もショックで部屋に閉じこもったまま数日を過した。どうしてこんなぶ様な結果になってしまったのか、悔んでも悔みきれない》

この時の上映会で使用した映写機は鈴木の弟の正人《まさと》（故人）が購入したものだった。富士フイルム社製のその映写機は、わたしが取材で訪れた当時、まだ正人の自宅の押入れに保管されていた。正人によると、鈴木はカメラの扱いが苦手で、この時の映像も見るに堪えないものだったという。

「写真の腕は全然ダメ。小野田さんを探しに行く前に、露出計の見方くらいは教えたんです。上映会での映像も黄色い点が動いているくらいは分かったけど、手ぶれがひどくて……。本人はこれだ、こういうふうに歩いているんだって説明するけど、これはダメだと思った。帰国した時は雪男撮ったぞって自信満々だったから、写真がけちょんけちょんに言われたのがよっぽど悔しかったんだと思う」

ルバング島でセルフタイマーを使い小野田と一緒に並んだ写真は、鈴木のものとしては傑作といえる出来映えだった。それに比べ雪男の写真や映像のみじめさは、小野田の「成功」と雪男の「失敗」という鈴木の人生を凝縮させたみたいであった。

国重もこの時の鈴木の落胆した様子をまざまざと覚えていた。

「紀夫がすぐに来てくれって言うんで、ぼくは初めてあいつの家に行ったのかな。そこで忘れもしない玄関入って横の部屋、ちっちゃな畳の部屋にスクリーン出して……。全然写ってなかった。ぼけぼけ」

国重によると、その場の雰囲気は今にも失笑が漏れそうという言葉がぴったりだったという。

「おれは鼻で笑っていたかもしれないし、バカにしていたかもしれない。あいつとしては絶対喜ばそうと思っていたに違いないんだから。みんな期待外れだったんだろうね。紀夫は絶対に撮ったぞと言って帰ってきてるんだから」

目で見たのとカメラを通して見たのじゃ全然違う、カメラを通すとこんなにボケちゃったけど、おれは本当に見たんだ……。上映会の時、鈴木は集まった人たちにそう必死で説明していたという。

「悔しかったんだろうね。自分が見たものが伝わらない悔しさ」

国重の脳裏に今でも鮮明に残っているのは、鈴木が上映会を開いたその日、近所の神社で秋祭りが開かれていたことである。七世紀に創建されたという飯香岡八幡宮《いいがおかはちまんぐう》の秋の例大祭が、たまたま八ミリの上映会の日と重なっており、その日町には神輿《みこし》が練り歩き、通りには屋台が軒を連ねていた。そんな華やいだ町の雰囲気とは対照的にひとり肩を落とす鈴木の姿、その落差が国重には忘れられないという。

最初の捜索で雪男の姿を見てしまった鈴木は、その後も繰り返しコーナボン谷に向かった。しかしその情熱を理解してくれた人間はまわりにはほとんど誰もおらず、彼の雪男捜索を本当に応援していたのは妻の京子ただひとりだけといっても過言ではなかった。弟の正人によると、鈴木が雪男捜索に行くと言うと、まわりの誰もが、またかと思ったという。

「みんな反対すると思っていたから、最後は理解を求める気持ちもなかったと思う」

国重も、雪男なんてやめろよ、そんなこと、と何度も鈴木に諭したという。「雪男なんてぼくも興味なかったし、紀夫が、また行ってきましたと言うと、ああそう、どうだったの、ダメでしたとか、その程度の会話しかしなかった。彼としては辛かったのかもしれない。全然本気にしてあげなかったから」

鈴木の知人を訪ね回って気がついたことは、彼が雪男捜索の詳しい内容をほとんどまわりの誰にも口にしていなかったことだった。小野田発見のエピソードについてはいくらでも話が聞けたが、雪男に関する詳しいエピソードは京子の口からしか語られなかった。鈴木の魅力は何かとたずねると、知人たちの誰もが人懐っこい笑顔だと口をそろえて答えたが、しかし鈴木が友人たちに雪男の詳しい話をしていなかったという事実からは、悲哀に満ちた彼の裏の表情がちらちらと見え隠れするような気がした。周囲の無理解と無関心に対するある種の冷めた絶望を、彼はその屈託のない笑顔の裏側に潜ませていたのではないか。わたしはどうしてもそんな思いを拭い去ることができなかった。鈴木の雪男捜索は孤独だった。

それでも鈴木が雪男の捜索をあきらめなかったのは、この時の上映会で味わった敗北感を払拭したかったからなのだろうか。そう思わせるほど、上映会での彼の落胆ぶりは、彼の雪男捜索のひとつの象徴的なシーンとしてわたしの心を強く揺さぶった。

鈴木が二回目の捜索を行ったのは、最初の捜索から帰国してわずか二カ月後の一九七五年一一月である。鈴木はこの時の捜索に弟の正人を一緒に連れて行った。前回の写真と動画の失敗を反省し、自分よりカメラに詳しい正人に撮影を担当させようと考えたのである。機材も充実させ、一眼レフカメラ二台に一〇〇〇ミリと五〇〇ミリの望遠レンズを持ち込んだ。二人はカルマを連れて一二月中旬、五カ月前に雪男らしき動物を見た千葉ポイントに到着した。積雪はすでに三〇センチに達し、コーナボン谷周辺は白銀の世界となっていた。鈴木はガイドのカルマと二人で千葉ポイントから移動し、グルジャヒマール南東稜に登る斜面の途中の、標高四三〇〇メートル付近の台地にキャンプを設け、「新千葉ポイント」と名付けた。撮影を期待された正人は年が明けた一月一一日、雪男の姿も足跡も見ることなく一足先に下山した。だが正人が帰国した途端、それまで平穏に続いていた捜索は一転し、鈴木は修羅場を迎えることになった。連日大雪が降り続き、コーナボン谷周辺が雪崩の巣と化したのだ。鈴木は何度も雪崩にのみ込まれ、まさに九死に一生を得て、コーナボン谷から脱出した。

遺稿によると、最初に雪崩に遭ったのは一月一七日午後のことだった。鈴木がいた新千葉ポイントの上の斜面でドドーッという音がし、表層雪崩が発生したという。最初の一発では大きな被害を受けなかったが、午後四時に再び山中で轟音がこだまし、テントは強烈な風と雪に襲われた。カルマは必死で入口をおさえて呪文を唱え、鈴木も雪を跳ね返そうとテントの中でふん張った。だが、頭から雪を浴び目を開けることすらできなかった。

雪崩が去りテントから顔を出すと入口は半分雪で埋まっていた。雪はやまず雪崩は一時間おきに発生した。彼らがいた新千葉ポイントは、一〇〇〇メートル以上にわたり雪崩がいつ出てもおかしくない傾斜の斜面が続く、まさにその中腹にあった。生き残るにはなるべく早くそこから脱出しなければならない。鈴木は死ぬかもしれないと覚悟を決める一方、カルマと下山することに決め、装備をザックに詰め込んだ。二人は夜が明けるのを待ってテントを出発し、雪に埋まって転びながらも必死で山を下り、なんとか千葉ポイントまであとわずかというところまでたどり着いた。しかしその先の小さな谷を渡ろうとした時、鈴木は再び上から落ちて来た雪崩にのみ込まれた。体は完全に雪の中に埋まったが、雪崩が止まり体を揺すると、奇跡的に頭だけが雪の外に飛び出した。雪の圧力で手足は動かなかったが、必死で体を揺さぶりなんとか抜け出した。足がぶるぶると震え、無我夢中で雪の塊が転がるデブリから逃げ出した。

遺稿を読む限り、なぜ鈴木がこの壮絶な体験から生還することができたのか、わたしには理解できなかった。この手記は雪男捜索記というよりも、ヒマラヤの雪崩多発地帯で越冬して生き残った「実験的冒険記」とでも呼ぶほうが適当だった。雪男についての記述はわずかで、雪崩におびえる鈴木と泣いてばかりのカルマの様子に文章のほとんどが割かれていた。当時、鈴木にまともな登山経験がなかったことを考えると、彼がこの時陥った窮地は山や雪に対する無知から生じたという側面は、たしかにあったであろう。しかし、この出来事で鈴木は雪崩の恐ろしさを骨身に沁みて理解したに違いない。鈴木は一九七七年六月から九月に第三次捜索、七八年二月から六月に京子との新婚旅行を兼ねた第四次捜索、八〇年六月から一〇月に第五次捜索を行ったが、第二次捜索で雪崩の恐怖を体験した後は、いずれも冬を避けていた。鈴木は雪崩を恐れていたのだ。

鈴木の雪男へのいれ込みぶりは、例えば同じコーナボン谷で雪男らしき動物を見たというカメラマンの尾崎啓一《おざきけいいち》と比較すると、より鮮明になるかもしれない。

尾崎がコーナボン谷に向かったのは一九七四年三月から四月だった。鈴木が最初に訪れるほぼ一年前のことである。元日本テレビ局員の谷口正彦が隊長をつとめる第二次雪男捜索隊の隊員としてコーナボン谷に行ったのだ。この遠征隊は、まずネパールの八〇〇〇メートル峰であるアンナプルナ周辺で捜索を続けた後、二チームに分かれ、谷口隊長はエベレストのあるクンブ地方に、一方尾崎はコーナボン谷に向かった。尾崎によると、彼らが捜索地域としてコーナボン谷を選んだのは、雪男の目撃談や足跡の発見報告が当時相次いでいたからだという。

一九七〇年代前半、ダウラギリ周辺では雪男らしき足跡やおかしな現象の報告が相次いでいた。芳野満彦が雪男を目撃する一カ月前、ダウラギリV峰を目指していた長野県の県稜山岳会が標高五五〇〇メートルのアイスフォールで妙な足跡を発見。翌年九月には西面からダウラギリⅣ峰に挑んでいた日本岩登協会隊の隊員が五七〇〇メートルのキャンプ2で就寝中、ウオーというものすごい鳴き声を聞き、翌日足跡を見つけたという話があった。

尾崎らは三月二五日、ミャグディ川とコーナボン谷の合流点にあたるドバンという放牧地に到着した。ボガラの村からミャグディ川を上流に向かって一日歩いたあたりである。捜索隊はここにベースキャンプを設け、翌年に鈴木が千葉ポイントと名付けたコーナボン谷の三七五〇メートル地点に前進キャンプを設けた。ガイドは翌年から鈴木とコンビを組むことになるカルマだった。

尾崎はこの時の捜索で三度も雪男らしき動物を目撃したという。最初に見たのはドバンから前進キャンプに向かう途中の、コーナボン谷の標高三二〇〇メートル地点だった。七〇〇メートルほど離れた対岸の岩場に、褐色の影が二本足で立っているのを見たという。二回目も同じ岩場に現れ、その時は七、八頭の動物が二本足で立ったり座ったりしているのを目撃し、それを写真に写した。三度目は前進キャンプからで、正体不明の動物がグルジャヒマール南東稜の斜面の雪の上を素早く動いているのを目撃したという。この三度目の出来事は鈴木が一年後に雪男を見た場所や、わたしたちが捜索対象に絞り込んでいるのとほぼ同じところで起きた。

わたしはネパールに出発する一カ月ほど前に尾崎の自宅を訪れ、コーナボン谷で目撃した生き物について現在どう思うかを彼にたずねてみた。尾崎は意外と慎重な物言いで、その話しぶりは歯切れが良いとはいえなかった。

「岩場で見たのは七、八頭で、雪男の家族がくつろいでいる雰囲気だった」と尾崎は言った。「歩いているのも立っているのも座っているのもいたよね。ゴリラっぽく見えたのもあるけど、シカの可能性も考えられると思う。四足動物が急な岩場をよじ登るところを後ろから見ると、二足歩行に見えることもあるから」

彼は自分の写真が掲載された角川書店の雑誌「野性時代」（一九七四年八月号）のグラビアページを見せてくれたが、そこには岩場の上で見た動物の影の写真と、後日同じ場所に立ってみた二人の登山家の写真が一ページずつ並んで掲載されていた。その動物の背の高さは登山家の半分くらいしかなかったが、そう言われてみると二本足で立っているように見えなくもなかった。わたしがそう伝えると、「そうでしょう」と尾崎は言った。「もっと望遠レンズのいいのがあれば、もう少しね」

彼はうれしそうに少し声をはずませた。

「八ミリの映像のほうも見よう」

そう言って尾崎はビデオテープをデッキにセットした。テープには、その時の捜索隊の映像をもとに制作された九分間の短い映画が録画されていた。夏休み期間中に新宿伊勢丹で開かれた「雪男探検隊展」で上映されたものだという。スタートボタンを押すと、昔のニュース映画をほうふつとさせる暗いが抑揚のきいたナレーションがバックに流れた。

……謎の雪男を求めて一行はヒマラヤのダウラギリ山系に至った。ここは数々の登山隊が雪男の足跡や姿を見ていた……。そんな山奥に村があった。ボガラの村だ。おじいさん、雪男を見たことがあるかねと訊くと、見たもなんもこの辺にはうじゃうじゃいるわい……。

夏休みの子供たちに見せるためか、映画は少々大げさに作ってあるらしかった。クライマックスは前進キャンプから撮影したという、グルジャヒマール南東稜の雪の斜面を横切る動物の影だった。小さな黒い点が素早く雪面の上を動き、亀裂を飛び越えた。速いっすね、とわたしは思わず唸った。クマじゃないっすか、という言葉がのどまで出かかったが、なぜか口に出すのをためらった。最後にジャーンと効果音が鳴って映画は突然終わった。

「自分が見たものは雪男だと思いますか」とわたしはたずねた。

「……かもしれない」と尾崎は言った。「撮った瞬間は雪男だと思っているけど、冷静に考えるとクマかもサルかも鳥かもしれない。やっぱりもっと正確な映像じゃないと分からない」

「今でも雪男はいると思いますか」

「……まだいると思う」

尾崎は自信がなさそうな小さな声で答えた。

彼が教えてくれたメールアドレスには「ｙｅｔｉ」の4文字が躍っていた。それを見た時、尾崎にはまだ雪男に対する未練があるなとわたしは思った。しかしそうであるならば、鈴木のように、尾崎も雪男の実在を証明すべく捜索を続けるべきではなかったか。それとも尾崎が普通で鈴木が異常なのだろうか。なぜ尾崎は捜索をやめたのだろうか。いや、やめたというのは語弊があるかもしれない。彼は一九九八年にヒマラヤの八〇〇〇メートル峰カンチェンジュンガの周辺で雪男捜索を行っている。だがそれは捜索と呼べるような本格的なものではなく、郷愁めいたトレッキングに近いものだったと彼自身が説明した。

尾崎は鈴木と何度か会ったことがあり、鈴木は雪男を写した例の写真を持ってきたこともあったという。

「鈴木さんは、なぜ六回も行ったんでしょうか」とわたしは訊いた。

「写真撮ってかなり確信を持ったんじゃない。雪男だと思うって言ってた。もうほとんど執念だよね。ぼくはそこまでじゃなくて、でも心の底のかたすみに依然として興味は持っているけど、そんなにのめり込むほどじゃないってことだよね」

尾崎の家を訪れてから数日後、わたしは国立国会図書館に行き、尾崎が見せてくれた「野性時代」の記事をコピーした。そこに彼は力強く書いていた。《私は見たのだ！　褐色のシルエット。急峻な岩場に二本足で立つ者。逞しく盛りあがった肩。あれがイェティでなくて何であろう……》

鈴木は三回目の捜索を行った後の一九七八年二月に京子と結婚した。翌七九年六月に長男、八三年六月に長女が生まれると、彼は雪男の捜索から一度遠ざかった。それまで五回も探したのに成果は挙がらず、最初に簡単に姿を現してくれた雪男は、その後まったく彼の前に出てくる気配はなかった。東京・表参道に開いていたはやらない喫茶店はすでにたたみ、鈴木は土木会社の正社員となって働いていた。子供が二人できてアパートが手狭になったので、千葉市内で安く売りに出されていた一戸建てを、二五年のローンを組んで購入した。絵に描いたような親バカで、子供と一緒に過ごす平凡な幸せにひたった。

なんとか自分で雪男を見つけたいけど、おれも年だし、自分じゃなくてもいい。誰か見つけてくれねえかなあ。

それまでの鈴木からは想像もできないようなそんな言葉を、彼は京子の前で何度か漏らしたという。「子供ができて雪男探しがしんどくなったんじゃないでしょうか」と京子は当時の鈴木の心境を振り返った。

国重にも、鈴木にとって雪男の捜索が重荷になっているように見えたという。もう決着をつけたい……。そんな焦りにも似た感情を鈴木は吐露していたという。一緒にぶらぶらと世界を放浪した仲間も、今では会社を興すなどしてまっとうな社会的地位を築いていた。それに比べて鈴木は家族を抱えているにもかかわらず職を転々とし、腰も定まらず、まだ雪男に後ろ髪を引かれていた。最後に悲壮感がにじんでいたのはそんな理由があったのかもしれない。

鈴木は雪男に、あるいは自分の人生に決着をつけるため、最後にもう一度コーナボン谷に旅立つことに決めた。テレビ関係の会社を経営している国重の仲介で、ＴＢＳが遠征費用の一部を捻出してくれることになった。また、ソニーから一〇〇〇ミリの望遠レンズを取り付けられる試作段階の八ミリビデオを借りることもできた。自分の遠征中に家族が生活に困らないよう一〇〇万円ほどの生活資金を残しもした。

ただ一方で彼はこれまでには見せなかったような不安な表情やしぐさを家族や友人に見せてもいた。捜索に旅立つ数日前のことである。鈴木は放浪中に一緒だった古い友人の会社に突然、手相を見てくれと現れたことがあったという。おれ、今回やばいと思うんだ……。鈴木はその友人にそうつぶやいたという。その友人は昔から手相を見るのが好きで、放浪中にも何度か鈴木の手相を見てやったことがあった。気にすることはない、と友人は励まし鈴木を見送った。

弟の正人が最後に兄と会ったのは、出発する一週間ほど前のことだった。二人で行った第二次捜索の時に使用した羽毛の寝袋を借りるため、鈴木は長女を連れて正人の自宅にやって来た。

「とにかく暗くて会話がはずまなかった」と正人はその時の兄の様子を振り返る。「何か言いたそうだったけど、結局訊けなかった。ただ心配はそれほどなかったんです。二回目の時にあれだけ雪崩に遭ってるから、当然、雪が降ったら逃げると思っていた。後から考えると、よっぽどの覚悟があったのかなと思う」

鈴木が日本を出発したのは一九八六年九月二九日だった。一一月一三日にコーナボン谷で書いた最後の手紙が、その一カ月後に京子のもとに届いている。

ナマステ、京子ちゃん、そして俺の大陸、チータンみんな元気でいる事と思います。こちらは11月1日例の雪男見張り台へ到着しました。翌日には雪男の足跡を発見、長さ20㎝位、歩幅は60~70㎝位で平地を普通に歩いている感じ。こっちはといえば一歩一歩ヨタヨタヨチヨチ歩幅20~30㎝。案の定あいつも油断していてあの斜面をのんびり横切っています。ただし1週間ほど前のものでこの時点で短期決戦はあきらめました。長期戦の覚悟を決めました。この広大なダウラギリ、グルジャの山群で再び此へ現われるのはいつになるのか、1ヵ月先か、それとも半年先なのか。とにかく今年はきっといい年であろうと想像していた通りヒマラヤへもこれましたし、12月一杯は頑張ってみようと思います。そして今回の発見は12年前5頭の雪男が消え去った同じ峰へまたも足跡が続いていたという事です。この峰こそ彼らの通り道です。ここに自動カメラを設置できればいつの日か必ずあいつらの写真が撮れることと思います。（中略）今さらながらに私の愛するたった1人の女性京子ちゃんとのハネムーンは楽しいものでした。ここまでの道中、いつもあの新婚旅行で歩いた道すがらを京子ちゃんの思いがついてまわります。ここを2人手をつないで歩いたっけ。ここで病気になって寝たっけ。（中略）みんなみんな京子ちゃんの楽しい思い出が浮んできて胸が一杯になります。あれから8年、思い通りに京子ちゃんを幸せな生活にさせてあげられませんでしたがとにかく雪男、子供の時からの夢だったこいつをやりとげんことには死ぬにも死ねないんです。どうか私の心中も察して下さい。――（後略）

この手紙を最後に鈴木からの連絡は途絶えた。

翌年二月、国重は友人の登山家深田良一に鈴木の捜索を依頼した。深田が捜索のために派遣したのは、すでに八〇〇〇メートル峰を六座も登頂し、ヒマラヤ登山家として名を馳せつつあった山田昇と、そのパートナーの斎藤安平《さいとうやすひら》（後にアンナプルナI峰で遭難）だった。三月一五日にネパール入りした山田らは同二六日にコーナボン谷に到着した。周辺の谷筋が雪崩で完全に埋まっていることを確認した二人は、その現地の状況と、前年一二月一八日にネパール全土が悪天に見舞われたことなどから、鈴木がその時期に雪崩に襲われて死亡したと結論づけ、京子と国重に報告した。遺体が見つかったのはその年の秋のことだった。鈴木の遺体を捜索するため京子と深田、そして斎藤ら四人が九月に再びネパールに足を運んだ。そして斎藤がシェルパやキルティ、サマラルらとともにコーナボン谷に向かい、すでに一部が腐乱し白骨化していた鈴木の遺体を発見した。日本の遺族のもとには、深田から国重を通じて遺体が見つかったという連絡が入った。

報告を受けた国重は鈴木の実家に電話をかけた。電話には鈴木の母つね子が出た。

「お祭りがあるから、今日は家にみんな来てますよ」

受話器の向こうでそう話すつね子の声を聞き、また、お祭りか……と国重は思ったという。鈴木が雪男を見つけたとはしゃぎ、上映会を開いたあの日も、たしか秋祭りの日だった。その時の肩を落とした鈴木の姿を国重は思い出した。

一方のつね子も、翌日から始まる飯香岡八幡宮の秋の例大祭の準備のため、その日は大忙しだった。赤飯に色をつけるため、小豆をゆでた汁を庭で何度もかき混ぜていた。そこに国重から電話がかかってきたという。

低く沈んだ国重の声が受話器に響いた。

「紀夫の遺体が見つかったみたいです」

つね子にとってそれは思いもよらない知らせだった。行方が途絶えても紀夫ならどこかで生きているのではないか、国境を越えてネパールからチベットにでも潜入しているのではないか、そう思っていたのだ。当時、旅行が難しかったチベットへ行くことは鈴木の夢のひとつだった。つね子は息子の生存にまだ望みをつないでいたが、国重からの電話でその望みも断たれてしまった。

「……はい、分かりました」

つね子はそう一言つぶやいて、あとは聞いとくれ、と実家に帰ってきていた正人に受話器を手渡した。そして祭りのために玄関の脇に立てていた提灯の火を消し、それを家の中にしまった。

鈴木の雪男捜索は祭りに始まり、祭りに終わった。

二〇〇八年七月下旬、わたしは鈴木の母つね子に会うため、千葉県市原市の自宅を訪れた。彼がどのような場所で育ち、その母親とはどのような人物なのかを知りたかった。JR八幡宿駅に着き電話をかけると、つね子は大きな声で家までの道のりを教えてくれ、今から家を出て迎えに行くと言った。駅から二つ目の交差点に着くと、黒い服を着た年配の女性が横断歩道の向こうに立っているのが見えた。わたしはすぐにそれがつね子だと分かった。町を歩いている人が他にいなかったからだ。

「遠いところをわざわざせっかく来てくれたけど、脳みそ腐っちゃってるから話すことはないよ」

つね子は会うなり、そう言って強烈なあいさつをかまし、いかにも楽しげに笑った。京子が「お母さんは本当に面白い人で、主人といつも漫才みたいにしゃべってて……」と話していたが、どうやらそれは本当のようだった。人懐っこい笑顔で誰からも好かれたという鈴木の生みの親とは、なるほど、このような人物かと思った。

家は鈴木が中学生の時に建て直したという、古い木造二階建ての日本家屋だった。居間の奥に仏壇が備えつけられており、鴨居の上には頭を七三分けに整え、スーツを着て笑う鈴木の遺影が掲げられていた。その遺影の左隣には「真の英雄」と黒マジックで書かれた小野田寛郎直筆の色紙と、当時の厚生大臣から贈られた感謝状が誇らしげに飾られていた。

弱冠二四歳で小野田を「発見」し、英雄に祭り上げられた鈴木のこの実績は、彼のその後の人生にとってはある種の重荷になっていたに違いない。小野田救出のドラマの中で、彼は決して主役ではなく、極めて重要ではあるがそれでも脇役に過ぎなかった。小野田がいなければ鈴木の物語は成り立たないが、鈴木がいなくても小野田の物語は成り立った。彼がよく口にしたという「小野田さんに発見された鈴木紀夫です」という自虐的な自己紹介は、おそらくそうしたコンプレックスの裏返しだったのだろう。彼の遺稿にはその屈折した心情が綴られていた。

どこへ行っても、誰に紹介されるにしても「こちらが小野田少尉を発見した鈴木青年だ。」一生そう言われる事にひどく抵抗を感じた。重荷だった。かと言って、僕から小野田さんを引いたら何にも残らないのが情けなかった。ここいらで〝小野田少尉の鈴木〟は返上して〝雪男の鈴木〟になりたかった気もした。

またこうも書いている。

雪男、お前さえもう一度出て来てくれたら俺の人生は再び変えられたんだ。運命をまた造り直せたんだ。

鈴木の雪男捜索とは、彼が小野田発見の呪縛から逃れ、自分だけの人生を摑み取るために続けなければならなかった乾坤一擲《けんこんいってき》の物語に違いなかった。しかし実家に誇らしげに飾られたその額縁入りの感謝状は、雪男に死んでもなお、鈴木の人生が小野田に意味づけられていることを雄弁に物語っていた。わたしはそれを目にした時、感謝状のこの誇らしさは、鈴木にとっては人生の色をわずかに暗く染めた複雑な何かであったのかもしれないと思わざるを得なかった。

つね子は息子の雪男探しにはあくまで賛成しなかったという。

「小野田さんの時も正面切っては薦められなかったけど、おー行け、行けとは言いました。でも雪男はぞっとしないですよね。最後も、よせって言ったんです。雪男だから」

そして、雪男なんてお獅子みたいなものでしょ、と吐きすてるように言った。彼女がそう言った時、息子が死ぬまで探し続けなければならなかった蜃気楼のような存在を、それは呪うかのような口ぶりだった。

しかしつね子には、今でもはっきりと覚えていることがある。居間で座って裁縫している時に、息子がのそのそ近寄って来てつぶやいた一言だけは決して忘れられない。

母ちゃん、おれ見たんだよ。雪男がかわいくて真っ白な子供を連れて歩いているのを、本当に見たんだよ……。

他に誰もいないのに、鈴木はまるで秘密を聞かれてはまずいというような小さな声で話したという。

# 第九章　撤収

## 二〇〇八年九月二六日　コーナボン谷

鈴木紀夫の遺体を見つけたというボガラの村人サマラル・プンは、ピーナッツのようなつぶらな瞳を持つ憎めない笑顔の男だった。彼はカモシカ猟と薬草を採るため、二人の若者を連れてコーナボン谷にやって来ていた。普段は放牧が主な仕事で、コーナボンキャンプの台地にある放牧小屋は、彼と鈴木の友人だったキルティ・ジュグジャーリのものだという。彼が連れてきた、キルティの息子だという若者は一九歳で、もうひとりの目の細い若者は二〇歳だった。

「この辺にバンマンチェはいるのか」とわたしはサマラルにたずねた。

「ツァー！」

サマラルは目を見開き、いる、と強くうなずいた後、稜線キャンプにつき上げる尾根のほうを指さした。

「今年七月、あの尾根の雪が消えるあたりでバンマンチェを見たんだ。やつは尾根の上からおれたちを見下ろし、そしてどこかへ消えた。大きいぞ。三メートルはある。顔もこんなふうだ」

サマラルがそう言って両手を顔の横で広げ、雪男の顔がどれだけ大きいかを示したので、わたしは左右に出っ張ったオランウータンの黒い顔を思い出した。それから彼は両手に手錠をされるポーズをとってニヤッと笑った。

「バンマンチェを撃ってしまうと、これだ」

「でも、全然見つからないよ」

「ポシブル！」

可能だと強い口調で断言し、サマラルは話を続けた。

「あいつらは夜中に動き回り、昼は岩の下で寝ている。朝早くなら眠りに戻るところを見つけられるかもしれない」

「冬は下流のほうに移動するのだろうか」

「いや、それはないな。この辺にいて草を食っているはずだ、たぶんな」

連れの若者二人は無言のままわたしたちのやりとりを見つめていたが、突然キルティの息子が立ち上がり、ポケットの中からパチンコを取り出して草むらに狙いを定めた。彼は玉をビューンと弾いたが、その玉は標的からは惜しくも外れ、三〇メートル先でヤツガシラがバサバサと飛び立った。チッと、キルティの息子は舌打ちをした。上空には無数のカラスが飛んでいた。それから三人はわたしの双眼鏡を奪うように持っていくと、今度は遠くの山の斜面を眺め始めた。

「あっちだ、あっちの山の上にカモシカがいる。ベリービッグだ」

そうひとしきり騒いだ後、彼らは自分たちのキャンプ地に戻って行った。一時間ほどして再びやって来た時は、毛皮の立派な猟服を身にまとい、銅線で銃身を固めた恐ろしく古そうな猟銃を肩からぶら下げていた。

「これからカモシカを撃ちに行く」

そう言ってサマラルはさっそうと山に向かって去っていった。

翌日、サマラルたちが再びやって来た。前日の首尾を訊ねると、ニジキジを一羽獲っただけで、すでにスープに入れて食べてしまったという。

「獲物をとったら分けてくれると言ってたのに……」とわたしは言った。

「バンマンチェを見つけたら撃っておくよ」

サマラルが銃を構えるしぐさをしながらそんな軽口をたたいたので、わたしは彼が見たという雪男についてもう少し話を聞いてみることにした。サマラルが雪男らしき動物を見たのは、たった二カ月半前の七月九日だか一〇日だかの午後六時頃だったという。その時、彼はコーナボンキャンプから三〇分ほど下った放牧地で、一二歳になる息子と一緒に水牛の乳しぼりをしていた。夏なのでまだ日は沈んでおらず明るかったため、かなり遠くまで見渡すことができたという。乳しぼりが終わり小屋に戻ろうとした時、サマラルは遠くの尾根の上で大きな動物が二本足で立ちあがり、こちらを見下ろしているのに気がついた。頭髪が膝くらいまで伸びており、風でゆらゆらなびいていた。

「クマかな」と息子は言った。

「違う、たぶんバンマンチェだ」

サマラルがそう言うと、息子は恐怖のあまり一目散に小屋の中に逃げ込んだという。

「息子は夜の間ずっと、バンマンチェが来ないかどうか怖がっていた」。サマラルは真剣な表情で話した。

「クマじゃないのか」

気がつくとわたしはサマラルの息子と同じ質問をしていた。雪男の話を聞くとクマかどうかを確かめるのが、いつの間にか条件反射になっていた。

「違う、もっと大きい」

サマラルはまた両手を顔の横にもっていき、「顔だってこんなに大きいし、肩だってやけに広い」と主張した。彼が雪男らしき動物を見たのはその時が初めてだったそうだが、数年前にフランスの登山隊にポーターとして雇われた時、三〇センチほどの大きな足跡を見かけたことはあった。最初は何の足跡か分からなかったが、一緒にいた他のポーターからバンマンチェのものだと教えられたという。

「ボガラには他にバンマンチェを見た村人はいるのか」

「いや、見たのはおれひとりだ。他の村人はスズキのフォトを見ただけだ。スズキは初めてコーナボンにやって来た時、バンマンチェの写真を撮ったんだ。次に来た時、その写真を持ってきてボガラの村人に見せた。でもおれはその写真は見ていない。キルティは見たぞ」。サマラルは鼻の頭を指先で持ち上げ「鼻はこんな感じで」と言い、口を指で横に開き「口はこんなんだったらしい」と話した。

　鈴木が写真をボガラの村人に見せたというサマラルの話は、ムリの村人から聞いた話と一致していた。やはり、ダウラギリの山村に雪男の逸話が広まったことに、鈴木紀夫という人間は一役買っているのだろうか。本当に彼がもともと存在しなかった雪男の概念を地元の人々の間に植え付けたのだろうか。雪男が実在するのなら、鈴木が来るまで雪男のことなど知らなかったという地元住民の証言を、いったいどう解釈したらいいのだろう。登山家の芳野満彦や鈴木の目撃談に感じるリアリティーと、現地住民の証言の内容との間には説明不能な埋めがたいギャップがあるような気がしてならなかった。地元の人間が聞いたこともないような大型動物を、日本から来た登山家が突然目撃するなんてことがあり得るのだろうか。だが、芳野や鈴木がウソをつく理由も見当たらなかったし、鈴木に至っては雪男の実在を信じて命まで落としてしまっている。

　ただこの時のサマラルの話には明らかな誇張が含まれていた。鈴木の撮った雪男は緑の斜面に五つ並んだ小さな豆粒のような点にすぎないのだから、顔の様子まで判別できるわけがない。わたしはデジタルカメラに鈴木の妻京子から借りたその写真を保存していたので、その画像をサマラルに見せてやった。

「これが鈴木の写真だ。バンマンチェはこんなに小さくしか写っていない」

「おう、スズキのワイフがあんたにあげたのか」

「そうだ。こんなに小さい。顔までは分からないぞ」

「そうだ、小さいな……」

サマラルがそう言った瞬間、ミャグディマータ直下の氷河が大きな音を立てて崩壊した。彼は即座にわたしの双眼鏡を右手で奪うと、崩壊した氷河が雪崩れる岩壁のほうに目をやり、「おい、あそこにカモシカがいるぞ」と指さした。他の若者二人は、どこだ、どこだと大騒ぎになり、ひとりが、いないじゃないかと文句を言った。

別れ際にサマラルは言った。

「おれはあなたの友人だ。名前を教えてくれ」

わたしはノートに「ＫＡＫＵＨＡＴＡ」とアルファベットでつづりを書いた。

「カクハタ……。今度あなたが来る時はこのサマラル・プンを頼ってくれ。ところで、スズキのワイフは死んだのか」

「いや生きている」

「そうか。おれはスズキのワイフと一緒に写真を撮ったことがある。その写真は今でも家にある。あなたはスズキのように体が大きい。だからきっとまたここに来るだろう」
三人はカモシカを撃ちに再び山に向かった。

山岳ガイドの堤信夫とわたしは九月二三日から一週間、コーナボンキャンプに滞在した。その間、空はからりと晴れ、モンスーンが明けて乾季に突入したことをうかがわせるような陽気が続いた。朝と夕方には連日のように標高四〇〇〇メートル以上の山腹でヤギやカモシカの群れが草を食む光景を見かけたが、雪男が現れそうな気配を感じることはなかった。

堤とわたしは二九日にベースキャンプに戻ることになっていた。その時点でわたしの雪男捜索活動は事実上終了する。雪男がいるのかいないのか、手がかりは何も得られていないのに、それで終わってしまっていいのだろうか。その日が近づくにつれ、納得できない気持ちが強まっていき、次第にわたしはこのままコーナボンキャンプに居残ることを密かに画策するようになっていた。カメラマンの折笠貴が稜線キャンプに張りつくことになったことで隊員間のローテーションはすでに崩れている。無線で隊長の高橋好輝に今後の予定を訊くと、次は高橋がひとりでコーナボンキャンプに下りてきて、そのまま滞在するつもりだという。それを聞いてわたしは高橋に提案してみた。

「ぼくもコーナボンにこのまま残ろうかと思うんですが……」

「そうか。そうしてくれればありがたい」と高橋は言った。「ひとりより二人のほうが監視するのも都合がいいと思います」

これで雪男について手がかりをつかむチャンスが一週間延びた。二九日、わたしは堤とコーナボンキャンプを出発した。堤は稜線キャンプを経由してベースキャンプへ戻るため、わたしは下りてくる高橋の荷物運びを手伝うためだった。隊員たちが何度も登り下りした結果、最初はただの草むらに過ぎなかったこの斜面にもすっかり踏み跡らしきものができていた。標高差で九〇〇メートル近く登ると斜面の途中に傾斜の緩い台地があり、そこで高橋が段ボール箱とザックをくくりつけた背負子《しょいこ》を岩の上に乗せて休憩していた。

「足跡があった」

わたしが隣に座ると、高橋は遠くを見つめながらそうつぶやいた。タバコをうまそうに吸っていた。

「二〇センチくらいの細長いやつ。日があたって少し大きくなっていたけど、まあ、今まで見たようなやつだ。一定間隔で一五メートルくらい続いて稜線キャンプのほうに向かっていたけど、追うことはしなかった。たぶんイエティのものだ」

高橋が足跡を追わなかったのは斜面の雪が氷っており危険だったからだという。氷化した雪面を登り下りするには、靴の裏にアイゼンという爪のついた登攀用具をつける必要があるが、高橋はこの時アイゼンをつけていなかった。足跡は二、三日程度、日が経過したもので、すでに輪郭はぼやけ鮮明さは失われていたという。高橋の話を聞き、わたしはその足跡を見に行こうか迷ったが、アイゼンを持っていなかったし、それに足跡なんか見つけても雪男の存在を証明することにはならないという意識が強かったので、結局やめることにした。足跡はもういいという高橋の口癖はわたしの判断にも強く影響を及ぼしていた。

「すぐ近くにユキヒョウの足跡もあったがこっちは鮮明だった」と高橋は続けて言った。「たぶん昨日のものだと思う」

稜線キャンプに滞在中、高橋と折笠は多くの動物と遭遇したという。テントの近くにはゴーラルの群れが集まり、オスの一頭が前足で土けむりを立てながら、唸り、威嚇してきたこともあった。オコジョも見たし、どうやら夜中にはユキヒョウもあたりをうろついているらしい。

「ムリやボガラの村人がコーナボン谷にやって来たおかげで、動物たちが南東稜の上に追い立てられている。これから残りの期間は期待できる」と高橋は言った。

「そういえばボガラのサマラル・プンってやつが、ムスコっていうキバの生えた小さな動物を見たって言っていました。食べるとすごくうまいって。何ですかかね」

「ジャコウジカだ。シェルパもこの辺のハンターもみんなジャコウジカが好きなんだ。昔はこの辺にたくさんいたみたいだけど、七〇年代に乱獲しちゃったんだ」

腹部の香嚢《こうのう》が香料や漢方薬の原料となるジャコウジカは現在、ワシントン条約で保護の対象となっており、取引に規制がかけられている。サマラルが「ムスコ」と言っていたのは、麝香《じゃこう》にあたる英語「ｍｕｓｋ（ムスク）」のことを指していたようだ。高橋がつぶやいた。

「イエティも見たいけど、ジャコウジカってのも見てみたいなあ」

わたしたち二人はコーナボンキャンプへ向けてゆっくりと斜面を下った。前日までは快晴が続いていたのに、この日は昼前からすっかり濃霧に覆われ、視界はまったくきかなくなった。稜線キャンプに向かった堤は霧のせいで、キャンプの場所が分からないと無線でこぼしていた。稜線キャンプに張りついている折笠が出迎え、二人はなんとか合流したようだ。コーナボンキャンプに到着すると、高橋はわたしに、コーナボン谷を下ったところにあるドバンという放牧地に向かうようにと言った。

「一五〇〇ルピー持ってきたから何か好きなものを買って来い。キルティにうまいものを食わせてもらえ」

ドバンには鈴木の友人だったキルティが、ダウラギリ一周ルートを登るトレッカーを当て込んだ「ホテル」を建てており、そこにはビールもあるという話を、わたしたちはムリの薬草採りから聞いていた。高橋や副隊長の八木原圀明が昔、ダウラギリⅣ峰の登山で立ち寄った時のドバンは草の生えたただの放牧地だったというが、それが今やホテルの立つ「リゾート」に変わっているらしい。高橋の提案をわたしは、一五〇〇ルピーでビールを買って来いという命令だと受け止めた。大のビール好きである高橋はドバンにビールがあると聞いて舌がうずき、どうやら我慢できなくなったようだ。先日キャンプを訪れたサマラル・プンは、コーナボンキャンプからドバンまではわずか二時間で到着すると言っていた。わたしにとっても「ホテル」とビールのあるドバンには興味があったし、鈴木と仲が良かったというキルティにも会ってみたかった。

一〇月一日にわたしは空のザックを背負ってドバンに下った。コーナボンキャンプからドバンまで直線距離で約五キロ、標高差は九〇〇メートルほどである。山を下り、小さな谷をいくつか渡ると、次第にまわりは、奇怪に幹をくねらせた巨大なシャクナゲのジャングルに変わった。高橋から、ドバンまでは一本道で迷うことはないと聞いていたが、途中で次々と現れる放牧地で無数の水牛の踏み跡がまぎれこむため、わたしはそのたびに道に迷った。話が違うじゃないかと思いつつ、結局三時間以上かかってドバンに到着した。

ドバンには草原の広場の脇に石積みの白い小屋が二軒立っていた。いずれもホテルという言葉から連想されるリゾート的雰囲気からは程遠い、プラスチック製のイスが並んださやかなたたずまいの小屋だった。広場でサマラルたちが賭けトランプに興じていたので、ハイ、と陽気に声をかけると、彼らはこっちを振り向き、オーと声をあげて握手を求めてきた。小屋の中からニット帽をかぶったおじさんがにこにこと笑顔で現れた。「キルティか」とたずねると、彼は両手を合わせて「ナマステ」と言った。彼はわたしと握手を交わすと、小屋の中に招き入れてくれた。キルティは英語が分からないようで、サマラルが通訳してくれた。

「今、コーナボン谷には隊長が来ている。隊長はビールが大好きなので、ぼくが買いに来た」

「何本必要だ」

一本三五〇ルピーだというので四本購入した。

「隊長は誰だ」とキルティが訊いてきた。

「高橋だ」

「彼のことは知っている。彼は今度でここに来るのは何回目だ」

「登山で二回。バンマンチェで三回目だ」

サマラルが指を折りながら横から口をはさんできた。

「スズキは、一、二、三、四……、五回来た」

実際には六回である。小屋の中にはかまどがひとつあるだけで、ベッドや目立った調度類は何もなかった。大きな箱の中に野菜やコメなどの食料、ビールやビスケットなどの商品が貯蔵されており、壁の棚にはアルミ製の食器がずらりと並んでいた。

「冬もバンマンチェはいるぞ」

サマラルは突然そう言うと、貯蔵庫の中からビールを一本取り出し、勝手に栓を開けた。

「おれのおごりだ。いいから飲め」

わたしは彼の好意に甘えビールをいただき、キルティからは両手に抱えるほどのソラマメとジャガイモをもらってコーナボンキャンプに戻った。

捜索活動は最終盤を迎えつつあった。再び天気は悪化し、連日、午後になると霧に覆われ雨が降った。モンスーンが明けたのかどうか不明であるが、目の前の天気は一向に改善していなかった。捜索終了のプロセスは次のように決まった。一〇月四日に八木原、村上和也がコーナボンキャンプに合流し、六日にコーナボンキャンプを撤収する。七日、グルジャヒマール南東稜で足跡などの最終調査を行い、同時に尾根上にセットしていた自動撮影カメラを回収する。八日、稜線キャンプを撤収。一二日、ベースキャンプを撤収し、帰路のキャラバンを開始する。

雪男を撮影できなかった場合の次善の策として、高橋は七日にグルジャヒマール南東稜を調査することを予定に組み込んだ。雪男を撮影するという目標が現実的に難しくなったため、改めて尾根の上を調べることで、足跡でも何でもいいから雪男の存在を補強する材料を手に入れようと考えたようだ。高橋からは何か結果を残したいという焦りが感じられた。わたしは彼に頼んで、稜線調査の日に村上と猫耳岩まで登る許可を取りつけた。わたしとしてもせめて芳野満彦が雪男を目撃した現場くらいは目に焼き付けておきたいと思ったのだ。

相変わらずカモシカの群れが南東稜の斜面で草を食んでいた。一度、高橋が「あれはなんだ」と叫んだことがあったが、望遠レンズで確認すると岩影だった。

四日、撤収の合図を鳴らすかのように八木原と村上がコーナボンキャンプに下りて来た。テントの脇に腰を下ろした途端、八木原が途中のカエル岩の近くで怪しげな足跡が続いていたと言った。その足跡は尾根の上で岩場を迂回し、カエル岩に続く岩稜に消えていたという。大きさは二〇センチほど、歩幅は三〇、四〇センチくらい。前日の監視中に発見し、現場に到着した時には少なくとも見つけてからまる一日が経過していたので、指や土踏まずなどの細かいところまでは判然としなかったが、とにかく回収した自動撮影カメラでそれを撮影したという。

「足跡は今回よく見つかるなあ」。話を聞いて高橋がつぶやいた。

「それこそ夜行性だって言いたくなる」と八木原は言った。「稜線でキャンプを張って頑張っているもんだから、ちょっと知恵のあるやつだと分かるよ」

「昼間出てくれりゃ一発だ。それで勝負はつくんだ。折笠さんが暗くなるまで監視してるんだから。でも類人猿だったら夜行性ってことはない。前回だって昼間に見つかっている」

「そういう意味じゃあ、おれたちは避けられているんだろうねえ」

「まあ一〇〇年も姿が見つかっていないんだから……」

　翌朝、フィールドスコープで稜線を眺めていた村上がまた、足跡があると声をあげた。場所は猫耳岩の直下で、上下を岩場に挟まれた雪面の上だった。標高はおそらく五〇〇〇メートルを少し超えたあたりだろう。フィールドスコープをのぞいてみると、雪の積もった斜面を縦長の足跡が縦断しているのがはっきりと見えた。途中で二列に分かれているところを見ると二頭分の足跡らしい。

「九割方、カモシカかユキヒョウだろう」と高橋は言った。

「でも、ユキヒョウの足跡もあんなに細長いですか」

「斜面を登る時は前足と後足が重なるので細長くなる」

　高橋の分析は常に慎重で、むやみやたらに雪男だと大騒ぎすることは決してない。いずれにせよコーナボンキャンプからだとその正体は確かめようがないので、猫耳岩に調査に行く時にこの足跡も確認してみることにした。だがその日の午後から天気は再び崩れ、キャンプの周辺ではまとまった雨が降り出した。標高の高いところにあるその足跡は雪で完璧に消えてしまっただろう。コーナボンキャンプは濃霧につつまれ、もはや一〇メートル先にいるのが八木原なのか村上なのかも分からなかった。最後の最後まで天候に恵まれず、コーナボン谷での監視活動は終わりを告げようとしていた。

翌日の撤収に備え、大量に発生したゴミを燃やすため、たき火を盛大にした。

「明日はいよいよコーナボン撤収ですが……」とわたしは高橋に現在の心境をたずねてみた。

「うーん……、まあ、おれと八木原にとっては人生最後のコーナボン撤収になるわけだ。そうだね、三七年間で五回か……」

そう言って高橋は感慨に耽《ふけ》る様子を見せた。それまではっきりと聞いたことはなかったが、やはり彼はこれが最後の雪男捜索だと決めていたのである。一九七一年に初めてここに来て以来、高橋と八木原はコーナボン谷に五回も足を運んだ。外国の辺境で五回も訪れる場所など、誰の人生にもそう多くはないはずだ。それが彼らにとってはヒマラヤの山中の一角にある、ほとんど誰にも知られていない、この小さな谷だった。

「おれが一番撮影したかったんだ」と高橋はしぼり出すように言った。「だが、まあそれはしょうがない。映像におさめるという目標はもう九九パーセント無理だ。今回は薬草採りやハンターがインゼルに入ったので、これはいいと思った。われわれがやらなければいけない雪男の追い出し作業を彼らがやってくれたんだから。今回、コーナボンに下りて来る時は期待してたんだ」

沈黙が走った。日が落ちたコーナボンキャンプで、弱くなったたき火がちらちらと燃えていた。

「天気が良くなかったですね……」

「それはしょうがない」

あたりはすでに暗く、薄い靄がぼんやりと漂っていた。余ったサラダ油をたき火に注ぐと炎は再び一気に燃え盛った。村上が不要になった火おこし用のうちわを、たき火にくべた。

「さようならー」

八木原が大声で言った。炎が肩の高さまで燃え上がり、わたしたちの体を赤く照らした。

翌日、わたしたちは荷物をまとめてコーナボンキャンプを撤収し、稜線キャンプへと向かった。

「もうこれでここに来ることもないんだろうなあ」。出発を前に高橋が名残惜しそうにそう言った。

「七五年の時もそんなこと言って、その後三回も来た」と八木原が笑った。

「いや、もう今回はこれが最後だろう」

テントや鍋、監視用の光学機器などをつめこむと、ザックは大きく膨れ上がり、わたしと村上は夜逃げの家族が持つような巨大な荷物を背負って稜線キャンプを目指した。重荷に喘ぎながら一三〇〇メートル以上、踏み跡のできた草の斜面を登り、カメラを構える稜線キャンプの折笠の姿を目でとらえた時には、すでに雪が激しく降っていた。モンスーンが明けたとはとても思えないひどい天気だった。テントの上にはあっという間に雪が積もり、何か作業をしていないと気がすまない性格の村上が、せわしなく各テントの雪をばしゃばしゃとたたき落としていた。

翌朝は一転して晴れたので、わたしたちは予定通りグルジャヒマール南東稜を猫耳岩まで登り、足跡か何かがないか調査をすることにした。とはいえ、前日の雪で地面はすっかり白く塗りかためられており、足跡を見つけることなど出発前から無理だと分かっていた。ささやかな最後の希望も天気に邪魔されたが、わたしと村上はアイゼンを靴に装着し、ピッケルを片手に猫耳岩を目指した。ここ数日の傾向から午後になると雪が降り出すことは分かっていたので、わたしたちは先を急いだ。青空のもとの快適な稜線漫歩となった。途中で後ろを振り返ると、真っ白なグルジャヒマール南東稜が、波間に現れた巨大戦艦のように雲海の上に浮かんでいた。その雲海の向こうにはピラミッド型をした巨大な岩の塊であるダウラギリI峰が、ざらついた黄色い肌をさらしていた。二日前にコーナボンキャンプから村上が見た足跡はやはりきれいに消えていた。

稜線キャンプを出発して三時間、途中の岩場で一カ所ロープを出したものの、あとは岩稜を歩き、雪の積もった浅い谷を登り、さしたる苦労もなく猫耳岩に到着した。猫耳岩の上は、下から見るとだだっ広い雪原が広がっているとばかり思っていたが、行ってみると雪がこんもりとのっかった細い尾根が一〇〇メートルほど続く、意外とせまい場所だった。三七年前に芳野が雪男を目撃したというのが、まさにこの場所だった。ロープを使わず登ってきて、むっくりと二本足で立ちあがり、ぐりぐりした丸い目をしていた……。

タレジャ谷側の斜面の岩壁には雪が厚く張りつき、岩に切れ込んだ溝には薄い氷がかかっていた。その急な雪壁を、芳野が見た雪男は二本足で下っていったという。わたしは芳野の話を思い出し、その場にしばらくたたずんだが、実際に来てみると、雪男の現れない猫耳岩など記述すべき変哲のない、なんということもない場所であることが分かっただけだった。あっけらかんとした青空だけが上に広がり、コーナボン谷はどこまでも広がる厚い雲の下にその姿を消してしまっていた。

一〇月八日に隊員全員がベースキャンプに集合した。日本で事務作業を手伝ってくれている古山伸子が、ヒマラヤではどうでもいいが、帰国すればわたしたちにも関係してくる世間のニュースをメールで届けてくれていた。古山は前回の捜索隊に参加し、ベースキャンプから謎の二足歩行の動物を見かけた女性である。古山によるとアメリカの証券会社リーマンブラザーズが経営破綻し、世界は大変な金融恐慌に陥っているということだった。それなのにお前たちは雪男など……。そんな呆れとうらやみが混じった思いが彼女のメールからは伝わってきた。

下山してからも悪天候は続き、あられが狂ったようにテントの生地をバチバチとたたいた。大声を出さないと隣の隊員の声すら聞こえなかった。あられが止むと、折笠がテントの横に三脚を立て、ムービーカメラのモニターでグルジャヒマール南東稜の斜面をのぞき始めた。

ベースキャンプを撤収する前日、ムリから雇ったポーターたちが続々とやって来た。彼らは思わぬ現金収入を前に、修学旅行に来た中学生みたいにはしゃいでいた。ポーターたちはたき火をおこして屋外で煮炊きを始めた。ベースキャンプの周辺は一気に慌ただしくなり、いよいよ明日は帰路につくのだという雰囲気が漂い始めた。わたしたちのテンションも上がり、大きなイベントが終わる時に独特の、どこか高揚した気分になっていた。ポーターたちが鍋をつつく様子を、わたしは捜索隊の最後の風景として写真に撮っていた。もはや雪男の撮影はあきらめざるを得ない。隊の雰囲気は完全に撤収モードだった。しかし、その間も折笠はひたすらカメラをのぞき、最後の最後まで監視を怠ることなく、日が暮れるまで続けた。

今回の捜索ではローテーションの関係上、わたしは折笠と監視をともにすることはほとんどなかった。しかし、用を足す時以外はテントから出ないで監視を続けたという彼のことを、高橋は、あれが本物のプロだと何度も称賛していた。「イエティはいつ現れるか分からない。片時も目を離さずにいることができるかどうか、それが成否を分ける」と、折笠は出発前から何度もわたしたちに言い聞かせていた。前回、撮影に失敗したことに対する無念がそれだけ強かったのだろう。明日はベースキャンプの撤収日、もういいんじゃないかという気持ちになってしまうだけに、最後の最後まで、カエル岩から目を離そうとしない彼の姿には印象深いものがあった。

山の上から間もなく満月になろうという月が姿を現した。あたりはそろそろ暗闇につつまれる。仮に雪男が現れても、もはや撮影することは難しいだろう。

「午後六時半になったら終了しますか」

折笠がその場にいた村上とわたしにつぶやいた。タレジャ谷からうっすらと霧が上がってきて、わたしたちの最後の視界をさえぎった。

「今回は本当にガスとの戦いでしたね」

前回の捜索の時は、モンスーンの間こそ雨に悩まされたが、それが明けてからは連日ひたすら、突き抜けるような青空が広がったという。それが今回は状況が全然違った。むしろ捜索の後半になればなるほど天気は悪化し、最初はお花畑が広がっていたベースキャンプ周辺も、今では雪かきが必要なほどの雪原に変わってしまっていた。

「あと一分ですね」と折笠が言った。「イエティはあの辺でこっちの様子をうかがっていたりするんだろうなあ」

折笠は腕時計に目を落とし、名残惜しそうにカエル岩のほうに目をやった。月は厚い雲に覆われ、わたしたちのまわりも次第に暗くなってきた。肉眼ではもはや岩肌の表情さえ識別できず、天気が捜索の終了を促していた。折笠の時計が午後六時半をさした。

「暗くなったことだし、それでは今回の捜索を終了します」

それが本当の意味で、捜索が終わったことを告げる言葉だった。前回の失敗を教訓に、わずかな動きも見逃すまいと監視を続けてきた折笠がそれをあきらめた時、わたしたちの雪男捜索は失敗に終わった。

# 第一〇章　雪男単独捜索

二〇〇八年一〇月一五日　ポカラ

キャラバンを終え、バスを乗り継ぎ、観光地ポカラに戻ってくると、旅はひとまず終わったのだという思いが胸によぎった。ホテルで熱いシャワーを浴び、鉄板の上で脂の跳ねる分厚いステーキを食べることができたからだった。

しかし、わたしには帰りのキャラバンの間から密かに温めていた計画があった。その計画は、ひょっとしたらいろいろな面で差しさわりが生じる可能性があるため、まだ隊員の誰にも明かしていなかった。他の隊員から歓迎を持って受け入れられる気はしなかったし、逆に非難されて止められるのではないかと思っていた。個人の行動で隊とは別だと言い張っても、途中でわたしが万が一遭難でもしたら彼らが責任を追及される可能性だってある。少なくとも迷惑はかけるだろう。だからなかなか言い出せなかった。しかし、誰にも明かさずに勝手にその計画を実行することは、たとえ可能だとしても道義的に考えられないことだったので、わたしは酔っぱらった時のどさくさに紛れてその話を隊長の高橋好輝に持ち出すことにした。

ポカラに到着してから二日目の夜、わたしたちは赤く派手な看板と電灯で装飾された比較的安い中華料理屋で食事をした。濃い味付けが疲労した体にはたまらなかった。カールスバーグをジョッキに注いで乾杯し、えらくアルコール度数の高い火酒を飲み、全員が正常な判断能力を見失った頃合いを見計らって、わたしは高橋に、ところで……と切り出した。

「もう一度、ひとりでコーナボンに行こうと思うんですが……」

雪男単独捜索を思いついたのはコーナボンキャンプを撤収する時だった。もし雪男が見つからなかったら、もう一度ここに来てもいいかな、とぼんやりだが思いついてしまったのである。そして実際に雪男は見つからず、雪男がいるのかいないのかの判断材料もわたしは得ることができなかった。最初は単なる思いつきに過ぎなかったこの雪男単独捜索であるが、帰路のキャラバンの長時間にわたる単調なトレッキングの間、頭の中で引っかき回しているうち、その計画は次第に存在感を増し、わたしの中では大変素晴らしいもののように思えてきた。

雪男をもう一度ひとりで探す。つまりひとりで長期間キャンプ地で膝を抱えて三角座りし、山腹の代り映えしない風景を眺めつづける。恐ろしく退屈な作業であろう。それでも、わたしはこのままおめおめと日本に帰ることに納得できなかったし、捜索の結果をすんなりと受け入れることもできなかった。ただの正体不明の足跡でもいいし、霞の向こうに浮かぶぼんやりとした細長い影でもよかった。逆に雪男の実在を決定的に否定するような地元住民の証言でもこの際かまわない。とにかく何か雪男の存在について自分自身が意見を言えるだけの材料が欲しかった。季節は冬になるが条件としては悪くない気がした。足跡に関して言えば雪が積もったほうがはるかに発見しやすいし、実際、今回の捜索中も大雪が降ってからのほうが足跡の発見が相次いだ。足跡だけではなく、仮に本当に雪男が姿を現したとしても、岩と緑の迷彩的な風景よりは一面雪で真っ白の冬のほうが見分けはつきやすい。高橋は冬になるとエサがなくなるので雪男は標高の低いジャングルの中に移動すると言っていたが、それが必ずしも正しいとは限らない。会社を辞める時に決めていたチベットのツアンポー峡谷の探検は、翌年でも遅くはなかった。今はここまで深くかかわってしまった雪男の謎に、もう少し取り組んでみるのがベターであるような気がした。

一〇月一七日にカトマンズに戻ると、わたしたちはその日のうちに、捜索中に赤外線感知式自動カメラが撮影したフィルムを町の写真屋に持っていき現像した。副隊長の八木原圀明がなじみだという日本料理屋で食事中、村上和也がテーブルの上にバサバサと現像されたネガを広げた。だが期待していたような雪男の姿はどの写真にも写っていなかった。写っていたのはコウモリや太陽光がまぶしく反射する雪面、それにフィルムをセットするわたしたち自身の姿だった。それでも何点か期待を抱かせる写真があり、その中には人の形をした細い影が岩稜の上に立っているように見えるものもあった。最後の望みをかけてその写真をA４判に引き伸ばしてもらうと、そこには毛並みの立派なカモシカの姿が堂々と浮かび上がった。

カトマンズに残ったわたしは単独捜索の準備を進めた。監視用にフィールドスコープとムービーカメラを隊から借用し、登山用の小型コンロや個人用テントを日本の知人から送ってもらった。山岳用品店でピッケルとガス燃料を購入し、日本のアウトドアメーカー、モンベルの偽物のダウンジャケットを本物だと思い込んで買った。単調な捜索活動においては贅沢な食事を欠かすことはできない。ラーメン、タイ式ラーメン、スパゲッティ、ドライフルーツ、カレーペースト、ケチャップやしょう油等の調味料、油および酒類などなど、スーパーマーケットで二〇日分の食料品を買い出しすると、ザックは持ち上げるのがやっとになるぐらい、その重みを増した。

カトマンズを出発したのは一〇月二七日だった。ホテルから歩いて五分ほどのバス停に向かい、四五〇ルピーの乗り合いバスに乗った。まずはアンナプルナ連山の景色が一望できる観光地ポカラに向かい、その後は捜索隊のキャラバンで立ち寄った村々で宿泊しながら山道を歩いた。雪男はいないと言われたムリの村から先は、捜索隊の時とは違う、ミャグディ川沿いの道を選んだ。その道を進めばコーナボンキャンプで知り合ったサマラル・プンや鈴木の友人だったキルティ・ジュグジャーリの住むボガラの村に到着する。コーナボンキャンプにやって来た時、サマラルは、次に来る時は自分を頼るようにと言っていたし、冬にも雪男はいると話していた。ポーターとして雇ってもらい、現金を稼いでおこうという彼の魂胆はもちろん分かっていたが、いちいちそれを否定していたら世界中のどこの辺境の住民とも付き合えない。サマラルは笑顔を絶やさない感じの良い男だったし、ドバンではビールもおごってくれたので、あなたはきっとまたここに来るだろうという彼の予言めいた言葉に乗ってみるのも悪くはないと思ったのだ。

モンスーンは完全に明け、出発してから連日晴天が続いた。三カ月前にはドロドロだった山道もすっかり乾いていた。だがそれでもムリからボガラまでの、ミャグディ川沿いの何百メートルもの岩壁を削岩して作られた山道は、大量の食料をつめ込んだザックを背負って歩くには若干、距離と高低差があった。何百メートルものアップダウンを連続して繰り返すうち、昼時にはすでに足を上げることがつらくなっていた。午後も果てしなく上りが続き、太ももがビクビクと痙攣《けいれん》し始めた頃、ようやく小さな峠にたどり着いた。峠の先に進むと、日没間近の薄暗い密林の向こうに二〇軒ほどの民家が並んでいるのが見えた。それがボガラの村だった。疲れ果てたわたしは村の一番手前の民家に泊まることにした。観光シーズンともなると外国人のトレッカーが泊まることがあるらしく、家の人たちは慣れた様子でわたしを中に迎えてくれた。暖炉の前でくつろいでいると二人の村人が家の中に入って来た。ひとりが英語で話しかけてきたので、わたしはサマラルとキルティの家の場所をたずねた。

「君は彼らの友人か」と男は言った。

「一カ月前にバンマンチェを捜索するためにコーナボン谷にいたんだ。サマラルはそこに猟に来て、キルティとはドバンで会った」

「ひょっとして……」と男は言った。「君はビールを三本買った、あの若者か」

「四本だけど……」

「おれはドバンにあった、もう一軒の小屋の持ち主だ」

そう言われて、妻子とともにドバンにいたその男の顔を思い出した。そう言われれば、こんな顔をしていたような気がしないでもない。わたしは彼とがっちり握手を交わし、再びコーナボン谷に行くのでサマラルに一緒に来てもらいたいのだと説明した。

「それならおれが明朝、サマラルとキルティをこの家に連れてこよう。午前八時に来るからここで待っていろ」

男はそう言って笑顔で家を出ていった。

しかし男は翌朝、約束の午前八時には来なかった。いつまで待ってもやって来ないので、わたしは別の男に案内を頼み、サマラルの家に連れて行ってもらった。三〇分ほど道を下ると、一軒の民家の庭に何人かの村人が集まっていた。どうやら、そこがサマラルの家であるらしかった。

サマラル！　と大声を出して手を振ると、それらしきシルエットの男が早く来いと大きく手招きした。彼のもとに行くと、わたしたちはあたかも何年も昔からの親友であるかのように、懐かしいなあとでも言いたげな笑顔を浮かべて握手を交わした。

「もう一度コーナボンに一緒に行ってくれないか」とわたしは言った。

わたしはてっきりサマラルが喜んでくれるものだとばかり思っていたが、彼はなぜか表情を曇らせ、ちょっと厳しいというようなことを言った。どうやら今は水牛を使って家の畑の土起こしをしなければならない時期らしく、握手の時に浮かべた笑顔の裏には苦笑いが含まれていたようだ。さすがにこんなに早くわたしが来ると思わなかったのだろう。それでもわたしが自分の要求をゴリ押しするので、彼は困惑した表情のまま、母親に許可を求めてくると言って家の中に入っていった。そして、しばらくするとやれやれといった顔で出てきた。

「四日間だけなら０Ｋが出た。だが自分がいない間に村の若いもんをバイトで雇わなくちゃいけないから、その人件費も負担してくれよな」

彼の家でコメや野菜を調達し、わたしたちはボガラを出発した。人間がひとり増えると、重かった荷物の負担はずいぶんと楽になった。その日はコーナボン谷の手前のドバンの放牧地に泊まり、翌日もまる一日歩き、西の空が夕陽で赤くなりかけた頃、つい三週間前まで捜索隊のコーナボンキャンプがあったインゼルの麓の台地に到着した。

またここに来たのかと思うと感慨は深かった。グルジャヒマール南東稜の斜面を見上げると、思った通り撤収時よりも雪の量は増えており、山々は白く化粧を施していた。これだけ斜面が白くなっていれば、足跡や影が現れれば一発で分かる。今回は手がかりがつかめるかもしれないという期待が胸の中で膨らんだ。この日はインゼルの麓にあるサマラルの放牧小屋に泊まった。たき火をおこして夕食を食べた後、彼は雪男を探して死んだ鈴木紀夫との思い出について語り始めた。

「スズキはビッグマンだったよ」

サマラルは鈴木の遺体を見つけただけではなく、どうやら彼の生前の姿を見た最後の人間でもあるらしかった。鈴木が最後の捜索でコーナボン谷の千葉ポイントから妻の京子あてに手紙を書いたのが一九八六年一一月一三日、そこから先の消息は正確には分かっていないが、サマラルによると鈴木は一一月下旬に一度、食料の買い出しのためにコーナボン谷からボガラに下りてきたという。鈴木はボガラで二泊し、サマラルをポーターに雇ってニワトリ、ジャガイモ、コメなどの食料を千葉ポイントまで荷上げさせた。サマラルは六〇〇ルピーを受け取って村に戻ったが、別れる際に見たバイバイと手をふる鈴木の姿を今でもはっきりと覚えているという。

サマラルが鈴木の遺体を見つけたのは翌年の夏のことだった。その時彼はまだ二五歳だった。彼は放牧を三月から始め、コーナボン谷沿いにゆっくりと放牧地を上げ、一番奥にあたる、このインゼルの麓の放牧地に着いたのが七月下旬だったという。その翌日からサマラルは鈴木の捜索を始めた。

「スズキがボガラに戻ってこなかったから心配だったんだ。別の道から下山したのかもしれないので、ムリやダルバンの村人に会うたびに消息をたずねたが、誰も知らなかった」

サマラルはまず放牧地から三〇〇メートルほど登ったところにある千葉ポイントに向かったが、八カ月前までそこにあったはずの鈴木のテントはすでになくなっていた。その後グルジャヒマール南東稜の斜面を登ってみると、斜面の上部でペグのついた長さ五〇センチのテントの張り綱、半分使いかけたロウソク、スプーンを一本見つけたという。

「テントの張り綱の端は何かで切断されたようだった。それを見た時、雪崩にやられたなと思ったよ。あんな場所にテントを張るなんてシェルパがどうかしている。雪が降ればあんなところ、雪崩が起きるに決まっている」

「遺体を発見したのは、いつなんだ」

「テントの張り綱を見つけてから一週間くらい経ってからだった。雪の中から右手だけが突き出ていたんだ」

雪の中から突き出た右手……。無残な光景が思わず脳裏をかすめた。右手を見てサマラルは恐ろしくなり現場から逃げ出したが、五日後に上空をカラスが飛び始めたのでもう一度現場に戻ってみると、雪がとけて鈴木の遺体が姿を現していたという。

翌日、わたしはサマラルとともに鈴木がキャンプをしていた千葉ポイントに向かった。コーナボンキャンプから標高差にして三〇〇メートルほど登ると、インゼルの中腹に枯れやぶに覆われた窪地があった。そこが千葉ポイントだという。今回の単独捜索では初めから、わたしは鈴木の千葉ポイントにテントを張って斜面の監視を行うつもりだった。捜索隊のコーナボンキャンプにいた時から、千葉ポイントのほうが地形的に捜索エリアであるグルジャヒマール南東稜の斜面を見渡しやすいように思っていたからだ。あたりの邪魔なやぶを鎌で切り払うと、雪で白くなった広大な山の斜面が目の前に姿を現した。鈴木が五頭の雪男を見た場所も、捜索隊の八木原圀明副隊長が縦長の影を見たところもはっきりと分かった。立ち枯れの木も豊富で燃料にも事欠かなそうだった。水場が遠いことを除けば雪男を探すキャンプ地としては絶好である。

テントを立てた後、わたしはサマラルに鈴木の遺体が見つかった場所まで案内してもらった。一カ月前に来た時よりも積雪量は多く、谷に下りると雪は膝のあたりまで積もっていた。雪渓を渡り雪がとけ地肌が露《あらわ》になった小尾根を五〇メートルほど登ったところで、サマラルが立ち止まり、ここだ、と小石が転がる地面を指さした。上に向かって左側が雪で埋まった浅い谷、右側が草の生えた小尾根である。鈴木の遺体はその浅い谷と小尾根の間の斜面で見つかったという。上部で雪崩に遭い、この浅い谷を流され、小尾根のほうに少し乗り上げたのだろう。標高は三七五〇メートルほどであった。サマラルは遺体のあった場所に石を小高く積み上げ、高さ七〇センチほどの墓標を立てた。即席のわりにはよくできた墓標だった。わたしたちはタバコやアメを鈴木の霊前に捧げ、ロキシーを上から注いでこの冒険家の冥福を祈った。

キャンプ地に戻り、夕食を食べ終えた後、わたしはサマラルから実家の住所、電話番号、両親の名前を紙に書くようにと言われた。

「スズキの遺体を見つけた時、連絡先を知っていればもっとニュースを早く日本に伝えることができた。これは大きな問題だ」

サマラルはそう言って、わたしに日本での連絡先を書かせた。

「今、このキャンプ地は大丈夫だが、雪がたくさん降ったら決して安全ではない。その時は絶対に下の放牧小屋まで下りたほうがいい。あそこは安全だ」

彼はわたしが鈴木の二の舞になることを心配していた。それと同時に、わたしに貸した自分の道具のことも気にかけているらしかった。

「おれの鍋と鎌は絶対に忘れるな。重いからって、ここに置いて下りたらダメだぞ」

翌朝起きると、今にも雨が降り出しそうな暗い雲が空を覆っていた。サマラルと一緒に小さなテントで寝ていたので、長い間体を洗っていない人間独特の臭いが隣から漂ってきた。夜の間に降った雪が、わずかながらテントのまわりに積もっていた。サマラルは入口から外を眺めながら、今日は天気が悪い……とため息をついた。竹のかごに荷物を詰め込み、下山の準備をするサマラルの背中を見ているうちに、わたしは次第に憂鬱になってきた。これからたったひとりでここに滞在し、山の斜面を監視し続けなければならないのだ。

かごを背負うと、サマラルはピーナッツのようなつぶらな瞳にわずかに笑みを浮かべ、わたしに握手を求めてきた。

「ボガラに下りて来たら、必ずおれの家に顔を出せ。ロキシーでどんちゃん騒ぎをやろう」

「君も野良仕事が終わったら、またここに戻って来て猟でもすればいい。また来いよ」

「そうだな……、たぶんキルティが来るさ」

サマラルはそう言って笑い、じゃあな、と軽く手をあげてやぶの中に姿を消した。彼の背中が遠ざかるとなんともいえない寂寥感に包まれた。

もう少し、感傷的な別れの仕方というものがあるだろう……。

そう思っていると、何か言い残したのか、サマラルがこちらを振り向いて最後に大きな声で言った。

「いいか、おれの鍋と鎌は絶対に忘れるなよ！」

彼が村に帰ったのは一一月四日のことだった。

誰もいなくなって、まず最初にやったことは、長期間に及ぶ監視態勢に向けた準備作業であった。周囲のやぶを刈り払って見通しを良くし、ヤナギの灌木《かんぼく》を伐採して骨組みを作り、その上にブルーシートをかぶせて簡素な監視用の小屋を作った。同じ場所で雪男捜索を行っていた鈴木紀夫を見習い、監視小屋と近くに立てたテントの上に灌木をかぶせ、周辺の色彩とカモフラージュした。

午後になるとあられが降り出した。濃霧が立ち込め視界が閉ざされたため、初日の捜索は断念し、テントの中に入り込んで時間が過ぎるのを待った。夜が近づくにつれ、あられはいっそう激しくなった。テントの中で食事をすませる頃にはすでにあたりは暗くなっていた。あられは気づくと雪に変わっており、テントの上に静かに、しかしかなりの勢いで積もっていった。

大雪が降ったら山を下りろ——。

外をのぞくと大雪だった。サマラルの言葉がいきなり現実になろうとしていた。天気というのはいつも、山にこもる人間の心に支配的ともいえる影響を及ぼす。何も考えないようにして寝袋の中に入り込んだが、小便がしたくなったので外に出た。雪の降りは思ったよりも早く、足を踏み出すとくるぶしまで簡単に埋まった。小便をしながら後ろを振り向くと、作ったばかりの小屋が雪の重みでつぶされていることに気がついた。カモフラージュ用の灌木をブルーシートの屋根の上にかぶせていたせいで、上に積もった雪が地面に落ちていかなかったのだ。つぶされたブルーシートの下にもぐりこんで装備を回収した後、このままだとテントもつぶされかねないので、せっかく苦労して切り払ったカモフラージュ用の灌木をすべて取っ払った。

テントに戻って寝袋に入り目を閉じると、目の前にそびえるグルジャヒマール南東稜の斜面の広がりばかりがわたしの頭には浮かんだ。斜面は一枚岩の岩壁からできており、一度、雪崩が起きたら遮るものなどない、それこそ高さ一三〇〇メートルの滑り台である。テントの生地越しに雪がみるみる積もっていくのが気配で分かった。山には天気以外に刺激物がないため、雪が降るとどうしても、これ以上降ったらどうなるのだろうと不安が高まる。わたしは冬のヒマラヤは初体験で、天気がどのように推移するのかさっぱり想像がつかなかったし、くだらない会話を交わして気分を落ち着かせてくれる仲間もいなかった。増長する不安をやわらげてくれる要素など、ひとつもなかった。

雪が激しく降ると、その重みで積雪の中にある弱層が破壊され、大規模な雪崩が発生する可能性が出てくる。わたしのキャンプ地はグルジャヒマール南東稜の斜面から、雪渓を挟んで五〇メートルほど上にはあるものの、大きな雪崩が発生すれば五〇メートルくらいの高さなど簡単に乗り越えてくるかもしれない。寝袋の中で、昔取材した黒部川の「ホウ雪崩」のことを思い出した。吉村昭の『高熱隧道』には冬の黒部峡谷で多くの労働者の命を奪ったホウ雪崩の恐ろしさが克明に描かれているが、たしかその雪崩は凄まじい勢いで尾根の一つや二つを乗り越えて来たのではなかったか。外では雪が静かに積もりテントがみしみしときしんだ。その音を聞くたび、わたしは自分の運命が風前の灯であるかのような錯覚のスパイラルに陥った。目の前の斜面で昔、雪崩で死んだ男がいたことを思い起こさずにはいられなかった。

それでもいつの間にか眠ったらしく、朝、目が覚めると夜の間に積もった雪が日光を遮り、テントの中は薄暗かった。恐る恐る入口から顔を出して外をのぞくと、前の晩とは打って変わり穏やかな青空が広がっていた。地面には数十センチの積雪があった。わたしを一晩中不安にさせたグルジャヒマール南東稜の斜面にも白く、分厚く雪が積もり、細かな尾根筋や谷筋が作りだす凹凸をなだらかに埋めていた。冷静になって斜面の向きやキャンプからの距離を眺めると、雪崩が発生したところで自分のところまで届くわけがないと分かり、寝る前にあんなに怖がっていたのがバカみたいに思えた。

天気とともに雪男捜索に対するモチベーションも回復し、鼻歌交じりにラーメンを食べた。食後に雪かきでもしようと登山靴のひもを締めていると、しかし突然、ドーンという、くぐもった重低音のサウンドがあたりに響いた。

あわてて入口から顔を出した瞬間、目の前が真っ暗になった。ミャグディマータの山頂直下に横たわる氷河が崩壊し、二〇〇〇メートル近い岩壁を、雪崩がこちらに向かって凄まじい勢いで滑り落ちてきていたのだ。空気が振動した。胃袋を直接握りしめられたような不快感を感じた。黒い岩壁を背景に巨大に巻き上がった雪煙は、さながらキノコ雲だった。

早く逃げろ！

捜索隊で一緒だった村上和也の声が耳に響いた気がした。一九九四年に高橋の最初の捜索隊が襲われた雪崩の映像を思い出したのだ。あの時の捜索隊は、上部氷河が崩壊して起きた巨大な雪崩の爆風にテントが吹き飛ばされ、中止に追い込まれた。その模様は同行したテレビカメラマンが稜線キャンプから撮影しており、フジテレビの番組で放映された。注目すべきは、今わたしの目の前で崩壊した氷河がその時と同じ氷河で、吹き飛ばされたテントはわたしがいる場所から五〇メートルほどしか離れていなかったということだった。

かなり大きい！　早く逃げろ！

テレビ画面の中で当時の隊員は無線に向かってそう叫んでいた。そうだ、早く逃げないと！

わたしはあたふたとテントから這い出して、どこか隠れる場所を必死で探した。少し下の岩陰がベストだが、もう間に合わない。すでに雪崩は岩壁を谷底まで滑り落ち、インゼルの上空には雪煙が噴き上がり始めた。わたしは爆風に備えて目の前の細木に、跡がつきそうなほど強く両手でしがみつき、目をつむり運命に身をゆだねた。心臓の鼓動が速まり、息が荒くなった。風がそよぎ、テントがぱたぱたとはためき始めた。さあ、これから強くなるぞと身構えた。しかし風は弱いまま、一〇秒ほどで止んだ。それだけだった。見上げるとインゼルの上空には雪煙の残りがポカンと青空に広がっていた。それはキノコ雲というより、近所の公園の夜空に咲いた小さな打ち上げ花火みたいだった。

初日に見まわれた大雪の後は、文字通り雲ひとつない青空が連日続いた。一カ月前にあれほど悪かった天気が嘘みたいだった。雲だけではなく雪男が現れる気配もなかった。闇のような静寂と重苦しい空気があたりを支配し、時折、上部氷河が動いてきしむ音だけが、ここから早く立ち去れと警告するかのようにギギーッと不気味に響いた。

滞在中に時折、動物の足跡を見かけることがあったが、そのうちの二回は雪男のものに違いないと思わせる足跡だった。一回目の足跡を見つけたのはキャンプ地に到着してから七日目のことだった。双眼鏡で監視していると、グルジャヒマール南東稜の斜面のかなり上のほうに動物の足跡らしきものが続いているのに気がついた。テントからそこまでは標高差にして約八〇〇メートル。見つけた時は、正直に言うと、面倒くさいなと思った。その跡は雪面を斜めに横切っているので動物の足跡のように見えるが、もしかしたら単に雪が転がった跡かもしれないし、それにその跡まで行くには直前で日陰にある小さな谷を横断しなければならない。数日前に降り積もった雪がまだ締まっていないかもしれず、その谷を横断するのは雪崩のリスクが高いように思えた。さらに谷を渡っても、その先には登るのに少々手ごわそうな岩壁が見えた。足跡かどうか分からないのに、そこまでリスクを負って見に行く価値があるのか、遠目から見る限りでは微妙だった。

しかし怪しげな跡を見つけた以上、雪男の捜索をしに来た人間としては、それが雪男の足跡かどうかを確認しに行かざるを得なかった。確認を怠っているうちに雪が降り、跡が消えてしまったら、しばらくは、あれは雪男の足跡だったのではないだろうかとうじうじ後悔し、不快な思いをするのは目に見えていた。こういうちょっとした不快なものを取り除くためだけに、人間というのは時々、下らない賭けをすることがある。それにその跡のさらに上には、高橋が捜索中から気になると言っていた大きな洞穴もあったので、どうせ行くなら、その洞穴の中も調べてみることにした。

ピッケル片手にわたしは雪の斜面を登り始めた。登り始めると監視小屋で一日中、悶々としているよりは、よほど気晴らしにもなった。事前の観察で雪崩の可能性がありそうに思えた小さな谷は、予想通り雪がまだ締まっておらず、少々いやな思いをしながら渡った。その先の登れるか不安だった岩場は、足の横幅程度の岩棚が安定した草つき斜面まで続いており、問題なく越えられた。そこから草の根っこをつかみながら急斜面をしばらくよじ登ると、足跡があるはずの雪面にたどりついた。

しかしあたりを見回したが、ところどころ雪が転がった跡が見えるだけで、動物の足跡らしきものは見つからない。やはり見間違いだったのだろうか。わたしは肩を落とし、雪をかき分けながら、五〇メートルほど上で大きな口を開けている例の洞穴に向かった。洞穴は思ったより大きく、六畳一間の部屋を二つ足したくらいの広さがあった。天井が崩れ落ちた礫《れき》で底は埋まっていた。カモシカのフンのほか、ソフトクリーム状の黒くて乾燥したフンも見つかったので、一応、持参したジッパー付きビニール袋につめてザックに放り込んだが、その他に収穫といえるものはなかった。だが、帰ろうと思って振り向いた瞬間、洞穴から数十メートル下の雪面に見事な足跡が点々と続いているのを見つけた。

見た瞬間に、ベースキャンプから見つけた足跡はあれだ、と分かった。登った時は尾根の陰にかくれて気がつかなかったのだ。雪が転がった跡ではなく明らかに足跡である。わたしは急いで足跡に向けて雪面を下った。足跡は地形的に雪が吹き溜まる場所にあったので、もう少し雪崩に対する配慮があってもよかったが、興奮していたので、そんな危険などすっかり気にも留めず雪をかき分けた。足跡は三〇メートルくらい点々と続いていた。ひとつひとつの長さは三〇センチほど。やや大きいが、形は申し分なかった。細長く、かかとの部分が雪の表面にすれて、ほうき星のように尾を引いていた。これが雪男の足跡なのだろうか……。次の足跡も同じ、その次も同じだった。ついに見つけた、と最初は思った。

しかし観察を続けるうち、おかしなことに気がついた。いくらなんでも雪への沈み込み方が浅すぎはしないだろうか……。後ろを振り向くと自分の足跡は膝まで深く雪にもぐりこんでいるのに、この足跡はせいぜい一〇センチほどしか沈み込んでいなかった。雪をサッと手でなでたような感じだったのだ。

軽すぎる……。ひょっとすると雪男とは綿のような素材でできた新型珍獣なのかもしれない、などとも思ったが、そんなわけはないので下に向かって足跡をたどってみると、足跡はひとつひとつが次第に長くなり、妙なことに、そのうち前と後ろが二つに分離してしまった。なかなか事情がつかめなかったが、軽すぎるその体重から推測すると、どうやらウサギの類が雪に腹をつけて飛び跳ねていたらしい。それが分かった瞬間、わたしは、くそ、ウサ公め、と罵《ののし》り足跡に背を向けた。

その二日後、再び雪男らしき足跡を発見した。朝食用のラーメンを作っている最中に、今度は前回の場所からはやや離れた斜面に別の足跡が続いているのを見つけたのだ。双眼鏡で追ってみると、足跡はずいぶんと上部のほうまで続いていた。ところどころ岩場や尾根の陰に隠れて見えなかったが、グルジャヒマール南東稜の上まで続き、その向こうに消えていた。この足跡の主は一〇〇〇メートル以上にわたり岩と雪の厳しい登攀をやってのける能力を備えているらしかった。

足跡はテントから三〇分も登れば着きそうな場所にあった。わたしは食事をとるとすぐにピッケルを片手にインゼルの麓のガレ場を横切って、雪渓の脇に続く堆石地帯を登り始めた。興奮していたせいか、心なしかいつもより息が切れた。もし本当に雪男の足跡なら、自分は山の向こうまで追っかけてしまうかもしれない。そんな体験ができることを心のどこかで期待していたのだ。

期待が高まってくるのが自分でも分かった。雪渓を渡ると足跡がだんだんと近づいてきた。

だが近づいてくるにつれ、わたしは足跡の正体を確かめるのがなんだか不安にもなってきた。自分は雪男の存在を受け入れる心の構えができているのだろうか。雪男の存在を信じ込んだ高橋や鈴木のように雪男の捜索をライフワークにするような自分の人生を少し想像して、そのことにややためらいを感じている自分がいた。期待と恐れという相反する感情を抱えながら、わたしは答えが早く知りたくて雪崩で堆積した雪の塊を急いで越えた。

足跡は人間のものとは違って不規則に蛇行を繰り返しながら、雪の斜面をどこまでも上のほうに続いていた。一歩進むごとに足跡は近づいてきた。見た目にはひとつひとつの輪郭は細長く、二足歩行動物のように左右の足跡が交互に続いていたが、雪面に深く食い込んでいるため、足跡の底を確認しないとその主が何なのかは分からなかった。わたしは覚悟を決めるように、雪渓の上の一番近くにあった足跡に向かって歩みを進め、息をのんで、そのうちのひとつに顔を突き出した。そしてそれを見た瞬間、思わずその場にへたりこんだ。

「マジかよ、カモシカじゃん……」

誰にこぼすともなく、そんな愚痴のような言葉が思わず口をついて出た。足跡の底には明確な蹄《ひづめ》の跡があったのだ。足跡の主の正体が雪男ではないことを示す動かし難い証拠だった。正体が分かると、ひどく残念がっている自分がそこにはいた。元々雪男の存在などほとんど信じていなかったのに、捜索に関わるようになってから半年の間に、それがいることを自分でも自然と期待するようになっていたのだ。芳野満彦や高橋好輝に話を聞き、鈴木紀夫の悲壮感漂う人生を知ったせいで、雪男の存在を身近なものとして感じていたのかもしれないし、あるいは取材と捜索に少なからぬ自己資金を投入していたので、無意識のうちにその見返りを求めていただけなのかもしれない。いずれにしても今では目の前にある足跡を雪男のものであるべきだと考えるようになっていたわたしは、未練がましくいくつかの足跡を確認して歩いたが、どう見てもカモシカか、カモシカじゃなくても蹄のある動物のものだった。遠くからだと二足歩行の動物のように見えたが、これでもかと言わんばかりに蹄の跡は力強く雪に刻まれ、前足と後足の跡が重なった完璧なダブルプリントをかたちづくっていた。もはやエサとなる草など存在しないのに、このお騒がせ者はゆうゆうと標高五〇〇〇メートル近くまでひとり旅を楽しんでいたらしい。

天気は相変わらずの快晴無風が続き、そこには音ひとつ存在しなかった。太陽は監視対象としていたグルジャヒマール南東稜の上空に昇るため、真正面からわたしの方に強く照りつけた。標高四〇〇〇メートル近い高度と周囲一面銀世界という自然環境が紫外線の力を倍加させ、わたしは正午を過ぎると必ず監視小屋のブルーシートの下のわずかな日陰にこそ泥のように逃げ込んだ。

作業も天候もすべてにおいて変化がなかった。あまりにも度が過ぎて単調であることが雪男出現に対する期待感を徐々にしぼませ、極度の無変化がわたしの気持ちを苛立たせた。青空がどこまでも広がっていて、まわりに浮かぶ島すらない大海のど真ん中に放り込まれたみたいだった。最初の頃にたびたび崩壊したミャグディマータ直下の氷河台地はその後も何度か崩れ、そのたびにわたしは惨めに逃げ回り、岩陰や灌木のすき間に身をひそめたが、捜索の後半にさしかかると氷河は安定してきたらしく、不気味なきしみ音を立てることもなくなった。しかしこの静けさの中にいると、いっそ氷河でも大規模に崩壊してくれたほうがましに思えた。何も起きないことは不気味であった。静寂というのはなぜか人を不安にさせる。それは静寂が空気に計測不能な質量を与えるからであることを、わたしは雪男を捜索しながら知った。音がないことで空気は重量感を増し、その重さが両肩にのしかかり、息苦しくなった。耳鳴りのような音が鼓膜内部の脳に近いところで常時響いているような気がして、ひとりごとでも言わないと気がおかしくなりそうだった。そうした静寂の不安から逃れるため、わたしは心の中に会話の相手を作りだし（それは時に探検部の友人であったり、中学生の時に気になっていた女の子であったり、大宮に住んでいる姉夫婦であったりした）、気づかぬうちにひとりごとをつぶやいていた。そしてぶつくさ何か言っている自分に気づき、あ、またひとりごと言っちゃった、などと改めてひとりごとでつっ込みを入れたりした。時々そんなふうに、ひとりごとの輪廻の中に落ち込んでいる自分に気づき、自分のことが嫌いになりそうになった。

こうした静寂と無変化の時間に包まれながら、ひとり膝を抱えて双眼鏡で山を眺めるというのが雪男単独捜索という行為の実態であった。想像はしていたものの、その独特の過酷さは事前の想定を軽く超えていた。吹雪の中、雪山をラッセルして登るほうがよほど気が紛れる。あまりにも連日単調で風景に変化がないので、油断していると意識がこの三次元世界から浮遊してしまいそうな気すらしてきた。それを防ぎ、意識を外界につなぎ留めておくためには、一日のうちの決まった時間帯に訪れる周期的で取るに足らない動作や小さなイベントが重要だった。例えば、午後三時になると太陽が山の向こうに姿を消してしまうため、気温は夏の沖縄から冬の北海道に来たみたいに冷え込む。そのため、それまでのTシャツ姿から冬山登山なみの服装に着替えなければならなかったが、そのわずかな動きが、わたしはなぜかいつも待ち遠しかった。午後三時が近づくと、もう少しで太陽が沈み、その時は立ち上がって温かい衣服をしっかりと着こまなければならないと、心がいそいそするのだ。そうした一連のささいな動きが、意識が浮遊してしまうのを妨げ、外界につなぎ留める碇《いかり》の役割を果たしていた。同様にたき火をおこす、食事を作る、薪を伐採する、水をくみに行くなどは非常に重要な行為で、わたしはその時間を大切にした。

薪を得るため、あたりに密生していたヤナギの灌木を伐採し続けていたので、日が経つにつれキャンプ地周辺はハゲ山寸前になっていた。途中で鈴木の友人であるキルティがいるドバンの小屋に一日だけ下りて食料を補給したが、それもいつの間にかあと数日分しか残っていなかった。捜索が終わりに近づくにつれ、なぜか動物の足跡を見ることもなくなった。静寂の重みに耐え、半ば楽しみと化した細かなルーティンワークを消化しながら斜面を双眼鏡で眺めているうち、わたしの心は自然と雪男よりも久しぶりに会う人間とその生活のほうに向くようになった。

一一月一六日、わたしはインゼルの頂上に登ってみることにした。インゼルの向こう側の氷河に足跡でもないかと最後の期待をかけたのだ。ガレ場を登り、牧場みたいに草の生えた尾根を一時間ほどたどると頂上に着いた。ミャグディマータの頂上から二〇〇〇メートルにわたり黒々とした岩壁が切れ落ち、その真ん中で氷瀑《ひょうばく》が青く光を放っていた。双眼鏡を向け、はるか眼下に横たわる氷河に目を凝らしたが、類人猿風の生き物の姿や足跡らしき線に類するものは何も見つからなかった。

コーナボン谷を離れることを決めたのは、それから二日後のことだった。土の地面に穴を掘って、わずかに余った食料や調味料を埋め、最後に盛大にたき火をしてゴミを放り込んだ。サマラルから借りた鎌と鍋は、忘れると怒られるのでザックの中にしっかりしまった。

隊で行動していた時にコックをつとめていた青年ペンバは言っていた。雪男には幸運な人しか会えません、と。

芳野や鈴木が見たような雪男は、最後までわたしの前には現れなかった。高橋や八木原が体験したようなたび重なる現象もわたしの前では起こらなかった。ペンバが言ったように自分には運がなかったのだろうか。

わたしはそうは思わない。おそらくわたしは彼らほど雪男に対して誠実ではなかったのだ。きっと雪男に対する考え方や態度、距離感などが彼らほど誠実ではなかった。わたしの前でも何かが起きていたのかもしれないが、わたしはそれを雪男と受け止めなかったのではあるまいか。認識の曇らされた人間の前には雪男は現れないのではないか。人間には雪男を見る人間と見ない人間の二種類がおり、おそらくわたしは見ないほうの人間なのだ。雪男を見ない人間は、雪男目撃というような想定外の出来事をはじき出すプログラミングがあらかじめ脳内に施されているため、それまでの人生を振り出しに戻しかねないアクシデントが仮に起きた場合でも、それをあるがままに受け取らず、常識的な眼鏡を通してその現象の意味を殺菌洗浄し、あくまで理路整然とそれを処理してしまうのだ。だからわたしは雪男を見てもそれを雪男とは思わず、カモシカの後ろ姿と捉えるに違いない。雪男はおそらく人を選ぶのであろう。

わたしは残ったおき火を靴の裏でもみ消した。遮るもののない青空に煙だけがゆっくりと立ち昇った。食料がなくなりずいぶん軽くなったザックを背負った。キャンプ地を後にし、自分が行き来したせいですっかり踏み跡ができた枯れた草木の間の乾いた土の上をゆっくりと下った。サマラルの放牧小屋があるインゼルの基部まで下りてきて、今下りてきた道を振り返った。コーナボン谷には相変わらず闇のような静寂だけが広がっており、岩壁を滑り落ちる滝の音すら静寂の一部と化していた。

雪男は今この瞬間も、この谷のどこかで、わたしのことを見つめているに違いない。

# エピローグ

わたしが参加した高橋好輝の雪男捜索隊は後日、思わぬ波紋を広げた。わたしがひとりでコーナボン谷に向かう前の話である。発端となったのはフランスのAFP通信が配信した記事だった。ネパールの英字新聞カトマンズポストの朝刊は、《日本人がイエティの足跡発見》との見出しを掲げ、一面の最下段に次のようなAFPの記事を掲載した。


ネパールとチベットのヒマラヤ一帯に現れるといわれる伝説のイエティのものらしき足跡を、日本人冒険家による遠征隊が発見したと明らかにした。「足跡は長さ約二〇センチで人間の足跡のように見えた」と、イエティ・プロジェクト・ジャパンの高橋好輝隊長はカトマンズで月曜日、AFP通信の取材に対して答えた。

イエティの伝説はこの何十年も西洋の冒険家や登山家の想像をかき立ててきた。

高橋がその半人半猿の動物を追跡するのは三回目で、今回は七人の捜索隊で挑戦した。

彼らは七六六一メートルのダウラギリⅣ峰周辺で四二日間捜索を続けたが、イエティの姿を撮影するという最大の目的を果たすことはできなかった。しかし、これまでにもダウラギリⅣ峰でイエティの足跡を目撃したことがあるといい、高橋は今回見つけたものも十分な証拠になると話す。

「わたしも他の隊員も何十年とヒマラヤに通っているのでクマやシカ、オオカミ、ユキヒョウの足跡は識別できる。しかし、今回のものはそのどれにもあてはまらない」と彼は言う。「あれは本物だと確信している。足跡や地元住民の話はイエティが想像の産物ではないと確信できるものだ」

（筆者訳「カトマンズポスト」二〇〇八年一〇月二一日）


AFP通信の取材は一〇月二〇日午後、わたしたちがカトマンズで泊まっていたホテルで行われた。捜索活動はすでに八日前に終了しており、一〇月一七日には隊員全員がカトマンズに戻って来ていた。シェルパたちとの打ち上げも終わり、取材のあった二〇日朝には村上和也、堤信夫、折笠貴の三人が、仕事の都合で予定よりも早く日本に帰国していた。AFP通信の取材は、こちらから声をかけたわけでもなく、隊が解散した後に向こうから申し込みがあって実現したものだった。

記事で紹介された足跡とは、折笠カメラマンが九月二日に、ベースキャンプから稜線キャンプに登ってくる途中で発見し撮影した、長さ約一八センチの細長い足跡である。新聞にはその足跡の横に、ベースキャンプで副隊長の八木原圀明が冗談でつけた自分の足跡の写真も、なぜか比較のために並べて掲載されていた。

この記事は前出の新聞のほか、同日付のネパール、インドの各紙に掲載され、思いもよらない反響を呼び起こした。その日、わたしたちがホテルのロビーでそれらの新聞に目を通していると、他の新聞やテレビの記者たちが次々と後追い記事の確認取材のために押し寄せ、ロイター、共同といった大手通信社もホテルにいる高橋に電話をかけてきた。高橋と旧知のネパール在住日本人記者からも電話連絡があり、「AFPの記事が掲載されたので、そちらに問い合わせが殺到すると思います」と忠告してくれたが、その時にはすでに殺到していた。

記事の影響は即座に日本にも飛び火した。ホテルにはテレビの民放キー局から次々と電話で問い合わせが入り、スポーツ紙は折笠が撮影した足跡の写真を大きく掲載した。朝日、読売、毎日、日経などの全国紙も小さな記事を載せて追っかけた。カトマンズに残っていたわたしたちが直接それらのニュースに触れることはなかったが、日本で事務作業を手伝ってくれた古山伸子から、CNNから取材の申し込みが来ている、鮮明な足跡の画像が必要だから大至急手配してくれなどといったメールが次々と送られてきたので、その喧騒ぶりは伝わってきた。わたしたちがひそかに開設していたブログの訪問件数は、それまではせいぜい一日六〇〇件から七〇〇件ほどに過ぎなかったが、ＡＦＰ通信の記事が配信された日は、その日だけで一一万六五七二件に達した。カトマンズのネットカフェで検索すると、日本の新聞のニュースサイトには「歴史的スクープ」との見出しが躍り、インターネットの掲示板サイト「2ちゃんねる」の投稿者たちは、早くも写真をねつ造だと断じていた（雪男のものかどうかの真偽はともかく、あの足跡の写真はねつ造などでは決してない。ねつ造ならもう少しうまく作っていたはずだ）。週刊誌は朝日新聞が捜索隊を後援したことを揶揄《やゆ》する記事を掲載し、人気漫才師が司会をつとめる日曜朝の情報番組では、雪男がいるかどうかの見解をまったく無関係なＵＦＯ研究者に求め、わたしたちの活動を小馬鹿にしていた。

　この刹那的な雪男足跡報道は高橋好輝の闘争心に再び火をつけた。二〇〇八年の年末に東京・高田馬場で雪男捜索隊の忘年会が開かれた時、二カ月ぶりに会った高橋は、どういうわけか雪男発見に向けて再び熱意をたぎらせていた。

「近いうちにまたやろう」と彼は言った。「その時おれは顧問で行くから、捜索はお前たちが中心にやればいい」

　話によると、折笠が撮影し世界中を駆け巡った雪男足跡報道の影響で、アメリカのケーブルテレビ局が雪男についての番組を制作することも決まったという。番組はコーナボン谷の雪男についても紹介する予定で、案内役として八木原圀明が近々コーナボン谷に再び向かうことになっているという。その後、年明けにわたしは再び高橋と、東京都三鷹市にある彼の自宅で会う機会があったので、どうして再び捜索をやる気になったのか訊いてみた。

「あれだけ報道されると引くに引けなくなっちゃった」と高橋は言った。

たび重なる取材で記者たちから、またやるのか、次はいつやるのか、と質問されるうち、本人もまたすっかりその気になってしまったらしい。少し照れながらそんな白状をした高橋の姿にわたしはある種の羨望を感じた。この人はひょっとしたら死ぬまで雪男を探すのかもしれない、いや探すべきだろう。コーナボンキャンプを撤収する時、厚く立ち込める濃霧の中、もうここに来ることもないとつぶやいた時の哀愁漂う彼の姿はもうそこにはなかった。眼の奥に炎を燃やしながら雪男発見への執念を語る一年前の姿に戻っていた。捜索が終わった時、わたしはどうせこの人はまた来ると言い出すに違いないと思っていたが、どうやらその通りになったようである。きっと本人もまだ捜索に未練があることには気がついていたが、年齢や仕事や生活のしがらみの中でその未練を強引に封じ込めていたのだろう。それが今回の報道のおかげで、その封印を解く言い訳を自分の中に見つけることができたのに違いない。何かに取りつかれた男は、たとえ何歳になろうとも、そこから逃れる術《すべ》など持ち合わせていないのである。

年が明けた二〇〇九年二月上旬、例のアメリカのケーブルテレビ局の取材が終わり、八木原が帰国したというので、わたしは彼と日本山岳会の事務所で待ち合わせをして話を聞いた。この取材により八木原がコーナボン谷を訪れたのは通算六度目となり、回数では高橋を抜き、鈴木紀夫と並び外国人推定歴代一位に躍り出た。彼もコーナボンキャンプ撤収時はサヨウナラーと大声で叫んでいたのに、舌の根も乾かないうちに今度はコンニチハである。とはいってもこの時の旅はまさに番組素材を集めるためだけの取材旅行で、往復ともヘリコプターを使用し、コーナボン谷に滞在したのはわずか三日間という強行日程だったという。特に雪男関連の発見もなく、グルジャヒマール南東稜の雪面に足跡らしきものが斜めに続いていたので確認しに行くと、雪が転がった跡だったというのが唯一のエピソードらしいエピソードだった。

「高橋さんがまたやる気になっていますね」とわたしは言った。

「まあ、そうだんべな」と八木原は群馬弁丸出しで言った。「雰囲気が冷めないうちに早めに動き出さないと。テレビがつかないとスポンサーも決まらないし。できることなら手柄を人にとられたくないだろ」

話題の足跡を撮影した折笠貴とは二月一四日の夜、渋谷の喫茶店で会った。撮影した本人はあの足跡についてどう思っているのか、それを改めて訊いてみたかった。バレンタインデーで着飾ったカップルが行きかう中、雪男について熱く語る、いい年をした二人の男の姿は明らかに周囲から浮いていた。

そもそも足跡を見つけた時、これほどのニュースになると彼は思っていたのだろうか。「いや、全然思わない」と彼は言った。「ああ、これがそうなのかな、でも、なんでひとつしかないのかなってそんな感じ。だいたい、足跡なんか今まで何度も撮られているから、どうでもよかった」

折笠の言う、足跡なんてどうでもいい、という認識は実は隊員全員に共通したものでもあった。今回の捜索を通じて高橋は足跡はもういい、今回は雪男そのものの映像を撮りたいと口を酸っぱくして言っていたので、わたしたちは知らず知らずのうちにその言葉に洗脳されていた。だから折笠から足跡を見つけたと聞いた時も、わたしはそれほど強い関心を持たなかったし、その後も隊の中でこの足跡が大きく話題になることはなかった。だから捜索を終えてベースキャンプを撤収する時、わたしたちは今回の捜索では大した成果は挙げられなかったと肩を落として下山し、その後わたしはひとりで再びコーナボン谷に向かったのだ。しかしマスコミはわたしたちがまるで勝ち誇っているかのように報道していたので、率直に言ってわたしはこの現実と報道とのギャップに不快なものを感じていた。足跡は所詮足跡、あの足跡が雪男のものかどうかなんて誰にも分からないのに、と。

しかし、それが何かの動物の足跡だったのは間違いないと折笠は断言した。

「偶然できたものではないし、カモシカやユキヒョウといった四足動物の足跡である可能性もない」

じゃあ、やはり雪男の足跡だったのか。わたしがそうたずねると、折笠は「実はね……」と言って興味深い話を切り出した。

「あの足跡はみんな左足だと思っているけど、実は右足なんだ。写真だけ見ると左足に見えるけどね。写真だと影が出ないから全然分からない」

そう言うと彼は、捜索から帰国後の一月上旬にまったく別の取材で訪れた東京都多摩動物公園での体験を話し始めた。園内にはチンパンジーの展示館があり、そこで折笠は金属板に彫り込まれたゴリラとチンパンジーとオランウータンの足型の展示物を見かけた。それを見て衝撃を受けたという。

「ゴリラの足型を見た時、あ、やっぱりと思った。おれ、類人猿の足跡って見たことなかったのね。報道が盛んだった時、あの足跡は雪男じゃないって言われたりして、そうなのかなって思ったこともあった。でも動物園であの足型を見た時、分かったんだ。おれが見たのとおんなじじゃんって」

ゴリラなど類人猿の足は人間とは違い、木の枝をつかみやすいように親指が他の四本の指と離れてついている。折笠がダウラギリで見つけた実は右足だというあの足跡は、写真で見てもよく分からないが、動物園で見たゴリラの足型と同じように親指が他の指から少し離れてついていたというのだ。足の外側の輪郭が開いているような形になっているのもよく似ていたという。もちろん、ヒマラヤには類人猿の存在など確認されていない。既知の動物の中でそのような足跡をつける可能性があるとしたら、類人猿とは違うがラングール猿だろうか。

「絶対、ラングール猿じゃないと言い切ることはできないと思う」と彼は言った。「今でも雪男のものかどうかわからないけど、あの足跡は類人猿かサルに近いもの。それは確信した」

だが、ラングール猿の棲息地はせいぜい標高三五〇〇メートルの森林限界までだ。一方、折笠が足跡を見つけたのは、そこから一〇〇〇メートルも標高が高い岩だらけの尾根の上だった。それに加え、足跡を撮影したのは大雪に見舞われた日の翌日で、現場にはかなりの雪が残っていた。熱帯ジャングルに棲息するラングール猿がエサもないのにそんな場所まで登ってくるとは考えにくい。

「もともと折笠さんは雪男の存在を信じていたんですか」とわたしは訊いた。

「前回（二〇〇三年）参加した時は、雪男を追う人たちの人物ドキュメンタリーを撮る仕事で行ったから、イエティを撮影してやろうっていう感じじゃなかったんだよね。まあ隊長という信用できる人が、いるって言うんだから、いるんだろうなとは思っていたけど」

フリーのカメラマンである折笠は取材で世界中の辺境に出かけることが多い。雪男の捜索に関わるようになったのも、番組制作で同行したのがきっかけで、もともと雪男に関心があったわけではなかった。だが今回、自分が見たあの足跡の主が類人猿に近い生き物だと確信した結果、こう思うようにもなったという。

「動物園で足型を見た時、あの足跡は何だったのと。これを証明しないといけないなと。もし誰かがあの足跡の正体を先に見つけたら悔しいだろうね」

話を聞きながらわたしは、彼の内面に体験がもたらす独特の認識の変化が生じていることを感じた。鈴木紀夫や高橋好輝、八木原圀明が体験してきた雪男ショックが彼にも起きたのだろうか。折笠はカメラマンとして同行した二〇〇三年の捜索の時にも、カエル岩の近くを登る謎の動物の目撃騒動をベースキャンプで体験していたので、今回の足跡の目撃は二度目の雪男体験といえた。その結果、それまで特に関心がなかった雪男に対して、彼はそういった現象をもたらす実体がコーナボン谷のどこかにひそんでいると考えるにいたったわけだ。たとえそれが群れの行動や集団の規範から逸脱した、ただのサルだったとしてもである。わたしは雪男に選ばれなかったが、彼は選ばれた。わたしは彼と話をしながら、そのことを単純にうらやましいと思った。

あの捜索が終わり短くない年月が流れた今、わたしは基本的にはコーナボン谷に雪男がいるとは考えにくいと思っている。帰国した当初は、雪男が実在する可能性について見解を求められると、いてもおかしくないという、答えにもならない答えを返していた。コーナボン谷とダウラギリ山の白ずんだ風景、それに山にこもった時の気持ちの余韻が、わたしにそうした答えを口にさせていた。しかし時間は記憶や印象や感情を風化させ、その極端な部分を削り取って平均化させる。記憶が風化したすき間には常識的な思考が進入、繁殖し、勢力を拡大する。だからわたしの雪男に対する認識は、捜索に参加する以前の、雪男がいるとは考えにくいという常識的なものに再び戻りつつある。

捜索に関わったひとりとして、わたしがそう思う根拠を挙げてみよう。わたしは生物生態学や古人類学、動物学、サル学、植物学などに関しては素人で、ここに述べるのは専門的な見地からではなく、あくまで捜索現場の印象をもとにした個人的な感想に過ぎない。そのような立場から、わたしが雪男の存在を肯定しにくい最大の根拠は、ある種の解釈の問題につきると言える。足跡にしろ、雪男の目撃談にしろ、これまで報告されたほとんどの雪男現象は、客観的には、例えばカモシカやクマといった従来の四足動物の見間違えで説明できてしまう気がするのだ。それらの報告が四足動物のものかどうかは不明であり本当に雪男のものなのかもしれないが、ここでわたしが言いたいことは、雪男の正体がカモシカやクマなどの四足動物であるということではなく、カモシカやクマなどの四足動物でその現象を説明しても説得力を持ち得るという点にある。

今回の捜索で八木原副隊長が遠目に見た、あのやおら立ちあがった細長い影を、クマの親子が斜面を動く後ろ姿ではないと断言することは彼以外には誰もできない。多くの人が指摘する通り四足動物が斜面を登っているのを後ろから見ると、二本足に見えることもあるからだ。撮影に失敗した結果、それはクマではなく雪男だったと証明できる材料は何もないため、クマではないかと言われれば、その影を見ていない人間としてはクマかもしれないと思えてしまう。

同様に二〇〇三年の捜索隊がベースキャンプから遠望した岩場を歩く例の二足歩行動物が、実は岩場を登るカモシカの親子だった可能性を否定することも、わたしにはできない。はっきりとその姿を見たのは、捜索隊が雇ったシェルパたちである。驚異的な遠望能力を誇る彼らの両眼が岩場を歩くその動物の姿を捉えた瞬間、彼らがそれを人間と認識したのはおそらく間違いないのだろう。しかしその事実によって、岩場を歩いていたその人型の影が実はカモシカの後ろ姿だった可能性が排除されるわけではない。シェルパたちも後から本当はカモシカかもしれないと思いつつも、雪男を探している彼らの雇い主が大騒ぎし始めたので、その可能性を打ち明けることができなかっただけかもしれない。その動物はどこにいて、大きさはどの程度だったのかと殺気立った様子で訊かれるうちに、カモシカかもしれないっすねと言い出すタイミングを逸したことも考えられる。翌日現場近くで発見された足跡も、二〇メートルの距離から目撃されたこと、また近づいて見た時にはすでに太陽で輪郭がぼやけていたことから考えると、カモシカの足跡のダブルプリントが二足歩行動物のように見えた可能性もまったくは否定できない。こうした目撃情報は、他者から見れば約一〇〇年前のローレンス・ワッデルやエリック・シプトンの時代から繰り返されてきた正体不明の動物の目撃例と結局は変わらない。

要は解釈の問題であり、ある事象は別の観点や側面から眺めれば別の姿をさらけ出す。とりわけ雪男のような現象は、遠くまで見渡せるヒマラヤの雪山、曖昧な地元住民の証言、雪がとけて輪郭がぼやけたダブルプリント、霧にかすむ風景、興奮した場の心理といった変動領域の大きなパラメーターが加わるため、現象の蜃気楼化が加速する。

捜索隊から離れ単独捜索をした時、わたしは一〇〇〇メートル以上にわたって続いている足跡を遠くから見て、それを雪男のものだと半ば確信した。だが実際に近づいて、カモシカ（あるいは他の有蹄類）のダブルプリントだと確認した時、こういう例は実はいくつもあったのかもしれないと思った。動物園に行けば見られるようなおなじみの動物が冬の間に、標高五〇〇〇メートル近くの険しい斜面を登攀することがあるという事実を知った時、わたしには過去に高所で遠望されてきた雪面の怪しげな足跡が実はカモシカやクマの足跡だった可能性は高いように思えた。それに現地の住民の証言も不可解だった。なぜムリの村人たちは雪男の存在を認めず、わたしたちの質問の取り扱いに困惑したのか。

残念ながら多くの雪男や足跡の目撃談は直接に体験した者以外にとっては、常識的な観点から反論が可能な現象に地位を落としてしまう。現場での体験は口頭や文章で伝達することで言葉による説明に変換されるが、言葉による説明はどんなに精密な論理や合理的な推論を組み立てたところで、批判的な立場からの反論を許すという宿命的な性格を帯びている。説明は映像とは異なり、他者による解釈を許し、突っ込みどころが満載で、基本的には現場特有の高揚感や緊迫感といった雰囲気を伝えにくい。そうした情緒的な場の要素は、言葉による説明の中では霧消してしまうのだ。論理や合理性からかけ離れた存在である雪男の存在を、言葉で数式のように緻密に説明しようとしても、それは極めて困難な試みなのである。「おそらく」や「きっと」といった副詞や、「かもしれない」などという文末表現が頻発する文章で説明されることで、雪男はあらゆる可能性を包含する現象になり得るし、逆にあらゆる現実からつまみだされ行き場を失ってしまう。

こうした話を高橋にすると、バカ、お前は何も分かってないと怒られた。

そう、たしかにわたしは何も分かっていない。

つまりわたしは捜索で雪男が実在するという体験を何もしなかった。だから今のところ、コーナボン谷に雪男が存在すると言いたくても、それを言葉で説明することができない。

しかしわたしは、現在のところまでのこの差し当たっての自分の結論が、何かを体験したら一瞬で吹き飛んでしまうガラス細工程度の強さしか持ち合わせていないことも分かっている。それらしい推論など事実の力強さの前には常に無力だ。わたしは事実を知らないので推論に頼らざるを得ないだけなのだ。

だから芳野満彦が見た雪男は何だったのかと訊かれたら、わたしにはそれにこたえる術がない。同様に高橋好輝がその時に見た尾根の途中で消えた謎の足跡と、芳野のうろたえる姿との整合性を説明する根拠を持ち合わせていない。鈴木紀夫が撮影した写真を見て、雪男などではないと鼻で笑うことは可能だが、その後に彼が何度もコーナボン谷に足を運び死んだことを、いったいどう解釈すればいいのか分からない。二〇〇三年に目撃された岩場を歩く謎の二足歩行動物について、わたしはカモシカの例を用いて否定してみせたが、そのことを高橋に話した時に返って来た断固とした態度は、わたしの理解を超えていた。バレンタインデーの日に渋谷の喫茶店で折笠が話した内容は、わたしが体験したくても、できなかったものだった。わたしは何も分かっていないという前提のもと、常識的な観点から、基本的には雪男がいるとは考えにくいと書いた。それは事実だが、一方で自分が分かっていないところで何かが起きていた可能性を否定することもまた、決してできない。

わたしは自分が行った捜索や客観的な目撃談、あるいは足跡の写真の中に雪男の論理的な存在を認めることはできなかった。わたしは雪男の存在を、実際の捜索現場ではなく、接した人の姿の中に見たのだ。

考えてみると、彼らとて最初から雪男を探そうとか、死ぬまで捜索を続けようとか思っていたわけではなかった。さまざまな局面で思ってもみなかったさまざまな現象に出くわしてしまい、放置できなくなったのが雪男だった。人間には時折、ふとしたささいな出来事がきっかけで、それまでの人生ががらりと変わってしまうことがある。旅先で出会った雪男は、彼らの人生を思いもよらなかった方向に向けさせた。そこから後戻りできる人間はこの世に存在しない。その行きずりにわたしは心が動かされた。

雪男は向こうからやって来たのだ。

最後にコーナボン谷で雪崩に巻き込まれた鈴木紀夫が、死ぬ直前に見た風景について考えてみたい。実はわたしは雪男単独捜索の途中、彼が雪崩に流され最期を遂げた現場を訪れたことがあったのだが、その時に見た風景の中にこそ、雪男を目撃することの象徴的な意味が含まれているように思えたのだ。

彼がどこで雪崩に遭ったのか、さらに言うなら彼が死んだのが本当に雪崩に遭ったからなのか、実は出発前に読んだ資料からだけでは確定的なことは分からなかった。だが幸運にも彼の遺体を発見したサマラル・プンから詳しく話を聞き、その証言を帰国後に鈴木の遺稿と照合することで、わたしは鈴木が雪崩に遭った場所を、ほぼ完璧に特定することができた。サマラルは鈴木のテントの張り綱をグルジャヒマール南東稜の斜面の上部で発見したというので、その場所を詳しく聞き出したのである。

サマラルと二人で千葉ポイントにキャンプ地を設けた後、わたしは目の前に広がる斜面の景色を望遠レンズ付きムービーカメラで映し、サマラルにモニターを見せて雪崩の発生場所を確認させた。モニターには鈴木が三角岩と呼んだ大きな岩の塊がはっきりと映し出されていた。

「この岩はあの三角形の岩だ。張り綱があったのはどこ?」とわたしは訊いた。

「ここじゃない。もっと右だ」とサマラルは言った。

わたしはゆっくりとカメラを右に回した。モニターを注視していたサマラルが、ある場所で突然叫んだ。

「ここだ、この岩の近くだ!」

そう言って、彼は斜面のほうを見上げ、その場所を肉眼でも確認した。モニターには白くて丸い岩が映っていた。わたしも斜面を見上げて、その岩のある場所を確認した。そこは標高四三〇〇メートルの台地、鈴木が新千葉ポイントと呼んでいた場所だった(帰国後に改めて鈴木の遺稿を読むと、彼が第二次捜索で新千葉ポイントにテントを張った時の記述の中に、この岩のことが書かれていた)。サマラルはそこで切断されたテントの張り綱の他、スプーン、使いかけのロウソクなどを見つけたというので、鈴木がそこでキャンプ中に雪崩に遭ったのは間違いない。この新千葉ポイントは、鈴木が二回目に捜索をした時に何度も雪崩に襲われたところである。

サマラルが村に帰ってから三日後、わたしは現場を実際に目にすることで何か分かることがあるかもしれないと思い、鈴木が雪崩に襲われたその新千葉ポイントに向かった。朝八時、日が照ると暑いのでTシャツ姿でキャンプ地を出発、一度雪渓に下り、対岸の細い尾根を登った。次第に尾根はなだらかになり、一時間弱でサマラルが指さした白い岩に到着した。新千葉ポイントの事故現場である。

岩のまわりは平坦地になっており、テントを張って生活するだけなら申し分ない場所だったが、そこから上部を見上げた時、一見して雪崩の危険性が高い地形であることが分かった。傾斜が三〇度から四〇度程度のカール状の浅い谷が、小さな尾根を挟み二つ並んで稜線に向かってせり上がっていた。おそらく右側の谷で雪崩が発生し、鈴木のテントは流されたのだろう。谷の向きを考えるとその可能性が高そうだった。

山を下りてキャンプ地に戻り、改めて斜面を眺めた。新千葉ポイントのすぐ下側は崩れた断崖になっており、それが下のほうで谷となり、鈴木の遺体が見つかった現場へとつながっていた。

この光景を見た時、彼がどのような最期を遂げたのか、わたしには分かったような気がした。一九八六年一二月のある日、鈴木は何らかの理由でそれまでいた千葉ポイントを離れ、標高四三〇〇メートルの新千葉ポイントに移っていた。あいにく天気は大荒れとなった。降りしきる大雪の中、突如、積雪内部の弱層が広範囲にわたり崩壊し、雪崩が発生した時に特有の打ちのめすような轟音があたりに響いた。新千葉ポイント上部の浅い谷で雪崩が発生したのである。乾雪雪崩は平均で時速六〇キロから一二〇キロで流れるという。上部で発生した雪崩は台地の際にあったテントをまるごと飲み込み、すぐ脇の断崖にたたき落とした。雪崩は新たな雪崩を次々と引き起こし、自動車なみのスピードで二人の現地人ガイドとともに鈴木を六〇〇メートル下の谷底までたたき落とした。新千葉ポイントは一〇〇〇メートル以上にわたりすべり台のような傾斜が続く斜面の中腹にあり、新雪が大量に積もったら雪崩の危険から逃れようがない。鈴木は第二次捜索で大雪の新千葉ポイントに閉じ込められた時の恐怖を《テントごと後の絶壁にちかい急斜面を滑り落ちてあの世行きだ》と遺稿の中に書いているが、その通りのことが最後に起きたのである。

ではなぜ彼は安全な千葉ポイントを離れ、わざわざ危険な新千葉ポイントに向かったのだろう。いくつかの事実が、それが予定外の行動だったことを示している。例えば装備。サマラルの証言によると、鈴木はロープもアイゼンもピッケルも、冬山登山に必要な装備を何も用意していなかったという。サマラルの証言は、鈴木の捜索報告書と矛盾しておらず、信頼性は高いとわたしは考えている。また、鈴木の遺体を捜索した登山家の斎藤安平は彼の遺品を現場で回収しているが、その中にも雪山に必要なそれらの装備はなかった。鈴木は最初の雪男捜索でドゥドゥコシ谷の周辺で五五〇〇メートル地点まで登った時、ピッケルにぶら下がるようにして下りてきた経験をしている。さらに雪崩に直面した第二次捜索の時には下山中にアイゼンとピッケルで滑落をとめたこともあった。雪と氷の斜面を登るのにそれらの装備が有効であることを彼は知っていたはずだが、この最後の捜索に持ち込んだ形跡はない。つまり日本を出発する時点で、彼には雪の新千葉ポイントに登る意図はなかった可能性が高い。

また現地での行動にも不可解な点がある。彼の行方を捜索した山田昇の遭難報告書によると、一二月初め、鈴木は千葉ポイントにいた時、村から荷物を運んで来たポーター二人に小屋掛けのための竹の屋根とニワトリ二羽の買い出しを命じたが、ポーターがそれらの道具を持って千葉ポイントに戻ると、鈴木はすでにいなかったという。ポーターが戻った時にはすでに新千葉ポイントに移動していたのだろう。鈴木の弟の正人によると、竹の屋根とはテントを周囲の密林とカモフラージュさせる時や、炊事用に立てた木の骨組みの小屋の屋根に使ったものだという。カモフラージュ用ならば、それが必要なのは日当たりがよくてまわりの雪がすぐにとけてしまう千葉ポイントであって、斜面が北向きで雪が残る新千葉ポイントでは必要ない。実際、第二次捜索の時は新千葉ポイントに持って上がったのはテントだけで、竹の屋根は持って行かなかったという。そう考えると鈴木が竹の屋根の買い出しを命じた一二月初めの時点で彼には千葉ポイントを離れて新千葉ポイントに向かう意図はなかったと思われる。

忘れてはならないのは、鈴木紀夫は第二次捜索の時に雪崩に何度も直面し、その恐怖を十分に味わっていたということだ。そのため、その後三回の捜索はすべて冬を避けていた。そこに行けば雪崩に襲われる可能性が高いことを鈴木は過去の体験を通じて知っていたのだ。そして最後となった第六次捜索の時も、二人のポーターに竹の屋根の買い出しを命じた一九八六年一二月初旬の時点までは、雪の積もった新千葉ポイントに上がる意図はなかった。

しかし何かが起きて、彼は突如、危険を承知の上で新千葉ポイントを目指すことに決めた。何が起きたのだろう。

わたしには答えはひとつしかないように思われる。彼はその時、きっと雪男を再び見たのだ。その姿を追いかけて、最後に雪の新千葉ポイントに向かったのだ。

彼の死から二二年後、いかにも雪崩が起きやすそうな雪の新千葉ポイントに立った時、わたしはそう思った。

あの現場を見てから三年が経つが、わたしのこの印象はまだ変わらない。

# 文庫のためのあとがき

この本はジャーナリストの立場で書いたものですと話すと、大抵の人から失笑された。ジャーナリストというと、どうしても国際政治や社会問題といった堅い話題を報告する印象があるので、その言葉と雪男というキャラクターが持つ漫画じみたイメージとの間に深いギャップを感じるのだろう。いや、そうではなく、わたし自身に原因があった可能性もある。わたしは本書の前に、チベットの峡谷地帯の探検記を書いている。そのためハードな探検家や冒険家と認識されることが多く、その探検家がジャーナリストとして書いたなどと言うものだから、聞いている方が冗談だと勘違いしたのかもしれない。

しかし冗談ではなく、これはあくまでジャーナリストとしての立場で書いた本である。扱う対象が雪男だろうと何だろうと、社会に明らかにされていない事実を取材によって掘り起こして文章にまとめたのだから、探検家ではなくジャーナリストの仕事である。この本の中にもし探検家がいるとすれば、それは高橋好輝隊長や鈴木紀夫さんや芳野満彦さんであり、わたしは彼らの捜索に同行したり話を聞いたりした一介の記者にすぎなかった。そもそも読んでもらえばわかるが、新聞社を退職してすぐに取材を開始したのがこの雪男の話だったので、時間的にも思いっきり記者の気分を引きずっていた。そう、わたしはこの時、雪男専門のジャーナリストだったのだ……と力説すればするほどふざけた感じになってしまうのが、まさしく雪男の雪男たる所以《ゆえん》である。

実は取材を始めてから一貫してこの作品の中で書きたかったのは、この〝雪男の雪男たる所以〟であった。雪男の〝雪男性〟とでもいえばいいだろうか。雪男の核の部分である。

何を言っているのか分からないと思うので、本文の中でも紹介した具体例を挙げて説明すると、例えば芳野さんが雪男を目撃して撮影した写真。どういうわけか帰国後に現像してみると真っ白で何も映っていなかったという、あの不思議な写真だ。あれが雪男である。また高橋さんが率いた二〇〇三年の捜索でシェルパが見た謎の人影もそう。報告を受けた稜線キャンプの隊員が慌てて探し始めた時には、なぜかタイミングよく周囲が霧に覆われ、翌日、雪の上に足跡が残されていたという、あの人を煙《けむ》に巻いたような話だ。あれが雪男である。極めつけは鈴木紀夫さんが最初のコーナボン谷で見たというゴリラの親子のような集団。彼がその時に撮影した写真はわたしも穴が開くほど何度も見たが、正直に言ってヤギの写真にしか見えなかった。しかし鈴木さんはその写真に写った実体を雪男であると確信して、その結果、何度もコーナボン谷を訪れ、最後は亡くなった。それこそ雪男なのである。余計、分からなくなっただろうか……。

雪男と聞くと、普通はあの白い毛むくじゃらの二足歩行の猿人みたいな動物を思い浮かべるので、どうしてもそんなものはいないと考えがちだ。かくいうわたしもその一人だった。今も「雪男って本当にいるんですか？」と訊《き》かれると、「（あなたが考えるような雪男は）たぶんいないでしょうね」と答えることにしている。捜索に参加し、いわゆる雪男が実在する確信を得ることができなかった以上、肯定的な答えを返すのは雪男ジャーナリストとしては不誠実であるからだ。

しかし率直に言うと、その「いわゆる雪男」がいるかどうかは、わたしには最初からさほど関心はなかった。わたしが知りたかったのは、今挙げたような不思議な現象の原因と詳細であり、これら不思議な現象、つまり雪男を捜索している人や目撃した人の話、そして自分が見た風景を通じて雪男の本質的な部分を描き出すことが執筆の目的だった。と言いつつも、捜索中（特に一人で捜索している間）は「いわゆる雪男」が本当にいるんじゃないかと期待を持っていたのは事実だし、帰国直後にあった人には「八十パーセントぐらいの確率でいると思う」と興奮気味に語っていたのだから、今となっては本当のところどうだったのか自分でもよく分からない。もちろんそういうのがまさに雪男的なのだが、この雪男の雪男性をどうやって書けば読者に伝えることができるかというところに、書き手としてのわたしの試みはあったわけだ。

内容とは別に書き留めておきたいことが二つある。

一つは芳野満彦さんのことである。芳野さんは二〇一二年二月五日に心不全のために亡くなった。本文でも紹介したが芳野さんは日本人で初めてヨーロッパアルプス三大北壁を登った歴史に残る名クライマーだ。芳野さんとは結局、一回取材で面会できただけだったが、彼のライフワークであった登山のことではなく、完全にサイドストーリーに過ぎなかった雪男の目撃談を聞きに来た、どこの馬の骨ともわからないライターに対し、芳野さんは率直かつ丁寧に当時の記憶を掘り返して語ってくれた。

登山家の中には芳野さんの目撃談を疑う声もないではなかったが、わたしは話の態度とその迫真性から考えて、彼がその時何かを見たことは間違いないと確信している。雪男にまったく関心がないと言い放つ芳野さんが最も臨場感のある目撃体験をしていることがわたしにはとても興味深かったし、その後も全然関心がないと断言するところに、いかにもクライマー的な純粋さと潔さを感じた。芳野さんが亡くなった時、わたしは山に登っていたので、葬儀には参加することができなかったが、後日ご自宅を訪問してご焼香させていただいた際に、ご遺族の方から芳野さんが本書をとても喜んでくださっていたと聞き、うれしく思ったことを覚えている。改めてここにご冥福をお祈り申し上げます。

もう一つ。実はこの本は実質的にわたしが書いた初めての長編作品だった。内輪話めいた余談になるが、わたしは『空白の五マイル』（先ほどのチベットの探検の本）という作品で集英社の開高健ノンフィクション賞を受賞して初めての本を出すことができたのだが、実はその前年にこの『雪男は向こうからやって来た』で同賞に応募し、残念ながら最終選考で落選していた。そのため当然この作品はしばらくの間、陽の目を見なかったのだが、しかし幸運にも翌年『空白の五マイル』が受賞した結果、集英社の方で改めてこの作品も検討してくださることになり出版する運びとなったわけだ。基本的な大枠は応募作からほとんど変わっていないが、プロローグは全面的に書き換え、エピローグも大きく手を加えている。

この作品を書いている時は新聞記者を辞めてライターとしての仕事がまったくなく、収入もゼロの時だった。出版どころか雑誌に記事を書く予定もなく、何の目算もないまわたしは雪男について取材し、長編作品にまとめようとしていた。今から振り返るとかなり浮世離れしていたが、しかし自分で退路を絶った分、作品に全力で集中できていたことも事実だ。記者を辞めてすぐの時期だったので、とにかく新聞独特の関節の外れたような単発的な文体から脱却するのに四苦八苦したが、構成を練り直しては何度も書き直し、推敲を何十回と加え、自分なりの書き方を模索した。この作品を書いている時は一日十時間以上、机で執筆しても全然苦じゃなかったし、町を歩いている時なんかも、あそこはこう書こうとか、次はこうやろうとか、書き方のアイデアが次々と浮かんできて、今振り返ると書くことに非常に集中できていた。

この作品でわたしは作家として自分を鍛え上げることができたと思っている。だから個人的にとても思い入れの強い作品だ。今も、自分はあの時と同じ気持ちで書けているのかと、自問することがある。

取材に関しては次の方々に協力して頂いた。

浅葉雄司　今泉忠明　今井通子　ウプレティ美樹　大河原由紀子　大西保　小椋成人　尾崎啓一　折笠貴　片桐聖人　釜谷直樹　北村節子　楠本正　国重光熙　小西浩文　古山伸子　近藤幸夫　サマラル・プン　鈴木京子　鈴木つね子　鈴木正人　高橋好輝　田部井淳子　堤信夫　馬場悠男　深田良一　藤木高嶺　松阪崇久　松田昭　宮崎勉　村上和也　八木原圀明　芳野満彦（五十音順、敬称略。故人を含む）。

また集英社インターナショナルの田中伊織さんには、開高健賞に応募した時からアドバイスを頂いた。タイトルについては二人で散々悩んだが、エピローグにある一文が非常にインパクトがあるし、内容をよく表してもいるので、思い切ってタイトルにしようと提案してくれたのは田中さんだった。今もいいタイトルだと気に入っている。集英社の岸尾昌子さんにも単行本化の際に要点をつく指摘をいただき、その結果、この作品の質は大きく向上することになった。また文庫化に際しては集英社文庫編集部の飛鳥壮太さんにお世話になった。この場を借りて改めてお礼申し上げたい。

最後になるが、文庫化に際してこの作品を二年ぶりに読み返してみたが、読みながら、もしかしたら雪男（「いわゆる雪男」の方）っているんじゃないだろうか……と思っている自分がいた。

これはいったいどういうことだろう！

二〇一三年九月二四日　角幡唯介

# 参考資料

●『2003イエティ捜索隊全記録』イエティ・プロジェクト・ジャパン（二〇〇四年）
●『雪男探険記』レーフ・イザード、村木潤次郎訳（ベースボール・マガジン社、一九五七年）
●『私のヒマラヤ―ダウラギリⅣ峰』今井通子（朝日新聞社、一九七六年）
●『われら以外の人類―猿人からネアンデルタール人まで』内村直之（朝日新聞社、二〇〇五年）
●『冒険家の魂―小野田元少尉発見者鈴木紀夫の生涯』越後屋浩二（光風社出版、一九九二年）
●『ダウラギリⅣ峰―初登頂と事故の報告　大阪府山岳連盟1975年ヒマラヤ登山隊報告書』大阪府山岳連盟（一九七八年）
●『ネパール王制解体―国王と民衆の確執が生んだマオイスト』小倉清子（NHKブックス、二〇〇七年）
●『雪よ雪山よ雪男よ』尾崎啓一（時事通信社、一九七六年）
●『DHAULAGIRI-I NORTH FACE-PEAR ROUTE』カモシカ同人ダウラギリI峰登山隊（一九八三年）
●『ダウラギリⅥ　大阪府山岳連盟1970ヒマラヤ登山隊』関西登高会（一九七二年）
●『京大人気講義シリーズ　霊長類学のすすめ』京都大学霊長類研究所編（丸善、二〇〇三年）
●『空へ―エヴェレストの悲劇はなぜ起きたか』ジョン・クラカワー、海津正彦訳（文藝春秋、一

九九七年）
●『青と白の厳しさ─ダウラギリⅣ　1972』群馬県山岳連盟（一九七四年）
●『ヒマラヤを駆け抜けた男─山田昇の青春譜』佐瀬稔（中公文庫、一九九七年）
●『エヴェレスト─1951年の偵察遠征』エリック・シプトン、田中純夫訳（日本山岳会越後支部、一九九三年）
●『未踏の山河─シプトン自叙伝』エリック・シプトン、大賀二郎、倉知敬訳（茗溪堂、一九七二年）
●『中国の「野人」─類人怪獣の謎』周正、田村達弥訳（中公文庫、一九九一年）
●『シシャパンマ　1981年・春─日本女子登山隊の記録』女子登攀クラブ（一九八一年）
●『サルの百科』杉山幸丸編（データハウス、一九九六年）
●『大放浪─小野田少尉発見の旅』鈴木紀夫（朝日文庫、一九九五年）
●『エリック・シプトン─山岳探検家・波瀾の生涯』ピーター・スティール、倉知敬訳（山と溪谷社、二〇〇〇年）
●『ビジュアル版人類進化大全』クリス・ストリンガー、ピーター・アンドリュース、馬場悠男、道方しのぶ訳（悠書館、二〇〇八年）
●『雪男をさがす』谷口正彦（文藝春秋、一九七一年）
●『ヒマラヤ─日本人の記録』徳岡孝夫（毎日新聞社、一九六四年）
●『雪崩リスクマネジメント』ブルース・トレンパー、特定非営利活動法人日本雪崩ネットワーク訳（山と溪谷社、二〇〇四年）

●『アジアのクマたち—その現状と未来』日本クマネットワーク編（日本クマネットワーク、二〇〇七年）
●『雪男—ヒマラヤ動物記』林寿郎（毎日新聞社、一九六一年）
●『幻の動物たち』ジャン＝ジャック・バルロワ、ベカエール直美訳（ハヤカワ文庫、一九八七年）
●『雲の上の道—わがヒマラヤ紀行』深田久彌（中公文庫、二〇〇三年）
●『ヒマラヤの高峰（1・3）』深田久弥（白水社、一九七三年）
●『極限の山 幻の民—私の世界探検』藤木高嶺（立風書房、一九七七年）
●『秘境一筋極上人生』藤木高嶺（京都総合研究所、二〇〇四年）
●『アンナプルナ南壁』クリス・ボニントン、山崎安治訳（白水社、一九七二年）
●『現代の冒険（上）—山・極地・河』クリス・ボニントン、田口二郎、中村輝子訳（岩波書店、一九八七年）
●『登山医学入門 ヤマケイ・テクニカルブック登山技術全書⑨』増山茂監修（山と溪谷社、二〇〇六年）
●『ホモ・フロレシエンシス—1万2000年前に消えた人類（上・下）』マイク・モーウッド、ペニー・ヴァン・オオステルチィ、馬場悠男監訳、仲村明子訳（NHKブックス、二〇〇八年）
●『氷壁に刻む—山田昇・八木原圀明二人の登攀史』八木原圀明（上毛新聞社、一九九〇年）
●『ゴリラ』山極寿一（東京大学出版会、二〇〇五年）
●『新編 山靴の音』芳野満彦（中公文庫、二〇〇二年）
●『脱出記—シベリアからインドまで歩いた男たち』スラヴォミール・ラウイッツ、海津正彦訳（ソ

ニー・マガジンズ、二〇〇五年）
●Waddell, L. A.; *Among the Himalayas*, Westminster, Archibald Constable & Co., 1899.
●「ヒマラヤの謎の大型霊長類 雪男は実在する！」今泉忠明（「ウータン」学研、一九八九年一月号）
●「なぞの動物―雪男はどこにいる」今泉吉典（「アニマルライフ」日本メールオーダー社、一五一号）
●「これが雪男だ 雪男探検隊帰る」尾崎啓一（「野性時代」角川書店、一九七四年八月号）
●「ヒマラヤ雪男伝説」尾崎啓一（「ｓｋｉｅｒ」山と溪谷社、三二三号）
●「〝雪男＝イエティ〟を探して」尾崎啓一（「ＰＯＷＤＥＲ」枻出版、一九九八年第三号）
●「これが雪男の足跡!? シシャパンマ（ヒマラヤ）偵察隊を恐怖が襲った」北村節子（「週刊読売」読売新聞社、一九八〇年一一月二三日号）
●「『イエティに会った！』登山家・小西浩文が語るＵＭＡ（未確認生物）目撃情報」小西浩文（「山と溪谷」山と溪谷社、二〇〇三年二月号）
●「イエティを捜せ ヒマラヤの雪男はいるのか―日本人捜索隊が謎を追う」佐藤修史（「ＡＥＲＡ」朝日新聞社、二〇〇三年一〇月六日号）
●「『イエティが出た』情報ヒマラヤ山中の珍事」佐藤修史（「ＡＥＲＡ」朝日新聞社、二〇〇二年一一月二五日号）

●「イエティの存在を追う（Ⅰ）〜（Ⅳ）」高橋好輝（「ヒマラヤ」日本ヒマラヤ協会、一九九九年五月号〜八月号）
●「目撃と足跡の発見まで―2003イエティ捜索隊の報告から」高橋好輝、古山伸子（「山と溪谷」山と溪谷社、二〇〇四年二月号）
●「さらば雪男―わが発見の全記録」谷口正彦（「野性時代」角川書店、一九七四年八月号）
●「イエティの正体とはなにか？」根深誠（「山と溪谷」山と溪谷社、二〇〇四年二月号）
●「現代の神話―雪男」E・M・ムルザエフ、桝本セツ訳（「自然」中央公論社、一九六一年八月号）
●「それでも雪男はいる」八木原圀明（「上州風」三〇号、上毛新聞社、二〇〇九年）
●「ヒマラヤの雪線を直立歩行」山崎英雄（「科学朝日」朝日新聞社、一九七三年一〇月号）
●「映っていなかった雪男、に関する報告―一九七一年プレ、ドウラギリⅣ峰でのこと」芳野満彦（「現代の探検」山と溪谷社、一九七一年秋号）
●「朝日新聞」一九八七年一〇月八日朝刊
●「カトマンズポスト」二〇〇八年一〇月二一日
●「スポーツニッポン」一九八〇年八月二日
●「東奥日報」二〇〇三年九月一三日
●「平凡パンチ」一九七九年一〇月二二日号

＊その他、松田昭氏の日記、鈴木紀夫氏の手紙と遺稿、山田昇氏、斎藤安平氏、深田良一氏による鈴木紀夫氏の捜索報告書などを参照させていただきました。

# 解説——深淵という業と情熱

三浦しをん

中学生のころ、ＵＦＯを見た。

学校帰りに、家の近所にある本屋へ寄ったときのことだ。冬で、あたりはすっかり暗くなり、星が出ていた。本屋の駐車場を横切りながら、なにげなく空を見上げた私は、ひときわ明るく輝く星がひとつあることに気づいた。しかも、夜空の一角を縦横無尽に、明滅しながら動いている。

それは数分間、南の空をジグザグに飛びまわったのち、急に消えた。「わあ、ＵＦＯを見てしまった」と私は思い、本屋に入って漫画雑誌を立ち読みしたのち、帰宅した。

あの夜、私が見たものが本当にＵＦＯだったのか、いまだに謎のままだ。私はＵＦＯらしきものを目撃したことを、ほとんどだれにも話さなかった。うまく説明できないし、話しても意味がないと思ったからだ。その後、ＵＦＯに格別の興味を抱くでもなく、いまに至っている。

本書は、ヒマラヤへ雪男を探しに行った記録だ。「雪男？　いるわけないだろ」と思うかたもいらっしゃるだろう。本書の著者・角幡唯介氏も、どちらかというとそういう姿勢だった。にもかかわらず、あれよあれよというまに「雪男捜索隊」に参加する羽目になってしまう。

捜索隊のメンバーがまた、個性派ぞろい。これまで名だたる山々に登り、雪男を探しにヒマラヤへも何回も行ったという、山のプロばかりだ。雪男の実在を信じる年長の猛《も》者《さ》たちの熱気に翻弄され、角幡氏は戸惑うのであった。

このあたりの描写は、「経験豊富で勇猛果敢な猿、雉《きじ》、犬に、『鬼ヶ島には鬼がいるんだってさ。見にいこうぜ！』と誘われ、『え、まじで？』とたじろぐうちに、いつのまにか旅の仲間に加えられて困惑する桃太郎」といった感があり、探検がはじまるドキドキ感と愉快さに何度も笑ってしまう。

とはいえ角幡氏も、人跡未踏の地だったツアンポー峡谷のほぼ全容を解明したり、餓えに苦しみつつ北極を歩ききったりと、尋常じゃなくハードな旅（すでに「旅」という言葉の定義を超えているが）をしてきた探検家だ。その経験を読者に伝える才能にあふれた、すぐれたノンフィクション作家でもある。「雪男」と聞いて、いつまでもたじろいでいる角幡氏ではないのだ。彼は「雪男捜索隊」がヒマラヤへ出立するまでのあいだに、雪男に関する資料を調べまくり、雪男を見たことがある人々への取材を進める。

そして明らかになるのは、雪男（もしくは、その足跡）を見た登山家は案外多い、という事実だ。角幡氏が参加した「雪男捜索隊」のなかにも、見たと証言するひとは複数名いる。

はたして、雪男は実在するのか。実在するとして、「雪男捜索隊」は、雪男の姿を鮮明な写真や映像に収めることができるのか。ヒルに血を吸われまくり、「雪男？　いないよ」と現地の村人にあきれられ、それでも「雪男捜索隊」は、雪男目撃情報多発地帯、ヒマラヤはダウラギリ山系、コーナボン谷付近（標高三四五〇メートル〜五一〇〇メートル地点）を目指す。

本書は、胸躍る探検記だ。また、魅力あふれる捜索隊メンバーや現地住民についてのレポートであり、雪男に対する真摯な考察の書であり、雪男に心をとらわれたひとたちの記録である。雪男という未知の生命体を追う人々の姿を通して、たぶん多くの読者にとって未知の世界であろうヒマラヤの様子や風景を味わうこともできる。

自分では絶対に体験できないことや、知らなかった世界を垣間《かいま》見《み》られるのが、読書の大きな醍醐味《だいごみ》のひとつだ。その一点をもってしても、本書は「読んで損した」ということが決してない傑作だ。「雪男には興味ないんだが……」と躊躇《ちゆうちよ》されるかたでも、大丈夫。さきに挙げたとおり、本書は雪男以外にも読みどころがたくさんある。

それに本書のテーマは、実は雪男ではない（と私は思っている）。

角幡氏は、雪男を目撃した経験のある人々と行動をともにし、かれらと接することによって、人間の深淵に迫っていくことになる。本書は雪男ではなく、その深淵を描いているのではないかと思えてならない。

本書の終盤に至って、いよいよ深淵が眼前に立ち現れる瞬間、私は強く胸打たれ、何度読んでも、どうしても涙してしまう。人間の真実、心のなかにある不思議で大切ななにかに、本書は確実に迫り、暗く奥深くやわらかい深淵にそっと触れている、と感じるからだ。

もし、本屋さんで本書を手に取り、この解説を本編よりもさきにご覧になっているかたがおられたら、購入を強くおすすめする。角幡氏が深淵に迫る過程と、そのさきで目にする情景を、ぜひじっくりとお読みいただきたい。

ここからは、本書を読了したかたと語りあうつもりで書きます。

本書が迫った深淵とは、人間の「業」や「運命」のようなものではないかと、私は感じる。

角幡氏は雪男の目撃者のなかでも、故鈴木紀夫氏に特に注目する。雪男を追い求めつづけた鈴木氏の生の軌跡は、本書で丹念に述べられている。それにしても、だ。角幡氏と同様、読者の多くが困惑せずにはいられないのが、鈴木氏が撮った雪男の写真だろう。すみません、私にはあの写真、「緑の山肌に小さな白い点がいくつか写っている」としか見えませんでした。点が本当に雪男なのかどうか、なんとも判断をつけにくい。

鈴木氏は、たしかに雪男を目撃したのだろう。だが、目撃の「事実」と、雪男との再遭遇を期し、ついには雪崩で命を落とすまでの「行動」とのあいだには、大きな溝がある。あるように見える。私はかつて、UFOらしきものを目撃したが、UFOとの再遭遇を期して夜空を見上げつづけ、しまいには首がむちうち状態になる、というような行動は取らなかった。この差はいったいなんなのか。

両者のあいだに横たわる深淵。それが、「業」であり「運命」なのだと、本書を読み進めるうちに感知される。鈴木氏をはじめ、雪男を目撃したひとの多くは、深淵を覗《のぞ》き見、深淵にとらわれた。深淵とはつまり、すべてをなげうっても惜しくないと思えるもの。もしかしたら、「神」や「愛」と同じかもしれないもの。一度とらわれたら、それから逃れられるものはだれもいない。

雪男を目撃し、その実在を確信した鈴木氏を、いったいだれが否定し笑うことができるだろうか。ある程度の年数を生きてきて、自身の認識を超える「運命」「理不尽」「神」のようなものを、一度も感じたことのないひとがいるか？　「愛」の実在を一瞬だけでも信じたことのないひとがいるか？　たぶんいるまい。私たちはみな、深淵のほとりに立っている。ふだんは気づかぬふり、見ないふりをしているだけだ。

けれどだれしも、ふとした拍子に、逃れようもなく、深淵にとらわれることがある。神仏の実在を突如として感得し、その後、信仰の道に入ったひとはごまんといる。相手からの愛を感じ、自分もまた相手を愛していると信じて、多くのひとが愛しあう。「神仏」や「愛」と、「雪男」とのちがいは、どこにある？　その実在を感得し信じたひと以外にとっては、まるっきりどうでもいいことだという意味において、「神仏」も「愛」も「雪男」も同じだ。

　ではどうして、あるひとは「神」や「愛」や「雪男」を感得し、信じ、とらわれるのに、あるひとはまったくその存在を感得せず、あるいはちょっと感得したとしても信じたりとらわれたりすることなく、ボーッとしていられるのか。

　我々は自分の意志で深淵に飛びこむのではなく、深淵が私たちへ向かってやって来るからだ。まさに、本書のタイトルに込められた二重の意味どおりに。

　雪男は、尾根の向こうからやって来るのではない。雪男は、向こうからやって来る。「おまえだ」と、我々のなかのだれかを選んで。

　業のように、運命のように、理不尽な暴力のように、深淵は私たちを選別する。選ばれたものは、もう決して逃れることはできない。

　だれもが深淵のほとりに立ち、深淵を感得する力を備えているにもかかわらず、深淵に選ばれるひととそうでないひとがいるという、この不思議。人間の認識、心の働きの、このわけのわからなさ。

　雪男に選ばれ、とらわれてしまった、鈴木氏をはじめとする人々。かれらの情熱、信仰や崇高な愛とほとんど見分けのつかぬ行動を知るにつけ、業のない生などつくづく味気ないクソのごときものだと感じられる。

UFOらしきものを目撃したにもかかわらず、私は選ばれなかった。だが、いつかなんらかの深淵が、今度こそ私を飲みこみとらえるときが訪れるかもしれない。そう考えると怖い。だけどその日を待ち望んでもいる。業に絡め取られ、熱狂のうちに自分の持てるすべてをなげうつときが来るのだとしたら。恐ろしいけれど、それ以上の幸福と情熱に満ちた生はないような気もするからだ。

深淵は私たちへ向かってやって来るべく、常に一歩を踏みださんとしている。その事実を私たちに報告してくれたのが、本書だ。

角幡氏は、にじり寄って深淵を覗きこみ、なんとか選ばれることもとらわれることもなく生還した。いや、もしかしたら角幡氏は、「雪男捜索隊」に加わるまえから、とっくに深淵に選ばれ、とらわれていたのかもしれない。

だって大多数のひとは、探検に憧れはしても、実行には移せない。チベットや北極で、過酷で孤独な単独行をしようとは思わない。

角幡氏はやはり、探検という深淵に選ばれとらわれた、業のなかであがき生きるひとなのだ。

（みうら・しをん　作家）

この作品は、二〇一一年八月、集英社より刊行されました。

本文デザイン　鈴木成一デザイン室

集英社文庫

雪男《ゆきおとこ》は向《む》こうからやって来《き》た

2013年11月25日　第1刷
2024年 8 月14日　第4刷

定価はカバーに表示してあります。

著　者　角幡唯介《かくはたゆうすけ》

発行者　樋口尚也

発行所　株式会社 集英社
東京都千代田区一ツ橋2-5-10　〒101-8050
電話　【編集部】03-3230-6095
【読者係】03-3230-6080
【販売部】03-3230-6393(書店専用)

本文組版　株式会社ビーワークス

印　刷　TOPPANクロレ株式会社

製　本　TOPPANクロレ株式会社

フォーマットデザイン　アリヤマデザインストア　　マークデザイン　居山浩二


ISBN978-4-08-745140-5 C0195